日韓比較労働法　❖　3

한국 노동법의 전개

韓国労働法の展開

脇田　滋・和田　肇・宋　剛直・盧　尙憲　編著

はしがき

「日韓労働法フォーラム」という共同研究が始まったのは，2010年のことである。隣国同士であり，また労働法分野でも多方面での交流がありながら，体系だった理論的な共同研究がなかったなかで，地道にそれを構築していこうとして開始されたものである。こうした経緯については，このシリーズの第1巻と第2巻の共通の「はしがき」に西谷教授が書かれている。第1巻と第2巻は，第1回目から第6回目までのフォーラムをまとめたものである。その後もフォーラムは毎年開催され，後記のように，2019年までに10年間で計13回になっている。本書では，第7回以降のフォーラムでの報告のうち，韓国法に関する部分を抜き出し，またそれと関連した研究（第2章の脇田論文，武井論文，徐論文）を追加して出版することにした。

この間，韓国でも，大きな動きとして政権交代が2回起こっている。そのことが労働政策や労働立法にどのように現れているかは，本書の第1章と第2章とを比較して読んでいただきたい。日本ではリーマンショック直後に政権交代を経験し，労働立法にも変化があったが，その後は保守政権が続いている。

日韓の比較労働法の共同研究を続けていくと，韓国側の労働法学者の意欲が高まっていること，力のある若手研究者が順調に育っていること，学説や裁判例が非常に高度化していることなどを実感させられる。また，経済環境や雇用社会の変化など，両国で似た側面があり，同じ悩みを抱えていることがよくわかる。このフォーラムは，完全に双方向的な共同研究となっている。その点で，日韓比較労働法フォーラムは，従来の比較法研究とはフェーズを異にした国際共同研究として発展していると言えよう。なお，各フォーラムでの報告は，韓国でも韓国比較労働法学会誌『労働法論叢』において同時に公表されている。

［第7回以降のフォーラム］

第7回　2014年2月22日（日本・九州大学）「日本と韓国における個別労働紛争の解決」（労働法律旬報1836号）【本書第6章】

第 8 回　2014年12月13日（韓国・江原大学）「日本と韓国における労働時間規制の現状と課題」（労働法律旬報1846号）【本書第 5 章】

第 9 回　2015年12月19日（日本・金沢大学）「労働市場改革と労働法の課題」（労働法律旬報1865号）【本書第 1 章】

第10回　2017年 2 月25日（日本・龍谷大学）「労働者派遣法の日韓比較」（労働法律旬報1887号，1896号）【本書第 4 章】

第11回　2017年 9 月23日（韓国・全州大学）「日韓における男女雇用平等法の現状と課題」（労働法律旬報1911号）【本書第 3 章】

第12回　2018年12月23日（日本・広島大学）「韓国文在寅政権と労働法改革をめぐる動向」（労働法律旬報1932号）【本書第 2 章】

第13回　2019年 9 月 7 日（韓国・済州大学）「労働時間法制の課題」（労働法律旬報掲載予定）

　各章の解題もかねて簡単なコメントを付しておきたい。

　第 1 章では，2013年に成立した朴槿恵政権下での「労働市場改革と労働法の課題」を論じている。韓国側からは，文武基報告と盧尚憲報告の 2 報告が行なわれた。なお，この時に日本側からは，唐津博（中央大学教授）「日本における労働法の規制緩和政策—労働法規制の規範論」と，浜村彰（法政大学教授）「アベノミクスの雇用改革」の 2 本のカウンター報告が行なわれた。

　両国とも，1990年代以降の労働法改革には多くの共通点を持っている。すなわち，基調としての規制緩和政策であり（政権交代時にその修正の動きはあったが），韓国では朴政権下での，日本ではアベノミクスとしての大きな労働法改革である。労働法の枠組み自体をどのように考えたら良いのかについて，共通の基盤を形成したいと考えて企画を練った。

　このフォーラムでは，労働市場の状態，あるいは労働市場政策の柔軟化政策の現状と課題，解雇規制のあり方あるいは労使関係のあり方等についての議論が戦わされた。全体のトーンは，規制緩和政策が労働市場，雇用社会して労働法を危殆化させてしまっているのではないか，という意見が強かった。

　第 2 章では，2017年 5 月に政権交代があり，現在の文在寅政権が誕生しているが，その労働法政策を分析している。韓国では，日本と異なり，しばしば政

権交代が起こり，そのたびに労働法改革が議論されたり，実施されている。今回の政権交代も然りで，大幅な労働法改革がすでに実施されたり，検討されている。今回報告していただいたお二人は，このプロセスで大きな貢献をされている方々である。

趙淋永報告は，文政権の労働法改革の経済的背景，経済政策転換の方向性，労働法改革の主要課題を明らかにしている。それを見ると，多くの点で日本との共通性に驚かされる。

都在亨報告は，こうした基本方針にもとづいた具体的な立法改革を分析している。すでに実施されたものとして，労働時間規制改革，最低賃金制度改革があり，今後の課題であり，俎上に上っているものとして，特殊形態勤務者の労働基本権保障に関する改革，不当労働行為の運営費援助禁止規定の廃止，同一価値労働同一賃金に関する憲法規定の創設，期間制（有期）雇用の使用制限に関する立法等がある。これらの改革はいずれも，日本の立法改革の先を行くものであり，日本の研究者にとっても非常に興味深い。

日本では，政権交代がないこともあり，研究者もほぼ同じ方々が研究会や各種委員会で活躍されており，その意味では一貫性は保たれる。しかし，それまでの立法の分析や検討が必ずしも十分になされずに次の立法が行なわれ，ダイナミズムに欠ける観がある。

なお，脇田報告は，労働法改革の全体像を描き出し，武井報告は，労働時間規制に焦点を絞り，また徐報告は，公共部門での新たな雇用政策について分析している。

第3章では，雇用平等法を扱っている。その理由は，日韓ともにOECD加盟国の中で，依然として女性のM字型雇用カーブが残っている点，女性の職場進出に大きな壁が立ちはだかっている点，非正規雇用の中で女性の占める割合が高い点など，共通点が多く見られ，その改善が重要な政策課題となっているからである。

朴宣映報告は，韓国の雇用平等法制の展開と現状を明らかにし，沈載珍報告は，これを受けて雇用平等法の理論的な争点をまとめている。沈報告の中では，とくに韓国で非正規雇用問題を中心に発展してきている「同一価値労働同一賃金」の議論が雇用平等においても展開している点が注目される。この問題

については，韓国に一日の長があることを改めて認識させられる。

　ただし，議論の中でも出された点であるが，韓国での雇用平等法に関する研究は，非正規雇用問題ほど熱心に行なわれていない現状にある。その理由としては，韓国での伝統的な家族観や女性研究者の少なさが影響しているのかもしれない。今回のフォーラムを起点に研究が進展していくことが期待される。今回の共同研究のテーマは，韓国女性政策研究院の朴さんの提案であり，彼女の問題意識もまさにその点にあった。

　第4章では，労働者派遣法をテーマとしている。日本では法制定後30年を経過して，元の姿を完全に変えてしまっている。専門職の需給バランスの調整を目的として始まった労働者派遣法は，単純労働をも対象とした（量的にはそちらのほうが圧倒的に多い）民間人材供給の法規制となっている。しかし，こうした労働法の規制哲学の転換は，周知のように多くの問題も生み出してきたし，それは現在も続いている。韓国も日本法の展開を横目に見ながら，労働者派遣法を制定し改正してきた。それは，金基善報告を見れば一目瞭然である。しかし，違法派遣の効果の規制のように，ドイツ法の影響も強いことが理解できる。そのために，韓国法には，健全な労働者派遣制度を構築しようとする姿を見て取ることができる。

　金洪永報告では，派遣先労働者との均等処遇という，日本でも重要となっている課題についての大きなヒントが描かれている。韓国でもこの種の事案はまだ少ないが，均等処遇をどのように図るのか，労働委員会や学者は多大な努力を重ねている。そのことに敬意を表したい。

　第5章では，労働時間について，朴政権下での法制の現状と課題を分析している。文政権下での改革構想については，順序が逆になっているが，第2章の武井報告でも検討している。

　日韓ともにOECD加盟国の中では長時間労働が顕著であり，その改善が重要な政策課題となってきた。呉相昊報告は，韓国の旧来の労働法制（勤労基準法）での労働時間規制が日本と非常に似通っていること（制定時のみならずその後の法改正も含めて日本法の韓国法への影響が強い），両国とも同じであるが，長時間労働に悩まされていること，その原因が奈辺にあるのかを分析している。

続いて金湘鎬報告では時間外労働と休日労働の規制のあり方，および休日に
なされた，週日の所定労働時間を超えた時間外労働の扱いという，かつて日本
でも議論になったテーマについての判例・学説の議論が分析された。結論は，
日本とは異なり，割増率が加重されている。その理論付けがとても興味深い。

　日本と同様に，韓国でも長時間労働に対する立法規制の緩さが目立ってい
る。年休取得も含めて両国が先進国並みになるには，また長い道のりがありそ
うである。しかし，それは過労死や過労自殺問題を抱える労働者と家族にとっ
ては不幸以外の何物でもない。新たな労働時間法改革については，第13回の
フォーラムで扱っており，労働法律旬報誌で近いうちに公表予定である。

　第6章では，日韓の双方で急増している個別労働紛争の解決システムを取り
上げた。韓国では古くから，日本と異なり労働委員会で個別労働紛争を扱って
おり，最近ではとりわけ重要な差別問題で重要な役割を果たしている。報告者
はいずれも労働委員会になんらかの形で関与しており，その経験が報告に大き
く寄与している。日本側参加者にとっては，とくに労働委員会の差別救済制度
に大きな関心が寄せられた。

　なお，各原稿については，公表段階のものをそのまま掲載している。

　最後となったが，このフォーラムの運営に協力していただいた多くの方々，
開催を引き受けていただいた大学の関係者に感謝したい。通訳や翻訳あるいは
校正等で徐侖希さん（名古屋大学特任助教）には大変お世話になった。これま
でこのフォーラムの報告原稿の掲載を快く引き受けていただいてきた旬報社
と，雑誌の編集だけでなく，本書の編集にも尽力していただいた古賀一志氏に
は，心から謝意を述べたい。

2019年10月

編者を代表して
和田　肇

＊本フォーラムの研究は，日本学術振興会科学研究費補助金基盤研究（A）「標準的労働関
　係モデルの変容と労働法改革の展望」（研究課題番号24243010，2012年度〜2014年度）およ

VI

び同（S）「雇用社会の持続可能性と労働法のパラダイムの転換」（研究課題番号
15H05726，2015年度〜2019年度）のプロジェクトの一環として行なわれたものである。

韓国労働法の展開◆日韓比較労働法3　　目次

はしがき　Ⅰ

第1章　朴政権下の労働市場改革と労働法の課題

第1節　1990年代以降の韓国における労働関係法上の
規制緩和政策………………………………文武基（翻訳　徐侖希）　1

一　はじめに　1

二　規制緩和の労働法制・政策の前史　2

三　1987年民主化宣言以降の規制緩和と労働法制　4

　　1　87年民主化宣言直後の労働政策　4

　　2　文民政府の労働政策　5

四　IMF通貨危機以降の規制緩和と労働法制　7

　　1　国民の政府の労働政策　7

　　2　参与政府の労働政策　8

五　米国発の金融危機以降の規制緩和と労働法制　11

　　1　李明博政府の労働政策　11

　　2　朴槿恵政府の労働政策　13

六　労働市場の柔軟化法制の主な内容と判例　15

　　1　経営上の理由による解雇　15

　　2　勤労時間の柔軟化制度　17

　　3　期間制および短時間勤労　20

　　4　派遣勤労　21

七　おわりに　23

第2節　朴槿恵政府の労働改革と労働法の争点…………盧尙憲　25

一　はじめに　25

二　9.15労使政合意の意義　26

VIII　目　次

　　三　与党の労働法改正案　27

　　　　1　勤労基準法の改正案　28

　　　　2　雇用保険法の改正案　29

　　　　3　期間制および短時間労働者の保護などに関する法律の改正　29

　　　　4　産業災害補償保険法の改正案　30

　　　　5　派遣労働者の保護などに関する法律の改正案　30

　　四　労使政合意と労働法改正案の法的争点　30

　　　　1　労使政合意の法的争点　30

　　　　2　労働法改正の問題　34

　　五　結びに代えて　36

第2章　文政権下の労働法改革

第1節　韓国・文在寅政権と
　　　　労働法改革をめぐる動向⋯⋯⋯⋯⋯⋯⋯⋯⋯脇田　滋　37

　　一　はじめに　37

　　二　新政権の労働政策──「労働尊重」「所得主導成長」　38

　　　　1　ソウル市の労働政策受容と所得主導成長　38

　　　　2　「100大国政課題」と「雇用政策5年ロードマップ」　40

　　　　3　2017〜2018年の労働法改革　41

　　三　産業安全保健法・産業災害補償保険法改正　44

　　　　1　産業安全をめぐる問題状況　44

　　　　2　産災保険法施行令改正　45

　　　　3　産安法全部改正　45

　　　　4　感情労働者保護　46

　　四　集団的労働関係法の改革　47

　　　　1　団結活動をめぐる法的問題状況　47

　　　　2　2018年11月20日「公益委員案」　49

　　五　今後の課題と展望　50

　　　　1　包容国家と社会政策革新　50

目　次　IX

　　2　労働法改革の焦点　51

　　3　政労使の社会的対話　51

第2節　文在寅政権における労働法改革の方向と構造………趙淋永（翻訳　脇田　滋）　53

一　はじめに　53

二　経済体制の転換と労働　54

　　1　背景——低成長の持続と両極化の深化　54

　　2　経済パラダイムの転換　55

三　労働法改革の主要課題　59

　　1　賃金格差解消　59

　　2　雇用安定性の強化　61

　　3　労働基本権保障　62

　　4　勤労者代表制度改善　65

四　おわりに　66

第3節　文在寅政権における労働法改革の状況…………………都在亨（翻訳　徐侖希）　67

一　はじめに　67

二　勤労基準法の改正　68

　　1　労働時間短縮に関する改正　68

　　2　改正勤労基準法に対する評価　70

三　最低賃金法の改正　71

　　1　最低賃金算入範囲に関する改正　71

　　2　改正最低賃金法に対する評価　72

四　産業災害補償保険法の改正　73

　　1　憲法裁判所の2016年憲法不合致決定と法改正　73

　　2　憲法裁判所の決定に対する評価　74

五　今後の立法課題　75

　　1　特殊形態労働従事者の労働三権保障に関する立法　75

x　目　　次

   2　運営費援助行為禁止に関する規定の改正　76

   3　憲法上同一価値労働同一賃金規定の新設　77

   4　期間制労働者の使用事由制限に関する立法　78

 六　おわりに　80

第4節　韓国労働時間法の改正 …………………………………武井　寛　81
   ──有給休日と法定労働時間短縮をめぐって

 一　はじめに　81

 二　韓国の法定労働時間と時間外労働　82

   1　法定労働時間短縮の歩み　82

   2　週あたり延長労働時間上限12時間の意味と重複割増　83

   3　有給休日と休日労働加算賃金（休日割増賃金）　84

 三　立法的解決への契機　85

 四　国会での動き　87

 五　城南市環境美化員事件・大法院判決　88

 六　おわりに　90

第5節　文在寅政権の公共部門における
雇用拡大政策 ……………………………………徐侖希　92
   ──非正規勤労者の正規職転換を中心に

 一　はじめに　92

 二　雇用委員会の発足　92

 三　雇用政策5年ロードマップの発表　94

 四　非正規勤労者の正規職転換，推進計画の発表　95

 五　2017年転換ガイドライン
   ──常時・持続的な業務の判断基準の緩和と転換対象の拡大　96

 六　第1段階の853機関を対象とした正規職転換計画と実績　97

 七　正規職へと転換された勤労者に関する人事管理　100

 八　結びに代えて　101

目　次　XI

第3章　雇用平等法の現状と課題

第1節　韓国における「男女雇用平等法」の30年の成果と課題……………………朴宣映　103
——積極的雇用改善措置を中心に

一　はじめに　103

二　韓国の「男女雇用平等法」の改正過程および主要内容　107

　　1　「男女雇用平等法」の制定・改正過程　107

　　2　現行の男女雇用平等法の主な内容　109

三　積極的雇用改善措置の成果と課題　110

　　1　積極的雇用改善措置の発展過程および運営現況　110

　　2　積極的雇用改善措置の成果と課題　114

第2節　韓国の男女雇用平等法……………沈載珍（翻訳　徐侖希）　117
——性別等による差別の禁止と職場内セクハラの禁止を中心に

一　はじめに　117

二　性別等による差別の禁止　117

　　1　法規定　117

　　2　直接差別の禁止　118

　　3　同一価値労働・同一賃金　120

　　4　間接差別の禁止　125

三　職場内セクハラの禁止　126

　　1　法規定　126

　　2　職場内セクハラの成立要件　127

　　3　事業主が講ずべき措置　127

四　制裁と救済　129

　　1　性別等による差別　129

　　2　職場内セクハラ　130

　　3　立証責任　133

五　おわりに　134

XII 目 次

第4章 労働者派遣法の分析

第1節 韓国の労働者派遣法制と実態⋯⋯金基善（翻訳 徐侖希） 135

　一　はじめに　135
　二　韓国の労働者派遣法制　136
　　　1　労働者派遣事業の適正な運営の確保　136
　　　2　派遣労働者の保護　138
　　　3　違法派遣の効果　140
　三　韓国における労働者派遣の実態　143
　　　1　労働者派遣の規模　143
　　　2　派遣労働者の派遣期間と労働条件　144
　　　3　派遣事業主の零細性　144
　　　4　製造業における常時派遣等，違法派遣の蔓延　145
　四　おわりに　146

第2節 韓国の派遣労働者にかかわる差別是正制度と その具体例⋯⋯⋯⋯⋯⋯⋯⋯⋯⋯⋯⋯⋯金洪永（翻訳 徐侖希） 147

　一　はじめに　147
　二　派遣労働者にかかわる差別是正制度――韓国の法制度の特徴　148
　　　1　差別的処遇の禁止――非正規労働者につき統一的な内容　148
　　　2　労働委員会による救済　148
　三　派遣労働者にかかわる差別的処遇の存否が争われた事例　151
　　　1　モベイス事件　151
　　　2　高陽都市管理公社事件　155
　　　3　ジェニエル事件　157
　　　4　検討　157
　四　おわりに　159

目　次　XIII

第3節　「派遣労働と団結権」に関する再検討⋯⋯⋯脇田　滋　160
——日・韓・EUを比較して

一　問題の所在——派遣労働者と団結権　160
二　1985年法と派遣労働者の団結活動　161
　　1　団結活動が困難な派遣労働者　161
　　2　派遣労働者を組織する団結と団体交渉　163
三　派遣労働と事業場単位の過半数労組・代表者　165
　　1　36協定締結をめぐる派遣元・派遣先「重畳説」　165
　　2　「重畳説」を補充する新たな解釈　167
四　派遣先事業主の団交応諾義務　169
五　今後の課題　172
　　1　労働法・行政を通じた派遣労働者団結の助成　172
　　2　派遣先事業主の団体交渉応諾義務　174

第5章　労働時間規制の現状と課題

第1節　勤労基準法上の勤労時間規制と
　　　　勤労時間の実態⋯⋯⋯⋯⋯⋯⋯呉相昊（翻訳　脇田　滋）　177

一　序論　177
二　勤労時間規制の歴史　179
　　1　1953年制定勤基法（1日8時間，1週48時間原則）　179
　　2　1980年第3次改正勤基法　180
　　3　1989年第8次改正勤基法（1日8時間，1週44時間原則）　180
　　4　1997年再制定勤基法　182
　　5　2003年勤基法（1週40時間，1日8時間原則）　183
　　6　最近の議論　185
三　勤労時間規制の法理　186
　　1　勤労時間概念　186

　　　　2　規制概念　187

　　　　3　勤労時間規制と目的　188

　　　　4　勤労時間規制と規制緩和間の衝突と調和　191

　　四　勤労時間規制の実効性確保　196

　　　　1　方向　196

　　　　2　勤労条件の改善　197

　　　　3　企業の競争力確保　201

　　五　結論　205

第2節　時間外勤労と休日勤労…………金湘鎬（翻訳　脇田　滋）　208

　　一　議論の前提と背景——時間外勤労がなぜ問題になるのか？　208

　　二　時間外労働制度の特徴　212

　　三　週休日制度と休日勤労の特徴　215

　　四　休日勤労時間の時間外勤労算入の是非に関する論争　217

　　　　1　休日勤労時間を時間外勤労へ算入することの是非　217

　　　　2　1991年大法院判決　218

　　　　3　1日単位8時間制から1週単位40時間制への転換　220

　　　　4　現行1週単位勤労時間原則下における休日勤労の時間外勤労時間への算入　223

　　　　5　1週単位の勤労時間原則下での1日8時間規制の意味　225

　　五　結び　227

第6章　個別労働紛争の解決

第1節　韓国における労働委員会の
　　　　　不当解雇救済手続き……………朴洪圭（翻訳　脇田　滋）　229

　　一　はじめに　229

　　二　労働委員会　231

　　　　1　構成　231

　　　　2　判定的権限の処理問題　232

目　次　XV

　　　3　不当解雇救済全体の5審制ないし8審制構造の問題　233

　　　4　労働委員会による不当解雇救済の2審制構造の問題　233

　　　5　労働委員会の中立性問題　234

　　　6　事件過多による手続きの遅延問題　235

　　　7　事務局の専門化問題　235

　三　不当解雇救済の手続き　235

　　　1　申請手続き　235

　　　2　申請対象　236

　　　3　申請人および被申請人　236

　　　4　審査と判定および和解　237

　　　5　救済命令　237

　　　6　書面解雇要件を欠いたときの却下判断　238

　　　7　中央労働委員会救済手続き　239

　　　8　行政訴訟　239

　四　金銭補償制　239

　　　1　意義　239

　　　2　要件　240

　　　3　補償金額　240

　　　4　勤労関係解消の時点　241

　　　5　実際の命令の問題点　241

　　　6　濫用の問題点　242

　五　履行強制金　242

　　　1　意義　242

　　　2　救済命令　243

　　　3　賦課の手続き　243

　　　4　救済命令不履行に対する処罰　244

　六　結び　245

第2節　韓国における労働委員会の差別是正制度の
状況と法的争点……………………………………李承吉　248

　一　問題の所在　248

二 差別是正制度の導入過程および運営と状況　249

　　1　差別是正制度の導入過程　249

　　2　差別是正制度の運営状況　253

三 労働委員会による差別是正手続　256

　　1　差別是正手続　256

　　2　調査・審問と立証責任　258

　　3　調停・仲裁　259

　　4　決定　260

　　5　是正命令などの不服および確定　261

　　6　是正命令履行の確保　262

四 差別是正の段階別判断体系の法的争点　262

　　1　申請期間（除斥期間）および発生時点の判断　263

　　2　申請人（当事者）適格——期間制・短時間・派遣労働者　267

　　3　比較対象者（同種・類似業務の従事者）の存否　271

　　4　差別処遇の禁止領域——賃金その他の労働条件など　274

　　5　不利な処遇の存否　276

　　6　合理的な理由の有無　276

五 おわりに　277

第1章
朴政権下の労働市場改革と労働法の課題

第1節
1990年代以降の韓国における労働関係法上の規制緩和政策

文武基　慶北大学校法学専門大学院教授
翻訳　徐侖希　名古屋大学大学院法学研究科特任助教

一　はじめに

　法規範は，程度の違いはあるが，その特性上規律ないし統制的な側面を本質的に内包している。したがって，法的規制を緩和し，そこから脱皮することは，規制を受ける側にとっては自由・自律を高めることを意味するとともに，法という規範体系がめざす価値，すなわち，正義・衡平を縮小・忌避しようとする意思表明でもある。これはもちろん，法がすなわち正義をめざす価値体系そのものであるという前提のもとで妥当な命題であろうが，法がめざす規律・統制の対象に誰が含まれようとそれに該当する者は法的規制を忌避しようとする。

　労働関係法の場合もこのような矛盾的構造を避けることはできないだろうが，また，韓国の労働関係法における規制緩和政策は，いわゆる「6.29宣言」または「87年民主化宣言」といった歴史的転換点はもちろん，約10年を周期に続いてきた経済危機とも無関係ではない。すなわち，それは，韓国の労働関係

法が経験してきた至難な時代的変遷と関係しており，1980年代後半から1990年代以降今日に至るまで続いている韓国の政治・経済・社会的激変とも決して無縁ではない。

　以下では，韓国労働関係法における規制緩和政策がどのように展開されてきたかにつき，沿革的考察を行なうとともに，いわゆる「労働市場の柔軟化法制」といわれる勤労基準法および非正規職法制の主な内容とそれに関連する判例の法理的意味を分析した後，規制緩和という名のもとで進められている労働保護法制の「空洞化」ないし「死角地帯の拡大」に対する評価を試みる。

二　規制緩和の労働法制・政策の前史

　世界史的観点からみると，労働関係法の歴史は，個別的勤労関係上の労働保護的な側面では「規制強化」，そして，集団的労使関係上の集団的自治の側面では「規制緩和」（collective laissez-faire）の傾向をみせてきた。しかし，韓国の労働関係法は，これとは異なる傾向，すなわち，労働保護と労使自治に関する規制をともに強化し，ある特定の時点からその基調が規制緩和へとともに転換する様相をみせてきた。

　まず，1953年の大韓民国初の労働立法は，当初の理想・意欲にもかかわらず，意図せぬ戦争により一人独裁体制と強力な国家権力が構築され，労働保護および産業民主化を掲げた制憲憲法の理念[1]はほとんど実現できなかった。すなわち，戦時下で労働関係法の勤労者の保護機能は発揮できず，極端な反共親米イデオロギーのなかで最小限の民主化・反独裁闘争も封鎖する労働政策が進められた[2]。とくに，「法と現実の乖離」，すなわち，国内の労働環境はもちろ

---

1) 1948年の大韓民国政府の樹立は労働立法の発展において画期的な契機となった。制憲憲法17条で個別的勤労関係に関する労働保護立法の憲法の根拠を設け，また，18条1項では団結権，団体交渉権および団体行動権の保障を明示した。さらに，18条2項では，「営利を目的とする私企業においては，勤労者は，法律に定めるところにより利益の分配に均霑（平等に利益を得ること——訳註）する権利がある」と規定することで勤労者の利益均霑権を保障し，「レベルの高い」集団的労使関係法の制定を宣言した。勤労条件の最低基準は国が法律をもって強制するが，それ以上の勤労条件は勤労者が自ら団結して勝ち取る集団的自治原則を基本とする，労働関係法の体系の根幹が作られた。

2) 米国の援助と国家権力の恩恵によって資本を蓄積する企業の立場からも，労働力の保護

ん，国際労働基準に照らしてみてもあまりにも理想的であり，「装飾的な規範」としての性格を有していた。

　その後，軍事独裁政権（5.16クーデター～6.29民主化宣言以前）となり，援助経済体制から経済開発体制へと転換するにつれ，労働法制は，国が労働関係に積極的に介入しようとする政策的意思が強く反映されるようになった[3]。具体的には，勤労者保護立法の強化，不当労働行為に対する実質的な救済策作りといった「飴」を与えると同時に，労働組合の組織形態に対する国の直・間接的規制，公益中心の労働行政の確立，労働争議に対する統制などの「鞭」も与えられた。労働運動，とりわけ，団体行動権（争議権）の行使に対する法的統制の強化により，健全な批判勢力としての労働運動は著しく萎縮した。

　一方，1980年代初め（第5共和国～6.29民主化宣言）の労働立法をみると，1960～1970年代まで続いていた経済第一主義（成長優先主義）および安保優先主義の副作用により深化していた分配構造の矛盾と勤労条件の劣悪化が，労働運動に対する政府の積極的な介入によりさらに歪曲・深化していた[4]。そのようななか，維新体制を捨て，国民投票により改正された第5共和国憲法が1980年10月に公布・施行された直後である同年12月の「国家保衛立法会議」におい

や労務管理に関心を持つ理由はなかったからである（イ・ウォンボ『韓国労働運動史100年の記録』（韓国労働社会研究所，2005年）131～137頁を参照）。

3）第3共和国の政策目標はもっぱら「経済開発」と「近代化」に集約することができる。勤労者の福祉向上のための立法を試みる一方で，労働組織ないし労働運動に積極的に介入して労働組合活動を制約する，労使関係に対する直・間接的介入政策を進めた。また，韓国労総の組織を利用し，労使協議会を通じた労使協調主義を強要することで，労働組合を労働統制の手段として転落させてしまった。これに対する労働運動的抵抗としてあらわれたのが全泰壱の焼身であった（キム・ヨンゴン『韓国労働史と未来』（ソン・イン，2005年）13～62頁を参照）。

4）10.26事態によって始まったいわゆる「80年民主化の春」に代表される国民的願望は，突然の維新政権の終末による産業現場の混乱は「法が厳しくないことによる」という誤った判断とそれにもとづく労働組合活動に対する規制強化へとつながり，労働者の闘争力を分散・弱体化させるとともに，「賃金ガイドライン」等によって労働力を効率的に管理・活用する労働政策としてあらわれた。労働運動に対する監視・監督および労使関係への介入・統制，そして労使協力の強要とともに，展示的過保護に過ぎない最小限の労働保護の強化による補償措置の提供という点で，「先成長・後分配」および「飴と鞭」という維新体制の労働政策は大きく変わることなく維持された（ユ・ソンジェ，姜成泰（カン・ソンテ），ジョ・ソンへ，イ・ジョン『労働法60年史〔雇用・労働部政策報告書〕』（韓国労働法学会，2010年）416～430頁を参照）。

て，労働四法の全面改正が行なわれた。注目されるのは，勤労基準法において，法定勤労時間制度を柔軟化し，4週間単位の変形勤労時間制度が初めて導入されたことである。しかし，勤労者側は長時間勤労による心身上の苦痛を理由にこれを忌避し，企業もまた，延長勤労（時間外労働——訳注）に対する超過給与支給の負担からとくに歓迎することはなかった。結局，この制度は労使双方から支持されず，1987年末の勤労基準法改正の際に廃止されることとなった。

三 1987年民主化宣言以降の規制緩和と労働法制

1 87年民主化宣言直後の労働政策

1987年のいわゆる「6.29民主化宣言」にともなう政治・社会・経済的改革の流れによって同年11月に第8次改正憲法が公布され[5]，同年には労働関係法においても大幅な修正が施された。しかし，その内容は，政労使の間の力学構図の変化や権威的国家権力と企業・資本の対応方式の転換といった時代的要請に応じる最小限の変化であった。国家権力は，爆発的に噴出した労働者大闘争に対応して，権威主義的な労働統制政策から弾圧装置を一部廃棄し，または輸出競争力確保のための賃金抑制政策に譲歩するなど融和ジェスチャーをみせることもあった。しかし，労働関係法の改正案に対する盧泰愚政権の拒否権の行使にみられるように[6]，労働運動に対する統制装置の本質的な廃棄を拒否するとともに，再び公安政局を造成することで，大々的な労働運動の弾圧が再び試みられた[7]。結局，労働関係法制における規制緩和ないし実質的な民主化は1992年の金泳三政権のときから始まったといえる。

5）分配制度と経済民主化を標榜する新憲法では，団体行動権の行使に関する法律の留保条項を削除して，団体行動権の行使の制限範囲を大幅に縮小し，「法律が定める主な防衛産業に従事する勤労者」にのみ適用することにした。

6）1988年，民主化を標榜する第6共和国が発足し，同年12月には，与野党の合意によって労働関係法の改正案が国会を通過した。しかし，1989年3月当時，大統領の拒否権の行使により，勤労基準法を除いた労働組合法と労働争議調整法の改正案は廃止となってしまった。

7）イ・ウォンボ・前掲注2）296頁を参照。

2 文民政府の労働政策

1992年「文民政府」が発足する前に始まった「労働関係法研究委員会」での議論の結果をもとに，「前向きな」労働法の改正作業を試みたものの，労使の意見対立により，整理（経営）解雇制の導入，第三者介入の禁止条項の撤廃および複数労働組合の許容など核心的な争点に関する合意には至らなかった。代わりに，大量失業に備え，良質な労働力の需給均衡を維持するために，「雇用政策基本法」（1993年）および「雇用保険法」（1993年）を制定し[8]，「職業安定及び雇用促進に関する法律」を「職業安定法」へと全面改正した。とくに，労働市場ないし雇用関連法令の立法は，高度経済成長による産業構造調整と継続する景気変動の余波によって雇用事情がさらに悪化していたために，これによる大量失業に備え，良質な労働力の需給均衡を維持しようとした点が注目される。

一方，開放化・民主化・グローバル化をその政策基調としていた文民政府の発足後，労働法の改正作業は大統領の公約事項の履行と民主化改革の一環として進められた。この作業は，1996年の金泳三大統領の「新労使関係構想」に続いて結成・運営された「労使関係改革委員会」の発足によって本格化した。「WTO体制」に代表される世界経済の無限競争時代の開幕とOECD加盟という経済環境変化に対応して，韓国経済が置かれていた経済危機の状況を克服するために，「高費用低効率構造」の体質変化と競争力の強化が目的とされていた。すなわち，企業の競争力の強化を支援するとともに，勤労者の生活の質を向上させることにより，労使共栄の制度的基盤を作るという趣旨のもとで，労使の自律と責任を強化し，民主的な労使関係をめざして，国際的な規範とわが国の現実との調和を図る方向へと，労働関係法を大幅に改正しようとした。文民政府は，このような課題を達成するために，労働関係法の改正方向を，①労働市場の規制緩和と柔軟性の向上，②労使自律の交渉基盤の整備と争議行為お

---

8) その適用範囲は徐々に拡大した。法制定当時，失業給与（失業等給付——訳注）については常時30人以上の事業場，雇用安定事業および職業能力開発事業については常時70人以上の事業場に適用することになっていたが（施行令2条），1998年1月には10人／50人，1998年3月には5人／50人，1998年7月には5人／5人へと徐々に拡大し，1998年10月からは全面適用となった。

および紛争調整の合理化，③不合理な制度・慣行の改善，④労働行政の合理的再編，⑤参与と協力的な労使関係の基盤造成などに置き，労働関係法の体系および内容に関する広範な修正を試みた。

その成果といえる1996年12月末のいわゆる「ナルチギ（強行，駆け込み──訳注）労働法改正」では，勤労基準法において，労働市場の柔軟化に関するいわゆる整理解雇と勤労時間の弾力化を中心とした改正が行なわれる一方で，労働組合法と労働争議調整法を統合して「労働組合及び労働関係調整法」（以下，「労組法」）を新たに制定し，労働組合活動に対する規制を縮小するなど労働三権行使の保障・拡大も図られた。しかし，1996年末の労働法改正は，与党単独の強行処理であるという批判と当初の労使関係改革委員会の公益案に比べて使用者側の意見が多く反映されているという労働界の強い反発により，翌年に関連法がすべて廃止され，新法を制定する手続を踏むことになる。すなわち，改正労働関係法は，その主な事項のうち，いわゆる「3禁3制」条項[9]の交換ともいえるそれまでの議論の結果を歪曲するなど，労使関係改革委員会の法律改正要綱と異なる内容に変更された部分が少なくなかった。また，手続の面においても，国会で与野党間における十分な討議と協議を経ないまま，与党の議員だけで奇襲通過させることで，民主的な正当性に大きな傷を残すことになった。その結果，労働関係法の変則処理に抗議する労働界のゼネストが長期間続き，全国的に批判的な世論が広がり，経済的・社会的な混乱が重なった。そこで，政府と国会は，労働関係法の再改正の方針を決め，1997年3月10日，与野党の合意によって新しい労働関係法を通過させ，同年3月13日，同法が公布・施行されるに至った[10]。

9）労組法上の複数労働組合の禁止，労働組合の政治活動の禁止，第三者介入の禁止など3つの禁止条項を「3禁」，変形勤労時間制，整理解雇制，勤労者派遣制など3つの制度を「3制」と呼んだ。3禁条項につき，労働界は，勤労者の労働基本権の保障のために全面解禁しなければならないとしたのに対し，経営界は，生産現場の混乱などを懸念して引き続き存続させなければならないという立場であった。また，3制については，労働界が，勤労条件を低下させる恐れがあると反対したのに対し，経営界は，労働市場の柔軟化や企業の伸縮的運営のために必ず導入しなければならないとして対立した。労使関係改革委員会では，「3禁3制」のうち，労働組合の政治活動の禁止条項を廃止することには合意がなされたものの，残りの条項については合意に達することができなかった。

10）ただし，新しい労働関係法は1996年末の労働関係四法を廃止して新たに制定する形を採ったにもかかわらず，実質的には，主な争点を中心に部分的な改正がなされ，一部法律

一方，1997年の労働法制定・改正の趣旨は，労働基本権の伸長とともに，労働市場の柔軟化の進展，調停・仲裁制度の機能強化，労使関係の不合理な慣行の改善，勤労者参与制度の強化などに要約することができる。その主な内容は，1996年末の労働法改正事項を相当部分受け容れながら，新しい経済環境に適応するために，一部条項を修正・補完するものであった。新しい勤労基準法では，経営上の理由による解雇と変形勤労時間制の導入につき議論が集中した。

文民政府の労働立法は，景気後退の克服と国家競争力の強化を図るために，労使当事者の苦痛分担を政策基調としながら，労働市場の柔軟化のための法制度的装置を，政治的合意と国民的世論をふまえて作った点に少なからず意味があるといえる[11]。しかし，集団的労使関係における労働基本権，とりわけ，団結権の保障を非常に不十分なものとして残しつつ，労働力の使用に関しては労働市場の柔軟化による雇用政策を積極的に講ずるという二律背反的な様相をみせた[12]。

四　IMF通貨危機以降の規制緩和と労働法制

1　国民の政府の労働政策

1997年末のいわゆる「IMF管理体制」のもとで，当面の通貨危機を克服し，労働部門における解決策を模索するために，勤労者・使用者・政府の代表で構成された「労使政委員会」が1998年1月15日に発足した。そして，同年2月6日，「経済危機克服のための社会協約」の締結に合意し（以下，「2.6大妥協」），同月14日には，その後の措置の一環として労働関係法の制定・改正が行なわれた。整理解雇制度の即時施行と「派遣勤労者の保護等に関する法律」（以下，「派遣法」）の施行により，企業の構造調整を円滑にし，労働市場の柔軟性を高めるとともに，これによって生じうる失業に対応するために，雇用保険法制を強化した。さらに，「2.6大妥協」の後続措置の一環として，同年10月

の条文の配列を修正するにとどまった。
11）ユ・ソンジェほか・前掲注4）450〜469頁を参照。
12）キム・サムス「韓国の1997年改正労働法」韓国労働経済論集21巻2号（1998年）158頁，ユ・ソンジェほか・前掲注4）470頁を参照。

31日，労使政委員会では公務員および教員の労働組合結成権を保障することに合意した。

　金大中大統領の「国民の政府」の労働政策は，当面の国家的危機を克服するための手段として企業の構造調整を基本とし，その円滑な遂行のために労働市場の柔軟性を高める一方で，これによって生じうる大量失業などを雇用保険および雇用安定のインフラによって備えるものであった[13]。IMF通貨危機と全国民的危機意識に支えられた国民の政府は，「社会的合意」という形で労使関係の新しいモデルを作り出すことに成功したといえる。これは，労使政委員会を「民主主義と市場経済の並行発展」という国政目標を具体化する理念的・政治的正当性の資源として活用するとともに，対外信認度を高め，構造調整の過程において生じうる社会的葛藤を緩和するための現実的な経済的・社会的必要にもとづくものであった[14]。しかしながらその一方で，競争・効率中心の成長政策および経済改革の一環として進められた構造調整は労働界の激しい雇用安定闘争をもたらした[15]。1998年２月の派遣法の制定以降，労働現場では急激に危機意識が高まり，労働運動は険しい試練と混乱に走り始めたのである[16]。

2　参与政府の労働政策

　盧武鉉大統領の「参与政府」が発足するとき，韓国の労使関係を先進化ないしアップグレード（Up-grade）するために，労働関係法制を総合的に修正・補完する必要性が提起された。すなわち，闘争的・対立的な労使関係が韓国経済の持続的な発展と社会統合を阻害し，競争力を低下させると評価されていただけでなく，労使関係法制度も普遍的な国際労働基準（Global Standards）と韓国の労使関係の現実に合わない側面が少なからずあったからである。そのために，勤労者の保護および労働市場の柔軟性を共に向上させることにより，労働市場の構造変化に積極的に対応できる法制度の必要性が増大したのである。そこで，2003年９月，「参与政府」の労使改革プログラムである「労使関係法・

13）金享培（キム・ヒョンベ）『労働法』（博英社，2014年）77頁を参照。
14）チェ・ヨンギ，キム・ジュン，ジョ・ヒョレ，ユ・ボムサン『1987年以降の韓国労働運動』（韓国労働研究院，2001年）575頁。
15）チェ・ヨンギほか・前掲注14）559頁を参照。
16）イ・ウォンボ・前掲注２）351頁を参照。

制度先進化方策」(以下,「先進化方策」)の34課題が設けられ,2005年11月,与党,政府および青瓦台が先進化方策のうち24課題を立法推進することにしたが,後に非正規職法案の処理以降へと先延ばしされた。そのようななか,2006年3月,労使政代表者会議において,複数労働組合,専従者問題など核心の9課題を除く25課題について意見の一致を見て,2006年9月の労使政代表者会議においては,韓国労総と経総(韓国経営者総協会——訳注)・商議(大韓商工会議所——訳注)が「企業単位の複数労働組合の許容及び交渉窓口単一化」,「専従者の給与禁止」などの規定の施行をさらに5年猶予することに電撃合意したことにより,先進化方策の立法作業が加速し始めた。2006年9月,民主労総を除いた労使政代表者が4ヵ月あまりの議論を終結して導き出した大妥協(案)をもとに,2006年11月,政府(労働部)が関連法案を国会に提出し,2006年12月,環境労働委員会において政府案を一部修正・議決し,12月22日,国会の本会議を通過した。

先進化立法の主な内容としては,まず,勤労基準法の改正で勤労者を保護するとともに,労働市場の柔軟性を高めようとしたことを挙げることができる。また,労使関係の分野では,国際基準に合うように労働基本権を伸ばすとともに,公益保護を強化し,合理的で自律的な労使関係を構築することができるようにした。しかし,企業単位の複数労働組合の許容および交渉窓口単一化,労働組合専従者に対する給与支給の禁止規定の施行はさらに3年間(2009年12月31日まで)猶予された。

これとともに,IMF通貨危機以降,その規模が大きくなるなかで,雇用不安や勤労条件の不当な差別など社会両極化の主な争点として浮上してきた非正規職問題を解決するために,2001年7月,労使政委員会に「非正規職勤労者対策特別委員会」が構成された[17]。「参与政府」は,労使政委員会における議論の結果をもとに,意見収斂の過程を経て,非正規職保護関連立法案(「期間制及び短時間勤労者の保護等に関する法律」(以下,「期短法」)の制定,「派遣法」および「労働委員会法」の改正)を2004年11月に国会に提出した。これに関して

---

17) 同委員会では,2年間,100回あまりにわたる会議,討論会,実態調査などを実施し,制度改善方法を見出すための議論を重ねたが,労使の異見を縮めることができず,合意に失敗,2003年7月,それまでの議論の結果を政府(労働部)に移送した。

は相当な論難[18] を経て，2006年11月30日，国会の本会議に職権上程・議決され
たが，その施行時期は2007年7月1日とされた。非正規職保護法の主な内容
は，非正規職に対する不当な差別の是正，期間制勤労者の濫用防止，短時間勤
労者に対する超過勤労の制限，派遣勤労者の保護の強化および合理的活用など
に要約することができる。

　通貨危機を克服するために，「国民の政府」では，社会の各部門における構
造調整を進め，その過程においては一定の成果をあげたものの，非正規職の量
産，失業者の増加，所得階層間の不均衡の深化などの問題も浮かび上がった。
「参与政府」は，このような社会問題を抱えながらの発足となり[19]，社会全般に
わたる社会統合を実現するためのさまざまな労働政策を試みた[20]。通貨危機の
克服と構造調整の過程において，労働市場の数量的柔軟性は高まったものの，
雇用安定性が悪化する副作用もあらわれた。このような副作用は「参与政府」
が発足してから本格的にあらわれるようになった。

　「参与政府」では，多様な雇用政策を樹立・推進した。それまでの雇用対策
が，短期的な総合失業対策であり，青少年・高齢者・中小企業など対象別の雇
用安定対策であったのに対し，2003年10月に策定された「中期雇用政策基本計
画」では，雇用の質の向上と持続的な経済成長に寄与するために，今後5年間
（2004〜2008年）推進すべき課題が整理された[21]。しかし，「参与政府」自体の
限界もあり，通貨危機以降浮上し始めた社会両極化に対する各界の多様なニー
ズを満たすには力不足であった。「参与政府」の発足により，労働界は歴代の
どの政府よりも労働政策に期待を寄せ，実際，「参与政府」の時代には労働者
のために多くの労働関係法が制定・改正された。しかし，企業単位の複数労働

---

18) 国会レベルでの政労使対話が続くなか，2005年4月，国家人権委員会が国会に係留中で
　あった政府の非正規職法案に対し，「非正規職の雇用制限」，「同一労働同一賃金」などの
　内容を骨子とする批判的意見を示し，政労使間の論争が過熱したことがある。
19) 労使政委員会「2003年年次報告書」（2004年）2頁。
20) 当時，盧武鉉大統領は，12大国政課題（2003年2月）のなかで，労働政策の方向性として
　「社会統合的労使関係の構築」を示した。より具体的には，国際基準に適合する労使関係
　の構築，重層的な構造の社会的パートナーシップの形成，自律と責任の労使自治主義の確
　立など，労働政策の具体的な内容と社会統合的労使関係を構築するための方法論を示した
　（ジョ・ドンムン「参与政府の労使関係と労働政策」学術—労働市民社会団体シンポジウ
　ム討論文（2005年）20〜21頁を参照）。
21) 労働部『労働行政史　第2編　労働市場政策』（2006年）197頁。

組合の許容および交渉窓口単一化，労働組合専従者に対する給与支給の禁止問題を留保しただけでなく，経営解雇と非正規職問題のイシュー化により，その成果は目立たなかった[22]。また，労使政委員会も，「参与政府」の発足後は，民主労総が脱退するなど足並みが合わないことが重なり，その機能をきちんと果たすことができなかった。これは，「参与政府」が労働政策を運営するに当たり，各主体をうまく調整できない未熟な側面があったことの証左でもある[23]。

五　米国発の金融危機以降の規制緩和と労働法制

1　李明博政府の労働政策

　李明博政府の労働政策の基本骨格は，大統領就任直後に「先進一流国家への跳躍のために『労使関係の先進化』，『活力のある労働市場』，『国民に仕えるあたたかい労働行政』を三大基本課題とし，労使関係が『経済再生』と『雇用創出』の原動力となるように労使関係の競争力の強化に力量を集中する」と闡明した労働部の業務報告書にその一面を見ることができる[24]。また，「労働市場制度の先進化」では，①労使関係の法治化の確立，②労働組合専従者に対する給与支給の禁止規定，③複数労働組合の交渉窓口単一化の早期作成，④就業規則の不利益変更法制の改善，⑤期間制勤労の柔軟安定性の向上，および⑥派遣勤労の柔軟安定性の向上，など６大課題を至急な改善課題として示した[25]。
　李明博政府の親企業的政策基調は，2008年10月，予想外の米国発の金融危機に見舞われ，その労働政策にも修正が加えられた。すなわち，労働市場の柔軟性の向上，規制改革（賃金・勤労時間の柔軟化，解雇手続の緩和，非正規職の

22）キム・スンムク「わが国における労使関係の時代別変化に関する研究―1940年代から2000年代までの労働運動を中心に―」企業経営研究16巻４号（2009年）299頁を参照。
23）ユ・ソンジェほか・前掲注４）485頁を参照。
24）当時，労働部の「労働分野国政課題実践計画」（2008年３月13日）では，①共生の労使協力基盤の構築，②体系的な労使葛藤管理システムの構築，③労使関係法治主義の確立，④労働市場の柔軟性の向上，⑤需要者中心の職業能力開発体制の構築，⑥中小企業の円滑な人材支援，⑦需要者別のカスタマイズ雇用支援，⑧社会的弱者のための雇用安定網の拡充，⑨法定勤労条件および勤労者健康の保護，⑩雇用支援サービスの先進化，⑪規制改革，などを示していた。
25）知識経済部「労働規制法改正案」（2008年５月）を参照。

拡大など）に代表されるそれまでの労働政策から，2008年末からは「雇用危機克服のための雇用創出と失業対策」に重点が移った。これにより，2009年4月，労働柔軟性の拡大措置である「非正規職の使用期間の延長」をその主な内容とする「期短法の改正案」と「派遣法の改正案」を国会に提出した。正規職へと転換させる能力のない事業主によって100万人に達する非正規職が解雇されるおそれがあるとする，いわゆる「100万失業大乱説」まで流布されながら，雇用柔軟化の法制化が試みられたが，労働運動陣営の反対によって白紙化した[26]。

　一方，職業安定法は，2008年および2009年2回にわたる改正があった。2009年10月には，職業紹介の概念を拡大するなど規制を緩和し，民間雇用サービスを通じて雇用問題を解決しようとした。その後，民間雇用サービスを専門化・大型化するなど育成することによって創業機会の量と質を高めるという方針のもとで，2010年10月，職業安定法を「雇用サービス活性化に関する法律」へと変更し，民間雇用サービスを就業斡旋，情報提供，職業訓練，派遣事業まで行なうことができるものへと育成する案が示されたが，労働界の反発によって実現しなかった。また，産業災害補償保険法が2009年1月7日に改正され，特殊形態勤労従事者のうち，保険設計士，ミキサー車（生コン）運転手，学習誌教師およびゴルフ場キャディーなど4職種については特例で産業災害補償保険法の適用を受けられるようにしたが[27]，実際の適用率はきわめて低いものと把握されている[28]。

　通貨危機以降の歴代政府の労働政策は，労働市場の柔軟化を通じて企業の競争力を強化し，自律的・協力的な労使関係を確立しようとした点に，その連続性ないし一貫性があるといえる。しかし，李明博政府の労働政策上の特徴は，

26）キム・インジェ「李明博政府の労働政策の評価と課題」民主法学50号（2012）161〜162頁を参照。

27）一方，2011年12月30日，同法施行令の改正によって宅配およびクイックサービスの運転手がさらに加えられた。

28）2013年末基準，特殊形態勤労従事者の産災（労災——訳注）保険の加入率は平均9.8％に過ぎない。国民権益委員会の調査結果では，その理由として，経済的負担による本人の加入回避だけでなく，産災保険料の負担を恐れた事業主による加入妨害または脱退強要などが挙げられている（国民権益委員会『特殊形態勤労従事者の権益保護方法』（2012年12月）18〜19頁を参照）。

労働市場の柔軟化を補完するための社会的保護という議題が非常に弱まり，労使関係において社会的対話と労使自律の原則が後退し，行政的介入が強まった点である[29]。すなわち，労使関係については「法治主義の確立」を，労働市場の柔軟化については「親企業的改革」を指標として示した。とくに，労使関係においては，その合法性いかんが集団行動に大きな影響を与え，行政府が法規範を労働統制の手段として活用する例が増加し，法令に関する一方的な解釈を基に行政的・物理的な介入を正当化することもあった。違法派遣問題，勤労時間の免除制度や交渉窓口単一化制度の遵守いかんに関する法律的判断などが労使関係において主な争点となり，労使の力関係に大きな影響を及ぼすこともあった[30]。労働問題ないし労使関係に対する司法化[31]の萌芽がこのときから芽生え始めていたといえる。

2　朴槿恵政府の労働政策

2012年の第18代大統領選挙を通じて，政府に対する国民的要求が「良い働き口と生活安定のための福祉提供」であることが確認された。そこで，朴槿恵政府は，新自由主義の旗のもとで市場主導の処方を下していた李明博政府の労働政策の事実上の失敗を認めて，「雇用率70％達成」という大統領選挙公約を労働政策の中核として示した。実際，5つの国政課題のうち，上位の2つが雇用創出と直・間接的に関係しており，まさに「雇用の全盛期」が到来したのである[32]。

現在の朴槿恵政府の労働政策は，主に非正規職の処遇改善および非正規職の正規職への転換と関係している。すなわち，朴槿恵政府の労働政策がもっともよくあらわれている立法が期短法と派遣法に代表される「非正規職法」であり，2015年まで常時・持続的な業務を担当する非正規職の正規職への転換が進

---

29) ジョ・ヒョレ「李明博政府の労働政策」動向と展望87号（2013年）238頁を参照。

30) ジョ・ヒョレ・前掲注29) 243頁を参照。

31) 労使関係における核心的な争点を労使の自律的な交渉や妥協を通じて解決するよりも，司法府の判断に依存し，最終的に大法院の判決により労使関係の核心的な懸案・争点が解決されることを指す（ベ・ギュシク「2013年労使関係の評価と2014年労使関係の展望」月刊労働レビュー2014年1月号42〜43頁を参照）。

32) イ・サンフン，イ・スンウ『朴槿恵政府の労働政策の分析と展望　労働の不在と新自由主義的雇用体系の強固化』（社会公共研究所，2013年5月）2頁。

められるなど非正規職の雇用安定に重点が置かれている。2013年以降，期短法が2回改正され，雇用労働部長官（勤労監督官）による差別是正指導制度[33]，差別に対する金銭的損害賠償制度[34] および差別是正効力拡大制度[35] などが導入され，派遣法においても期短法と同様の差別是正制度が導入されることになった[36]。

　しかし，当初の期待とは異なり，前年度比0.1％しか上昇しなかった雇用率，公共部門における大多数の間接雇用勤労者が正規職へと転換できず，37.1％～38.9％にしかならない非正規職の社会保険加入率など，労働市場における成績は低調である。また，労使関係においても，「韓国型労使協力モデルの創出」という労使関係政策のもとで，「雇用創出，非正規職の保護，労働基本権の強化など，労使関係の主な争点につき労使政委員会の社会的大妥協によって解決する」というのを基本原則としているにもかかわらず，これとは逆行する事件[37] が執権初期から起きた。さらに，労使政委員会の進行過程においても，最初から民主労総を除くなど，運営上不十分な点もあった。現時点で朴槿恵政府の労働政策に対して評価するのはやや早い面もあるが，以前の李明博政府の労働政策と差別化できるものがそれほど大きくあらわれていないという点は否定し難く，企業偏向的・労働排除的な政策方向と相まって労使関係のま

---

33) 非正規勤労者の差別是正申請がなくても，勤労監督官が職権によって特定の事業（場）の差別如何を調査し，差別がある場合にはこれに対する是正指導をするが，事業主が履行しない場合にはこれを労働委員会に通報し，労働委員会による是正命令をする制度である。

34) 使用者の故意的または反復的な差別行為に対しては，労働委員会が期間制または短時間勤労者に発生した損害額の3倍の範囲内で懲罰的な性格の賠償命令をすることにより，差別を根本的に遮断させようとする制度である。

35) 同一使用者の事業または事業場において，1人の期間制または短時間勤労者が差別認定を受けたとき，同一条件にある勤労者すべての差別的処遇が改善できるように，確定した是正命令の効力を拡大させる制度である。

36) 金銭的損害賠償制度および差別是正効力拡大制度は，2014年3月の改正により，2014年9月19日から施行されている。新設された差別是正制度の運営に対する批判的分析は，文武基（ムン・ムギ）「新設非正規職差別是正制度に対する批判的考察」法学論考47集（2014年）35～63頁を参照。

37) 公務員労働組合（全国公務員労働組合）に対する設立申告書の返戻（2013年7月15日），全国教職員労働組合に対する法外組合の通知（2013年10月24日）および全国鉄道労働組合のストライキ（2013年12月）に対する規律などを挙げることができよう。

とまりのなさや労政葛藤を深化させた前轍を踏むのではないかという懸念[38] を
生んでいる[39]。

六　労働市場の柔軟化法制の主な内容と判例

1　経営上の理由による解雇

　周知のとおり，「経営上の理由による解雇」制度は，勤労者側に帰責事由が
ないにもかかわらず，もっぱら景気状況など内外の環境要因の変化といった使
用者側の経営上の必要によってなされる強制的な勤労関係の終了手段であると
いう点で，何よりも厳格な規範的制限が必要な領域である。韓国では，1996年
12月に初めて法制化され，1998年2月から実際に施行されたが[40]，成文化される
前から，いわゆる「整理解雇」という名前で，学説および判例上，その認定要
件として，①緊迫した経営上の必要性，②解雇回避努力，③合理的で公正な基
準による対象者の選定，④勤労者側との誠実な協議などが定着していた[41]。

38）キム・インジェ・前掲注26）151頁を参照。
39）とくに，労働疎外で，労使関係に関する政策が事実上存在しない雇用政策中心の労使対
　　話のない政府・与党の一方的疾走は，2013年のいわゆる「労使関係の司法化」現象によく
　　あらわれている。しかし，労使の自律と責任にもとづく集団的自治を核心的な価値とする
　　労使関係法制の本質まで著しく壊しうることを想起する必要がある（大韓弁護士協会
　　『2013人権報告書』28集（2014年）343頁）。
40）立法的沿革をみると，まず，1996年12月26日のいわゆる「ナルチギ法」では，「経営上の
　　理由による解雇」という名前で，緊迫した経営上の事由（事業の譲渡・合併・買収，継続
　　する経営悪化，生産性向上のための構造調整と技術革新または業種の転換など）を具体的
　　に列挙し，60日前の通知，労働委員会の承認，解雇後2年以内の優先再雇用義務を明示し
　　て，その施行を2年間猶予した。しかし，1997年3月13日制定法では，条文の見出しを
　　「経営上の理由による雇用調整」へと変更し，具体的に列挙していた緊迫した経営上の事
　　由および60日前の通知，労働委員会の承認，優先再雇用などの要件も削除して内容的に後
　　退した。そのようななか，1998年2月20日の改正法では，「経営上の理由による解雇の制
　　限」へと条文の見出しを再び変更し，経営悪化を防ぐための事業の譲渡・買収・合併の場
　　合も緊迫した経営上の必要があるものとみなし，60日前の通知と2年以内の優先再雇用の
　　努力義務と性差別の禁止，労働部長官への申告制度を新設して，2年間の施行猶予規定を
　　削除した。その後の2006年12月30日の改正法では，経営解雇者に対する再雇用効果がほと
　　んどなく，有名無実であった従前の「努力義務」規定を「優先再雇用義務」規定へと回帰
　　し，また，2007年4月11日の改正では，労使の協議のための事前通知期間を従前の「60日」
　　から「50日」へと縮小した。
41）代表的な大法院判例として，大法院1989.5.23宣告87ダカ2132判決（三益建設㈱事件）

16   第1章　朴政権下の労働市場改革と労働法の課題

　問題は，勤労基準法23条の「解雇の正当事由」の例外として明示された24条
の「経営解雇の4つの要件」は，1項から3項までの規定にもとづく要件をす
べて充たした場合にのみ，23条の解雇の正当事由が存在するものとみなされる
にもかかわらず（同24条5項），実定法の規定とは無関係に判例法理により，4
つの「独立要件」がいわゆる「客観的合理性および社会的相当性の判断」の際
の「考慮要素」として転落・格下げされていることである。すなわち，1989年
の㈱三益建設事件判決では4つの要件が「並列的にすべて充たされているこ
と」が求められていたが[42]，1995年の韓米親善会事件では4つの要件を「全体
的，総合的に考慮」すれば足りると一歩後ろに下がる[43]。そのようななか，2002
年のウリ銀行事件では，「各要件の充足如何が確定的・固定的ではなく，流動
的に決まる」と完全に後退してしまった[44]。これは，実定法の明文規定を無
視・違反する司法府の過度な「規範形成（立法）的解釈」であると言わざるを
えない。

――――――――――――――――――――

　　がある。その前の大法院1987.5.12宣告85ヌ690判決（㈱江南造船事件）では，造船業界
　　の不況，生産および受注物量の不足による赤字運営，作業転換および経営合理化のための
　　人員調整策，減員措置時の勤務成績，賞罰関係，経歴，技能の熟練度などの基準にもとづ
　　き減員対象者を選定していた事情などを認定し，「会社が行なった解雇措置は，会社の経
　　営の合理化のためのやむをえないものであり，減員基準が客観的に合理性を欠き，または
　　衡平を逸するものとはいえない」と判示した。

[42]「企業が経営上の事情によって勤労者を解雇するいわゆる整理解雇においては，第1に，
　　解雇をしないと企業経営が危ないほどの緊迫した経営上の必要性が存在しなければならず，
　　第2に，経営方針や作業方法の合理化，新規採用の禁止，一時休職や希望退職の活用など，
　　解雇回避のための努力を尽くさなければならず，第3に，合理的かつ公正な整理基準を設
　　けて，これにもとづき解雇対象者を選別しなければならず，この他にも，解雇に先立って
　　労働組合や勤労者側との誠実な協議を経ることが求められる」と判示した。

[43]　大法院1995.12.5宣告94ヌ15783判決（韓米親善会事件）では，「企業の経営上の必要性に
　　よって勤労者を解雇するいわゆる整理解雇が正当であるというためには，それが緊迫した
　　経営上の必要性によるものであるか否か，使用者が解雇回避のために相当な努力をしたか
　　否か，客観的で合理的な基準にもとづき解雇対象者を選定したか否か，その他労働組合や
　　勤労者との誠実な協議などを経たか否かなど，諸般の事情を全体的，総合的に考慮し，当
　　該解雇が客観的合理性と社会的正当性を有するものと認められなければならない」とした。

[44]　大法院2002.7.9宣告2001ダ29452判決（ウリ銀行事件）では，「(旧）勤労基準法31条1
　　項ないし3項において〈中略〉各要件の具体的な内容は，確定的で固定的なものではなく，
　　具体的な事件において，他の要件の充足程度と関連して流動的に決まるものであるから，
　　具体的な事件において，経営上の理由による当該解雇が上記各要件をすべて充たして正当
　　であるか否かは，上記各要件を構成する個別事情を総合的に考慮して判断しなければなら
　　ない」と判示した。

さらに，第1要件である「緊迫した経営上の必要性」の解釈につき，従来学説上では倒産回避説と合理的（経営）必要説の争いがあったが，1991年の東部化学事件以降の判例では経営解雇の必要性要件としての「緊迫性」を大幅に緩和する傾向がみられる。すなわち，三益楽器事件では緊迫した経営上の必要性が必ず存在しなければならないと厳格に解釈していたが[45]，東部化学事件ではその包摂範囲を大幅に拡大している[46]。また，2002年のウリ銀行事件では，当面の経営上のリスクだけでなく，「将来の危機状況に対する事前的対処」まで含めており[47]，いわゆる「常時的雇用調整の可能性」を開いている。

2　勤労時間の柔軟化制度

現在（2015年12月当時），韓国の法定勤労時間（基準勤労時間）は，休憩時間を除き，1日8時間，週40時間である（勤労基準法50条）。これは，業種・規模によって段階的に勤労時間を減らすこととした2003年9月の勤労基準法（法律6974号）改正によるものである（勤労基準法50条，附則4条ないし8条[48]）。このような基本原則に対する例外として許容される勤労時間の3つの

---

45)「企業が経営上の事情によって勤労者を解雇するいわゆる整理解雇においては，第1に，解雇をしないと企業経営が危ないほどの緊迫した経営上の必要性が存在しなければならない」と判示した。

46) 大法院1991.12.10宣告91ダ8647判決（東部化学事件）では，「整理解雇の一要件である『緊迫した経営上の必要性』とは，企業の人員削減の措置が営業成績の悪化という企業の経済的な理由だけでなく，生産性の向上，競争力の回復ないし増強に対処するための作業形態の変更，新技術の導入といった技術的な理由とそのような技術革新によって生じる産業の構造的変化も理由として実際行なわれており，また，そのような必要性が十分にあるという点に照らしてみると，必ずしも企業の倒産を回避するためのものに限定する必要はなく，人員削減が客観的にみて合理性があると認められるときには，『緊迫した経営上の必要性』があるものと広く捉えなければならない」と判示した。

47)「緊迫した経営上の必要とは，必ずしも企業の倒産を回避するための場合に限定されず，将来にありうる危機にあらかじめ対処するために，人員削減が客観的にみて合理性があると認められる場合も含まれるとみなければならない」と判示した。

48) 2004年7月から2011年まで段階的に週40時間制を適用することとし，2004年7月1日からは公共，金融・保険および勤労者1000人以上の事業または事業場，2005年7月からは300人以上，2006年7月からは100人以上，2007年7月からは50人以上，2008年7月からは20人以上の事業または事業場に適用することにした。また，5〜20人未満の事業または事業場は，大統領令の定めるところにより，2011年7月1日からの適用となった。もちろん，勤労者の過半数を代表する労働組合または勤労者の過半数の同意がある場合には，労働部長官に申告して，施行日前であっても適用可能であり，団体協約や就業規則に勤労時間の短縮による

18　第1章　朴政権下の労働市場改革と労働法の課題

柔軟化制度として，「弾力的勤労時間制」，「選択的勤労時間制」および「勤労
時間計算の特例制度」がある。

　まず，弾力的勤労時間制（勤労基準法51条）は，変形勤労時間制ともいわれ
るが，立法沿革的には，1980年の勤労基準法改正の際に導入されたが，労使双
方から支持されず失敗した後，1997年3月に再導入されたものである。同制度
の基本的な趣旨は，勤労時間の弾力的配置・運用を図ることで，労働市場の柔
軟性を高めるところにあるといえる。総勤労時間を一定の単位期間で平均し
て，基準勤労時間である1日8時間，週40時間を超えない場合には，特定の日
（週）の勤労時間が基準勤労時間を超えても，法的規制（罰則）を受けず，延
長勤労手当を支給する義務も負わない制度である。当初，2週間単位の弾力的
勤労時間制と1ヵ月単位の弾力的勤労時間制が施行されたが，前述の2004年7
月1日から施行されている勤労時間短縮に関する改正勤労基準法により，1ヵ
月単位の弾力的勤労時間制の単位期間が3ヵ月へと拡大した[49]。一方，最長勤
労時間の制限につき，3ヵ月（1ヵ月）単位の弾力的勤労時間制では「週52時
間，1日12時間」と最初から明示されていたが，2週間単位の場合には「週48
時間」が明示されているのみであり，1日の最長勤労時間に関する立法的不備
が続いている。

　1997年3月に新設された選択的勤労時間制は，通称フレックスタイム制とも
いわれるが，勤労者に出退勤時間，すなわち，始業および終業時刻を自律的に
決めることができるようにすることで，基準勤労時間の範囲内で勤労時間を任
意に選択できるようにする勤労時間の柔軟化制度である（勤労基準法52条）。
この制度は，専門・研究職の勤労者または主婦などの出退勤上の便宜を図ると
ともに，業務効率の向上および雇用促進の効果を狙うことが本来の導入趣旨で
ある。すなわち，弾力的勤労時間制が使用者の便宜を考慮した勤労時間の柔軟
化制度であるとすると，選択的勤労時間制は基本的に勤労者の便宜を図るため
の勤労時間の柔軟化制度であるといえる。しかし，勤労者代表との書面合意に

　　賃金保全方法や関連法改正の内容が反映できるように労使で自律的に決めるようにした。
49）なお，去る2013年には，労働市場の柔軟化を加速させようとする与党（セヌリ党）議員
　　により，2週間単位の弾力的勤労時間制の単位期間を1ヵ月へと再び拡大する一方で，3ヵ
　　月単位の弾力的勤労時間制の単位期間も6ヵ月または1年へと大幅に拡大しようとする勤
　　労基準法改正案が提出されることもあった。

より，精算期間（１ヵ月以内）の所定総勤労時間の範囲内で１日の義務勤務時間帯（core time），可変勤務時間帯（flexible time）および標準勤労時間を設定し，週40時間および１日８時間を超える勤労まで可能にすることで，本来の選択的勤労時間制とは異なる側面，すなわち，もう１つの「１ヵ月単位の変形勤労時間制」を新設する結果をもたらしたという批判を免れ難くなった[50]。また，同制度では，１週または１日の最長勤労時間の制限がまったく明示されていないという立法的不備が目立つ。

　一方，勤労時間計算の特例制度は，認定（みなし）勤労時間制ともいわれるが，勤労の場所[51]と業務の性質[52]上，通常の方法では勤労時間の計算が困難であり，または適切でない場合，一定の要件のもとで，別途認定した勤労時間[53]を勤労したものとみなすことで，勤労時間管理の容易性および業務の効率性を高めようと1997年３月13日の勤労基準法改正の際に新設された制度である（勤労基準法58条）。

　最近の団体協約の分析[54]を通じて前記３つの勤労時間の柔軟化制度の活用度を見てみると，制度の施行初期から現在まで活用度はそれほど高くない。すなわち，弾力的勤労時間制につき規定している団体協約は調査対象の７％に過ぎず，公共部門（12.0％）が民間部門（６％）よりもやや高かった。しかし，選択的勤労時間制につき規定している団体協約は調査対象の２％に過ぎず，弾力的勤労時間制の規定割合よりもはるかに小さく，公共部門（３％）が民間部門（２％）に比べて少し高いことが確認された。一方，みなし勤労時間制につき

50）　１ヵ月の精算期間を平均して１週40時間の範囲内で行なわれている場合は，所定勤労時間が特定日に８時間，特定週に40時間を超えていても，勤労者に延長勤労手当を支給しなくてもなんら法的制裁を加えることができないからである。

51）　出張，その他の理由で勤労時間の全部または一部を事業場の外で勤労することにより，通常の方法では勤労時間の算定が困難な場合を指す。

52）　業務の性質上，業務遂行方法を勤労者の裁量に委ねる必要がある業務として，新商品・新技術の開発・研究，情報処理システムの設計・分析，新聞・放送・出版事業の取材・編成・編集，衣服・室内装飾・工業製品・広告などのデザイン・考案，放送番組・映画製作時のプロデューサー・監督など専門的・裁量的業務を指す。

53）　勤労者代表との書面による合意という方法でなされた労使合意を通じて定める時間を「業務必要時間」としてみなすことを指す。

54）　パク・ミョンジュン，ジョ・ソンジェ，文武基（ムン・ムギ）『団体協約分析〔雇用・労働部学術研究委託報告書〕』（2014年11月）194～199頁を参照。

20　第1章　朴政権下の労働市場改革と労働法の課題

規定している団体協約は調査対象の1％に過ぎず，選択的勤労時間制の規定割合よりもさらに小さく，公共部門は1件もなく，すべて民間部門に属するものであった。

3　期間制および短時間勤労

　いわゆる「有期勤労契約」ないし「期間制雇用」とも呼ばれる期間の定めのある勤労契約関係は，「期短法」によって規律される。2007年7月1日，期短法の施行とともに削除された旧勤労基準法16条は，期間制勤労の契約期間を最長1年と制限していたが[55]，期短法は，これを2年に拡大し，全体の契約期間が2年を超えた場合には当該勤労者を無期勤労者とみなすことにした（4条[56]）。

　期間を定めた勤労契約の期間満了による法的効果につき，大法院は，勤労契約の期間の満了によって勤労契約は当然終了することを原則としながら[57]，勤労基準法23条1項の解雇の正当事由の制限法理によってこれを規律している。すなわち，契約期間の更新を単純反復して期間の設定が形式に過ぎなくなった場合[58]，または期間制勤労者が期間の満了後に使用者との勤労契約が更新されることについて合理的な期待を持つ特別な事情がある場合[59]には，事実上，勤

---

55) 旧勤労基準法16条（契約期間）は，「勤労契約は，期間を定めていないものと一定の事業の完了に必要な期間を定めたもののほかには，その期間は1年を超えることができない」と規定していた。

56) 一方，期短法4条および同法施行令3条は，期間制勤労者を使用することができる2年の法定限度を超えることができる広範囲な例外を設けており，労働法学者から批判の対象となっている。

57) 代表的な判例として，大法院全員合議体1996.8.29宣告95ダ5783判決（韓国KDK事件）がある。

58) 代表的な事例として，大法院1994.1.11宣告93ダ17843判決（延世大学校韓国語学堂事件），大法院2006.12.7宣告2004ダ29736判決（入試学院事件）などがある。

59) 大法院2007.10.11宣告2007ドゥ11566判決（韓世大学校事件）では，「勤労者が期間の満了後に，使用者との勤労契約が更新されることにつき，合理的な期待を持つ特別な事情があれば，これは，事実上，勤労契約の期間の定めのないものと異なるところがないから，このような場合，使用者が，社会通念上相当であると認められる合理的な理由なく，勤労者との勤労契約の更新を拒絶することは，勤労契約の更新に対する勤労者の正当な期待を侵害するものとして無効であり，また，これに対しては，不当解雇と同様に，地方労働委員会の救済命令が可能である」と判示した。類似の事例として，大法院2003.11.28宣告2003ドゥ9336判決（美術高等学校事件），大法院2005.7.8宣告2002ドゥ8640判決（韓国文化政策開発院事件），大法院2006.2.24宣告2005ドゥ5673判決（韓国視覚障害者連合会事

労契約に期間の定めがないものと異ならないとする。そして，このような場合，使用者が，社会通念上相当と認められる合理的な理由なく，勤労者との勤労契約の更新を拒絶することは，不当解雇と同様にその効力を否定している。

　短時間勤労（part-time work）もまた，期短法によって規律されている。立法沿革的には，1980年代以降，不安定な雇用形態の1つとして短時間勤労が広がり，その不利益の予防および保護の必要性が提起されたことから，1992年1月4日，「時間制勤労者の勤労条件の保障に関する指針」がまず施行されたことがある。その後，1997年3月13日，勤労基準法改正の際に，短時間勤労者の定義（2条8号）および勤労条件（18条，同施行令9条）に関する法制化が進められ，また，期短法の制定・施行により，差別禁止，超過勤労（1週12時間）の制限および拒否権，通常勤労者への転換促進などが加わった。ただし，短時間勤労者の概念につき，1992年の行政指針では「同種の業務に従事する通常勤労者よりも3割以上短い者」と規定されていたのが，勤労基準法では「1週間の所定勤労時間が当該事業場の同種業務に従事する通常勤労者よりも短い勤労者」と規定，その判断基準を具体化するという趣旨にもかかわらず，勤労条件の保護範囲がむしろ縮小される逆効果を生んだという批判を受けている。

　一方，期間制および短時間勤労者または派遣勤労者に対する差別禁止およびその是正につき，労働委員会に対する差別是正申請権が設けられている（期短法8条，9条～16条，派遣法21条）。また，前述のとおり，2013年以降の期短法・派遣法の改正により，勤労監督官の差別是正指導制度，差別に対する金銭的損害賠償制度および差別是正効力拡大制度などが導入されたが，制度的限界などで当面その実効性を期待することは多少難しいように思われる。

4　派遣勤労

　企業の労働力活用の効率性を極大化する手段であり，間接雇用ないし三面的（多面的）勤労関係の類型（勤労者供給，委任，請負，派遣，長期出張，転出（出向）など）の1つである勤労者派遣[60]については，中間搾取を排除し，実

件），大法院2007.9.7宣告2005ドゥ16901判決（朝鮮日報社事件）などがある。

60）勤労者派遣の概念につき，派遣法2条は，「派遣事業主（派遣元──訳注）が勤労者を雇用した後，その雇用関係を維持しながら，勤労者派遣契約の内容に基づき，使用事業主

22　第1章　朴政権下の労働市場改革と労働法の課題

質的な勤労の権利を保障するために，その許容範囲を合理的に制限する必要性から制定された「派遣法」が規律している。具体的には，まず，派遣対象業務につき，許容業務[61]と絶対禁止業務[62]を明示するとともに（5条），派遣期間を原則として最長2年に制限し（6条），これに加えて派遣勤労者を使用することができないと制限する場合[63]も別途明示している（16条）。

　派遣勤労につきもっとも注目される争点は，派遣勤労者の正規職への転換に関するものである。従前の派遣法が規定していた雇用擬制条項，すなわち，直接雇用みなし規定[64]の適用に関する，2003年のSK㈱事件大法院判決[65]と2008年の大法院全員合議体判決（㈱イェスコ事件[66]）が代表的である。すなわち，SK

（派遣先──訳注）の指揮・命令を受けて，使用事業主のための勤労に従事させること」と規定している。

61）許可業務としては，ⅰ）製造業の直接生産工程業務を除く，専門知識・技術，経験を必要とする業務で，同法施行令2条（別表1）が定める26業務（ポジティブ方式──5条1項）については2年（1＋1年），ⅱ）出産・疾病・負傷などによって欠員が生じた場合，または一時的・間歇的に人材を確保しなければならない必要がある場合については，絶対禁止業務（ネガティブ方式──5条2項）を除き，6ヵ月（3＋3月）間，これを許容している。

62）絶対禁止業務としては，建設工事現場の業務，各種法規による荷役業務として勤労者供給事業の許可を受けた業務，船員の業務，有害・危険業務，粉塵・健康管理対象・医療（看護助手）および各輸送事業法上の運転業務（法5条3項，施行令2条2項）が明示されている。

63）派遣勤労者の使用が制限されるのは，ⅰ）争議中の事業場における争議行為によって中断された業務を遂行するための業務（法16条1項），ⅱ）経営上の理由による解雇後，2年（労働組合の同意時は6ヵ月）経過前の場合（法16条2項，施行令4条），などである。

64）従前の派遣法6条3項は，「使用事業主が2年を超えて継続的に派遣勤労者を使用した場合には，2年の期間が満了した翌日から派遣勤労者を雇用したものとみなす。ただし，派遣勤労者の明示的な反対の意思がある場合は除く」と規定していた。

65）大法院2003.9.23宣告2003ドゥ3420判決（SK㈱事件）では，「参加人は『偽装請負』の形式で勤労者を使用するために，インサイトコリアという法人格を利用したに過ぎず，実質的には，参加人が原告らをはじめとした勤労者を直接採用したものと同様であり，参加人と原告らとの間に勤労契約関係が存在するとみなければならない」と判示した。

66）大法院全員合議体2008.9.18宣告2007ドゥ22320判決（㈱イェスコ事件）では，「直接雇用みなし規定は，派遣法第2条第1号で定義している『勤労者派遣』があり，その勤労者派遣が2年を超えて継続している事実からただちに使用事業主と派遣勤労者との間に直接勤労関係が成立するという意味であり，この場合，その勤労関係の期間は，期限の定めがあるものとみなければならない他の特別な事情がない限り，原則的に期限の定めがないとみなければならない。これとは異なり，直接雇用みなし規定が派遣法第5条で定めた派遣の事由があり，派遣法第7条の許可を受けた派遣事業主が行なう，いわゆる『適法な勤労

㈱事件では，いわゆる「偽装請負」で勤労者を使用した場合には，勤労者を直接採用したものと同様に，使用事業主と勤労者との間に勤労契約関係が存在すると判断され，㈱イェスコ事件では，直接雇用みなし規定の適用が適法な勤労者派遣の場合に限定されないことが確認された。しかし，2007年7月1日に施行された2006年12月21日改正の派遣法では，正規職への転換を，使用事業主に対し，直接雇用の公法上の義務を課す方法へと切り替わった（6条の2の新設[67]）。

　一方，偽装請負において，注文主に対し派遣法上の使用者責任を問うことができるかに関し，2010年の現代自動車事件において，大法院は，黙示的勤労関係の成立は認めなかったものの，勤労者派遣関係および直接雇用みなし規定の適用を認め，2年以上勤務した派遣勤労者の直接雇用みなし効果を認めたことがある[68]。これにより，2012年8月2日に施行された2012年2月1日追加改正の派遣法においては，雇用義務の対象範囲が大幅に拡大され，2年未満の不法派遣に対する規制が可能となった[69]。

七　おわりに

　韓国の労働関係法は，1953年のその始まりから多少非正常な様相を帯び，1970

者派遣』の場合にのみ適用されると縮小して解釈すべきではない」と判示した。

67）現代自動車が旧派遣法における「雇用擬制」条項が違憲であるとして提起した憲法訴願に関する公開弁論が，2013年6月13日，憲法裁判所で開催された。現代自動車は，2年以上の派遣労働をした場合，正規職とみなす条項が使用事業主の基本権を侵害し，違憲であると主張した。この事件は，現在（2015年12月当時）に至るまで憲法裁判所に係留している。一方，憲法裁判所は，2013．7．25宣告2011憲バ395決定において，製造業の直接生産工程業務に勤労者派遣をする場合につき処罰する派遣法の規定は，憲法上の過剰禁止の原則を遵守しており，派遣事業主の職業遂行の自由を侵害していないとして，違憲ではないとした。

68）大法院2010．7．22宣告2008ドゥ4367判決（現代自動車事件）。

69）すなわち，ⅰ）派遣対象に該当しない業務に派遣勤労者を使用した場合，ⅱ）派遣禁止業務に派遣勤労者を使用する場合，ⅲ）2年を超えて継続的に派遣勤労者を使用した場合，ⅳ）出産・疾病・負傷の期間または一時的・間歇的な業務に6ヵ月を超えて使用した場合，ⅴ）無許可業者から勤労者の派遣を受けて使用した場合などである。ただし，例外事由として，派遣当事者の明示的な反対意思があり，または賃金債権保障法上の破産・倒産，天災・事変など事業不能の場合が規定された。

年代以降の高度経済成長とともに，その歪曲現象はいっそう深刻なレベルに達していた。その後，いわゆる「87年の民主化時期」を契機に，少しずつ正常な姿を取り戻していくたいへんな過程を経て[70]，また，1997年と2008年の2度の深刻な経済危機に見舞われながら，「労働市場の柔軟化」ないし「規制緩和」という名のまた違うトンネルを通過している。すなわち，1980年代後半から進められた産業構造調整の流れを加速化させるとともに，無限競争を求める世界市場での韓国企業の競争力を高めるためのあらゆる手段を動員している。また，企業の自律性を高めて労働力活用の効率性を極大化する方向へと，法制度は常時，持続的に変化している。しかし，問題は，このような過程において，韓国企業の競争力をどのくらい，そして，いつまで向上させなければならないか，疲れ果てている労働大衆に対し，政府であれ，執権勢力であれ，誰も説明してくれないという点である。

　いわゆる「市民」または「貴族」といった特定階級・階層に属する少数の限られた集団に，その社会が与えることができるほぼすべての恩恵が排他的に集中していた古代社会の典型的な例としては，ローマ帝国を挙げることができよう。すなわち，ローマ帝国は，豊かさを支える戦利品（資本＝飴）が，軍事・官僚体系を中心に高度かつ緻密に組まれた脅威の枠組み（規制＝鞭）のなかで，一部の選ばれた人に独占的に提供される構造・特徴を有していた。しかし，注意すべきは，このような社会を誰も「自由と民主が保障された社会共同体」と呼ばないのはもちろん，一時は永遠に続きそうだった大帝国が，中間層の没落と無産階級の極貧化に起因した「社会両極化」によって内部的に徐々に崩れて行き，結局は滅亡してしまった点である。この時点において，韓国の執権勢力・政府のめざす規制緩和政策がローマ帝国の末期のそれといかに違うかについて振り返ってみるべきである。

70）制定勤労基準法が現実性の弱い「展示的」規範として出発し，経済・安保第一主義時代の労働関係法が労使関係の「統制」の代償として勤労者に対する「過保護」を乱発したとすると，1987年以降の労働法改正議論の歴史は，そのような不均衡を少しずつ改めていく至難の過程であったといえる。

第2節
朴槿恵政府の労働改革と労働法の争点

盧尙憲 ソウル市立大学校教授

一 はじめに

　朴槿恵政府の労働政策は，「雇用の創出」により「雇用率70％」を達成して「若者の失業を解決する」というものである。しかし現実は，急速な「少子・高齢化」と「労働市場の二極化」が深化し，これによって貧富の格差が拡大しつつある。また経済成長率は継続的に低迷し，失業率，とくに若年層（15〜29歳）の失業率は2013年の7.9％から2014年に9.0％，2015年４月現在10.2％へ急上昇し，2000年以降でもっとも高くなった。さらに，高齢化社会に備えるため2016年１月１日から60歳定年の規定が「努力規定」から「強行規定」に改定され，まず300人以上の事業または事業場に適用される[1]。60歳定年の義務化は，高齢者の雇用と労働力の確保の面では肯定的にとらえられる。他方で，定年の引上げによって現に雇用されている高年齢労働者の雇用が延長されることにより，若者層の新たな雇用が減少することが懸念されている（いわゆる「若者雇用の崖」）。

　朴政府は，「雇用の創出」と「若者の失業」などを解決する手段が「雇用の柔軟性」を高める労働市場の活性化にあると考えて，労働市場改革を提案した。すなわち，労働市場改革を通じて公正かつ柔軟な労働市場を構築することによって，若者の雇用が創出され，かつ労働市場の格差が解消されると考えたのである。つまり，朴政府は古い労働市場の制度と慣行が，韓国の労働市場に

1）300人未満の労働者を使用する事業または事業場，国・地方自治団体は，2017年１月１日から適用される。

おける雇用創出の能力の低下と過度の格差（二極化）を引き起こしたと考えた。労働市場の古い制度や慣行とは，①産業化時代に形成された年功序列型賃金システムをいい，賃金に能力と業績の反映が不十分であり，高齢者の高い賃金の負担が重いこと，②企業における人材配置・評価・雇用調整など，人材運用の基準・手続が不明確なことが紛争の要因として作用していること，③労働組合は大企業や公共機関などを中心に組織されているが，大企業の組合は労働関係の形成において非正規職（非正規雇用・労働者）や若者などに対する配慮が不十分なこと，また④社会的安全網（セーフティネット）が先進国に比べるとその保障がいまだ不十分なことである。

　労働市場の古い制度や慣行を改革するために朴政府が提案した労働市場の改革は，次の5つの分野にわたる。①賃金システムの再構成——賃金ピーク制など賃金システムの再構成を通じた若者の雇用機会の拡大，②労働時間の短縮——労働時間の短縮を通じた生産性の向上とワークシェアリングの促進，③労働市場の二極化の解消——非正規職の雇用の改善と元請・下請の間の不均衡の緩和，④社会的安全網の拡充と効率化，⑤公正かつ柔軟な能力中心の労働市場の定着である。

　朴政府は，労働市場の構造改革を実現するための労使政大妥協を推進し，紆余曲折を経て2015年9月15日「経済社会発展労使政委員会」は，「社会的大妥協」というサブタイトルを付けて「労働市場の構造改善のための労使政合意文」（以下，「労使政合意」）を発表した。以下では，労使政合意の意義と与党の「セヌリ党」が発議した労働法改正案を検討し，朴政府の労働市場改革の法的争点などを整理する。

二　9.15労使政合意の意義

　労使政は，まず2014年12月の基本合意を経て，それにもとづき激しく議論した。そして，最終的に2015年9月13日労使政合意に達した。労使政が署名した合意文は9月15日に発表され，その意味は決して小さくはない。合意文は，前文および5つの議題とそれに関連する推進方向や詳細な課題についての合意が含まれている。労使政合意の5つの議題は，⑴労使政の協力による若者雇用の

活性化，(2)労働市場の二重構造の改善と活性化，(3)労働法上3つの懸案問題の解決を通じた不確実性の解消，(4)社会的セーフティネットの拡充，(5)労使政のパートナーシップの構築である。

労使政が最後まで合意に至らなかったのは，①就業規則不利益変更の要件の緩和，②いわゆる低成果者に対する一般（通常）解雇基準（いわゆる，公正な解雇基準）の明文化，③有期雇用の期間延長および派遣対象業務の拡大などであり，これらについては今後の検討課題として残された。しかしながら，労使政合意において労働界が絶対に受け入れないと表明した「就業規則不利益変更の要件の緩和」と「低成果者に対する一般（通常）解雇基準」が婉曲な表現になって検討課題に含まれたことが，争点になる。勤労基準法でもっとも重要な労働者保護の規定である解雇に係る規定や就業規則不利益変更に関連する規定を無力化させるおそれのある根拠を提供したとの批判がある。

一方，9.15労使政合意は，社会的議論を通じた合意であるが，韓国労働界の1つの軸である民主労総が参加せず，また労働界を代表して参加した韓国労総の内部にも反対があったことから，その意味は限定的なものである。政府が主張する低迷する経済局面の打開と雇用創出のための労働市場改革の必要性については同意するが，今の「労働改革」は労働に対する基本的理解と方向性が不明確なまま，労働者側の譲歩による雇用創出（労働市場の柔軟化政策）を意味するため，反対する意見が少なくない。

労使政合意は，社会的大妥協であり法的効果はないが，その移行過程，つまり立法によってその姿が明らかになろう。具体的な内容（details）が善悪を決定する。重要なのは労使政合意に記述されている「努力する」との抽象的な用語ではなく，立法と行政指針によって規定される具体的な内容にある。

三　与党の労働法改正案

労使政合意の直後，2015年9月16日，与党のセヌリ党は①勤労基準法，②雇用保険法，③産業災害補償保険法，④期間制や短時間労働者の保護等に関する法律（以下，「期短法」），⑤派遣労働者の保護等に関する法律（以下，「派遣法」）の改正案など，いわゆる労働改革の5つの法案を発議した。5つの法案に

28　第1章　朴政権下の労働市場改革と労働法の課題

表1　労働基準法改正案の主な内容

改正項目	主要な内容
通常賃金の明確化	-事前に定められた所定労働の対償；定期性，一律性 -施行令で除外金品の明示
休日労働は時間外労働に含まれる	-2017年以降四段階で段階的に実施 -特別時間外労働の許容（1週8時間）
割増手当	-延長・夜間・休日8時間以内の労働；通常賃金の50%割増 -休日8時間を超える労働；通常賃金の100%割増（延長＋休日）
変形労働時間制	-単位期間の拡大（2週・3ヵ月→1ヵ月・6ヵ月），2024年から施行
労働時間貯蓄休暇制	-現行の補償休暇制の再構成
労働時間の特例業種[2]の縮小	-現在26個から10個へ

表2　雇用保険法改正案の主な内容

改正項目	主要な内容
求職者給付の引上げ	-失業前の平均賃金の50%→60%引上げ
求職者給付の下限額引下げ	-最低基礎日額の90%→80%引下げ
受給期間の延長	-求職者手当，現行90日から240日→120日から270日に延長
受給要件の強化	-18ヵ月間で被保険者の単位期間180日以上→24ヵ月間で被保険者の単位期間270日以上に

は労使政合意で留保したものや労働界が反対する内容が多数含まれており，立法までには多くの論争が待っている。

1　勤労基準法の改正案

　勤労基準法の改正案は，通常賃金の定義と範囲を明確にすることや実労働時間短縮に関することなどである。従前，施行令に規定されていた通常賃金の定義と範囲を，2013年12月大法院の全員合議体（大法廷）判決で示された要件を反映して修正案が出された。しかし，現在も問題として残っている「在職者の要件」付きの定期賞与が通常の賃金かどうかについては解釈の問題を残しているし，通常賃金から除外される金品については，それらを施行令で定めることになり，問題点が法的に完全に解決されていないと評価されている。

　労働時間と関連して使用者側は，「休日労働」は時間外労働に含まれないと

2）日本の労働基準法40条と同じ趣旨の規定。

反対してきたが，改正案は労使政合意にしたがって，休日労働は時間外労働に含まれるものとされた。ただし，使用理由などを制限して，特別時間外労働として8時間の延長を可能にした（1週総労働時間40＋12＋8＝60時間）。また，延長・夜間・休日労働の割増賃金については，休日労働が8時間以内であれば，通常賃金の50％のみ上乗せされることになったのは使用者側の負担を軽くするための結果である。そのほか，変形労働時間の単位期間の延長，労働時間貯蓄休暇制，労働時間特例事業の縮小などが今回の改正案に盛り込まれた。鋭く対立した一般解雇の要件と就業規則不利益変更の要件については立法化されなかったが，2016年1月末雇用労働部が行政指針をもってその代案を提示した。

2　雇用保険法の改正案

雇用保険法改正案は，労使政において合意した給付の引上げと下限額の調整，受給期間の延長など，主に受給者の保護を強化する方向である。まず，高年齢労働者に対する失業給付の拡大と給付額の引上げおよび受給期間を延長した。改正案は，給付日額10％引き上げ，受給期間を現行の90〜240日から120〜270日まで延長した。これらの雇用保険法改正による失業給付の受給期間延長，給付額の引上げ，受給対象の拡大などの社会安全網を強化する方向は，労使政合意にもとづいたもので，反対する理由がまったくない。しかしながら，次の失業給付制度の運営の効率化に関する部分を見ると，改正案の意図は不明確であるといえる。

改正案は，受給期間が延長されることに従い，受給要件を離職日以前18ヵ月の間に180日以上勤務したことから，24ヵ月間の間に270日以上勤務したことに強化した。言及したように給付額を引き上げながら，下限額は最低賃金の90％から80％に引き下げた。また早期に再就職するか，または営利の目的として事業を営む場合に支給される早期再就業手当は廃止される。

3　期間制および短時間労働者の保護などに関する法律の改正

期短法の改正案は，有期労働契約の更新回数の制限，生命・安全に関する分野のコア業務（船舶，鉄道，航空機，自動車などの運輸事業のなかで生命・安全に関連する重要な業務，産安法上の安全／衛生管理者の仕事）に対する有期

雇用の制限などの内容を含んでいる。そして，35歳以上の期間制労働者の有期労働契約の上限の2年延長と，それとセットにして無期契約の代わりに退職手当の支給によって雇止めが可能となる規定を設けた。有期雇用の例外事由が消滅したとき無期契約の労働者とするみなし規定を置いた。問題は，非正規法の最大の争点であった有期雇用の期間を35歳以上の労働者の希望によって2年から4年に延長したことである。この問題は，改めて労使政の議論を経て処理すると合意したものであるが，政府の従前の主張どおりに発議された。

4　産業災害補償保険法の改正案

産災保険法の主な改正内容は，通勤災害を労災と認めることである。通常の通勤災害補償制度を段階的に取り入れ，実施する（徒歩・公共交通機関による災害は2017年から，自動車の災害については2020年から適用）。しかし，勤労基準法上の使用者の災害補償責任は排除され，また自動車による通勤災害のときは自動車保険を優先的に適用する。そして労働者の重過失による事故は保険給付の一部（障害・遺族給付）を制限するなどの内容である。

5　派遣労働者の保護などに関する法律の改正案

派遣法の改正案は，雇用の創出に焦点を当てている。つまり「再就職の活性化」の名目で高齢者，専門職および高額の年俸を受ける者については，派遣を全面的に認めると改正した。さらに，派遣労働の対象業務を拡大して人手不足の素形材産業[3]への派遣を認め，派遣禁止の業務である製造業への派遣を拡大する改正案である。また，派遣と請負の区別の基準を明文化しているが，これも議論の余地が大きいであろう。

四　労使政合意と労働法改正案の法的争点

1　労使政合意の法的争点

労働改革における大きな争点は2つある。1つは「一般解雇基準の明示」で

3）素形材産業とは，鋳造業，鍛造業，金型製造業，金属熱処理業，ダイカスト業，金属プレス業，粉末冶金業などの業種をいう（日本の場合）。

あり，もう１つは「就業規則不利益変更の要件緩和」である。この問題については合意に至らず，「労使とも十分な協議のうえ」推進することにした。この２つの議題に対する政・労の意見の大きな隔たりによって2015年４月９日「労働市場の構造改善」に係る社会的大妥協を推進してきた労使政委員会の議論が決裂したことがある。労働者側は譲ることができない重要な事案である。

　一般解雇に関しては次のように合意した。すなわち「労使政は，人材運用における労働慣行を改善するために労働および関連専門家の参加のもとで労働契約に係る制度改善策を検討し，制度改善までの紛争防止と濫用を防ぐために，労使政は公平な評価システムを構築し，労働契約の締結や解約の基準と手続を，法律と判例に従い明確にする。そのなかで政府は，一方的に強行しないこと，労使と十分な協議を踏む」ことであった。

　一般解雇は，「使用者は正当な理由なく労働者を解雇することができない」と規定した勤労基準法23条１項の解釈をめぐる論争である。韓国の解雇法理は，「社会通念上，雇用関係を継続することができない程度に労働者に責任のある事由がある」と解雇の正当な理由を使用者が立証しなければならない。ところで，労働者の責に帰すべき事由がある「懲戒解雇」と経営上の理由による整理解雇（勤基法24条）とは異なり，業績の悪い低成果者に対する一般解雇の立証は決して容易ではない点がある。一方，勤労基準法23条は懲戒解雇を規律するものであり[4]，労働契約の解約を通知する一般解雇に係る規定とみるには微妙であるとの見解がある。懲戒解雇とは「過去の過ちか非違行為に対する懲罰的制裁として，使用者がもつ解約権の行使」であり，これを規律するための規定が勤労基準法23条であるという。これによって，仕事の能力不足や低成果を理由にする労働契約の解約は懲戒解雇の形で行なわれ，司法的判断も懲戒処分として，その理由や手続，公平性などを確認したうえ，正当性があるかどうかを判断する。しかし，この方法は，「労働契約の解約」と「懲戒処分の正当性」を錯綜させ，混乱が起きるということになる。したがって，一般解雇と懲戒解雇との区別がない現在の解雇制限規定を考慮して，一般解雇の原則規定を設ける必要性があるが，その法制化に先立ち，労使政は法律と判例にもとづい

---

4) 勤労基準法23条①使用者は労働者に正当な理由なしに解雇，休職，停職，減俸，その他の懲罰（以下，「不当解雇等」）をしてはならない。

32　第1章　朴政権下の労働市場改革と労働法の課題

表3　期間制および短時間労働者の保護などに関する法律の改正の主な内容

改正項目	主要な内容
生命・安全のコア業務には有期雇用の制限	-船舶，鉄道，航空機，乗客運送の生命・安全に関する重要な業務 -産業安全保健法上の安全・衛生管理者の業務 -違反するとき，無期契約とみなす
契約更新回数の制限	-2年の範囲内で3回まで
有期雇用の2年延長	-35歳以上の労働者が自ら申込みをする場合，2年延長 -無期契約に切り替えないとき，退職手当を支払って雇止め可能
無期契約へのみなし	-有期雇用の例外事由が消滅した時点から無期契約とみなす

表4　産業災害補償保険法改正案の主な内容

改正項目	主要な内容
通勤災害の労災補償の認定	-通常の通勤災害を労働災害と認めること
通勤災害の給付と使用者の責任制限	-労働者の重大な過失がある場合，一部の給付制限
単一料率と自動車保険の優先適用	-通勤災害の場合は単一料率 -自動車保険が優先的に保障すること

表5　派遣労働者の保護などに関する法律の改正の主な内容

改正項目	主要な内容
生命・安全に関連する重要な業務への派遣労働者を制限する	-派遣禁止業務に新たに鉄道事業，生命安全業務，産業安全保健法上の安全・衛生管理者の追加
高齢者，専門職および高額年俸者に対し派遣可能業務の拡大	-高齢者：製造業，絶対禁止業務以外のすべての業務 -高所得の専門職：所得上位25%以内の労働者に対する派遣業務の拡大と派遣期間の制限を削除する -素形材産業：鋳造，金型，塑性加工，溶接，表面処理，熱処理への派遣の許容
派遣と請負との基準の明確化	-派遣と請負との基準の明示 -元請の配慮は派遣の証から除外
派遣契約のなかで派遣費用の明示	-直接人件費（賃金），間接人件費（社会保険，退職金など），管理費，派遣元の純利益などと区別して詳細に記載すること

て低成果者に対する一般解雇のガイドライン（行政指針）を作成し，それを推進することに合意した。

　一般解雇のガイドラインが必要であるという主張は，政府が労働市場の柔軟化の方針を策定するなかで提起された。しかしながら，一般解雇のガイドラインは，1996年に法制化された整理解雇とともに，解雇の立証責任を軽減する手

段として悪用されるとの懸念がある。すなわち，企業の構造調整と労働者の追い出し（退出プログラム）に正当性を与える懸念である。低成果者および業績不良者の概念は主観的であいまいなものだけでなく，最終的には使用者の人事考課によって決められることになる。とくに使用者と対立的な立場をとる労働組合活動家を抑圧する武器になるのは明らかであり，不当労働行為を助長することになる可能性が高いという。実際に政府が示した公平な解雇の基準をみると，リーダーシップ，職員とのコミュニケーション，責任感，誠実性，積極性，創造性などであり，すべて主観的で抽象的な評価基準なので，使用者が組合員を低成果者と評価して解雇しても，不当労働行為の容疑から逃れることができる。使用者から低成果者と評価されて不利益を受けた組合員が人事考課の基準と評価の公正性に対して異議を申し立てても，証拠の偏在によって不公正の証明はほとんど不可能になろう。実際に業績給が支払われる会社から組合員の多くが最下位の評価を受けて賃金が削減されたケースがある。そのため，一般解雇制度の導入は労働組合の存続に直結する問題であるとの危機感がある。

　解雇については，労働界は生存権を脅かす「殺人だ」と見ており，経営界は「経営権」の1つと主張する。そのなかで，政府が今年1月末，労働市場の改革において「一般解雇要件と基準に係る行政指針」を作成して発表した。

　また，朴政府は高額な賃金を受ける労働者の賃金を削減する賃金ピーク制を導入し，その余力で若者を雇用するメカニズムを若者の雇用対策の重要な内容にしている。労使政合意文では，「労使政は，若者雇用の領域を拡大し，世代間における共生雇用の枠組みを助成するために積極的に取組み，とくに賃金ピーク制によって節約された財源を若者の雇用に活用するために努める」と記述されている。問題は賃金ピーク制の導入を含めて賃金システムの再構成については，労働協約または就業規則の変更が必要であることだが，このプロセスでは政府が一方的に強行せず，労使と十分な協議を踏むと述べている。

　賃金システムの再構築の対象となる賃金と退職金は，いうまでもなく重要な労働条件である。したがって賃金と退職金を一方的に不利益に変更することができず，使用者が労働条件を決定することにおいて既存の労働条件よりも労働者に対して不利に就業規則を変更する場合には，労働者の集団的同意（過半数労働組合または労働者の過半数）を必要とする（勤基法94条①但書）。一方，

当該不利益変更に社会通念上合理性があると認められる場合には，労働者の集団的意思決定方法による同意がないという理由だけで当該就業規則の適用を拒むことはできないという判例法理が形成されている。就業規則の変更は，賃金システムを再構成（年功から業績評価システムへの転換）するための前提条件である。そのため，最終的には就業規則の不利益変更の要件である労働者の集団的同意の規定を変更するとの思惑である。したがって，政府はこれらの「社会通念上の合理性論」を根拠にして賃金ピーク制の導入は，労働者の集団的同意は必要ないこともあるとする行政指針を作成して実施することになった。

2 労働法改正の問題

　与党が提出した労働法改正案のなかで期短法と派遣法の改正案については争点が大きい。つまり，非正規法改正における最大の問題であった有期雇用期間を2年から4年まで延長する問題や派遣対象業務の拡大については労使政が慎重な議論することに合意したにもかかわらず，政府の主張のとおりに発議することは事実上労使政合意に違反したと見ることができる。

　期短法の改正案によれば，35歳以上の労働者については，労働者の申込みにより2年の有期契約を延長することができ，最長4年の契約が可能である。4年経過後無期契約に移行しない場合，使用者が大統領令に定める金額（いわゆる「離職手当」）の支払いのみで，労働関係は終了する。ここで適用対象を35歳以上としたことにつき，雇用労働部は，期間制雇用・労働者の雇用期間満了後，大部分の契約が終了し他の期間制労働者に代替されたり，請負・下請などに転換されるなか，正社員への転換をみると15～34歳の20.2％であるのと比べ，年齢の高い35～54歳は9.2％にすぎないことから35歳にしたと説明する。

　改正案に応じて期間を延長すると，2年勤務した労働者がもっている無期契約への転換の機会を実際に剥奪する結果をもたらす。つまり延長された2年を勤務しても，使用者が支払う離職手当を受け取ったら無期契約への転換の機会を逃がすことになろう。結果的に，35歳以上の有期労働者は，判例上の「更新期待権の法理」から除外されており，使用者は離職手当のみを支給すると，すべての法的負担から免れる。

　派遣法改正案の争点は，請負と派遣とを区別する基準の明示と，派遣対象業

務の拡大である。まず，請負などの区別を明示することは紛争を減少させるという点では望ましい方向だと考える。しかしながら，改正案の内容をくわしく見ると次のような問題が見られる。

1つ，判例法理は，①契約の目的（仕事の完成か，独立した業務の実行か，または元請けの労働者と混在して労務を提供する），②契約の履行プロセス（業務の指揮命令関係），③契約当事者の実体と独立性（採用，配置転換，懲戒処分，解雇などについて独立して行なう）などの3つのカテゴリを置き，各カテゴリのいくつかの詳細な事実関係から総合的に考慮する。しかし改正案は，もっぱら契約の履行プロセスのみを規定しており，判断の基準が限定的であるとの問題がある。大法院が確立した3つの判断基準のなかで，元請事業主が変更することが容易ではない契約内容および契約当事者の実態と独立性に関連した判断基準をすべて除外している点である。

次に，元請事業主による安全衛生対策・職業訓練・苦情処理への対応等は，労働者派遣の徴表として見ないという問題である。すなわち下請け作業員の労災防止，共生・協同関係について提案する内容ではあるが，これは元請事業主が安全と共生・協調をサポートするために，直接的に下請労働者に対する業務指揮命令をすることを可能とする点が懸念される。

改正案は，「市場の調整機能の向上」のため，55歳以上の高年齢者については，製造業の直接的な生産工程業務を除くすべての業務への派遣を可能にした。また，韓国標準職業分類で専門職に従事する者の所得が上位100分の25になる場合[5]，派遣先の業務に関係なく派遣ができ，さらに素形材産業における派遣を可能にする改正案である。素形材産業での派遣を可能にすることは，実質的に製造業全般に派遣を拡大することに他ならず，このことは制定当時から製造業の直接生産工程には派遣を規制してきた派遣法の性格を変えることになる。そして，素形材産業に従事する労働者は，今でも過酷な労働条件で労務を提供しているにもかかわらず，これからは不安定な派遣労働者と固定化されることになろう。これは常時・継続的な業務については，できれば正社員として雇用し，ただ人件費の削減のみで非正規の濫用は控えるとの労使政合意を真正面から否定する改正案である。

5）2015年基準で5600万ウォンである。

五　結びに代えて

　朴政府の労働政策は，上位10％の高所得の労働者の賃金を削減して雇用を創出し，若者雇用を拡大し，低成果者についての解雇基準を明示して解雇をめぐる紛争を予防し，効率的な労働力の運用をめざして労働市場を活性化させるものである。そして，雇用を拡大するためには，非正規雇用の拡大もやむをえないという態度である。懸案である５つの改正法案と２つの行政指針の内容を見ると，朴政府の労働改革の方向性がそのまま明らかになると思われる。

　雇用労働部が作成した「公平な解雇に係る行政指針」に法的効力はないが，使用者がそれを使って労働者を「正当に」追い出す根拠になろう。結局，評価基準と評価過程は主観的な要素が重要なので，会社の支配や影響力を強固にする可能性が高い。低成果者の解雇の要件に係る雇用・労働部の行政指針は，「集団的な整理解雇」よりも定期的人事考課にもとづく「常時的な構造調整」が定着され，使用者の解雇を正当化させる指針になる恐れがある。また，就業規則を変更する「基準」と「手続」の明確化は，就業規則不利益変更のとき，過半数労働組合の同意または労働者の集団的同意の要件を緩和することを意図する。就業規則の不利益変更の要件緩和は，低成果者の解雇，賃金ピーク制の導入など賃金システムの再構成のための前提条件になる。政府が行政指針を急がせた理由がまさにそこにある。

　現在，韓国の労働市場では，非正規雇用の不足による労働の柔軟性の低下が問題なのではなく，非正規雇用の濫用による労働市場の二重構造や二極化が拡大することこそ問題となっている。これに関する労使政合意は，「努力のみ」にとどまっている。今回，労使政合意のなかで肯定的に改正案に反映されたのは，産業安全の確保と社会的安全網の拡大に関連する２つのみである。１つは，安全業務を正社員が担当することであり，もう１つは通勤災害を業務災害とみることである。ちなみに，2016年４月13日に実施された韓国総選挙で与党である「セヌリ党」が惨敗し，提出された労働法改正案がそのまま保たれるかどうかは不透明であるが，朴政府は一貫して労働法改正案の通過を主張しており，その行方が注目される。

第2章
文政権下の労働法改革

第1節
韓国・文在寅政権と労働法改革をめぐる動向

脇田　滋　龍谷大学名誉教授

一　はじめに

　韓国・文在寅政府は，2019年，発足3年目を迎えた。2017年5月10日，朴槿恵前大統領弾劾にともなう早期大統領選挙で当選した文在寅氏は新たな政権を発足させた。

　長年の新自由主義的政策の結果，韓国では「富める者ますます富み，貧しき者ますます貧し」と表現される「社会両極化」が深刻化した。不安定・劣悪条件で働く「非正規職」増大，若年層の就職難，少子・高齢化の急速な進行，国民各層での貧困の広がり，「福祉死角地帯」の存在など，多くの人々が「人間らしい生活」をすることが難しい状況が広がった。その一方，世襲経営による財閥支配，それと癒着した政治権力の横暴・腐敗・無責任など，否定的な事実が次々に明らかになった。それは2016年末に始まり，いわゆる「ローソク革命」と呼ばれる，多数の市民が参加した大統領弾劾行動の直接の要因になった。

　こうした背景で誕生した新政権には，9年に及ぶ保守政権時代に累積した政

治，経済，社会面における「積年の弊害（積弊）」清算が期待されることになった。2017年5月の大統領選挙では，有力5候補が，ほぼ共通して「労働時間短縮」「最低賃金大幅引上げ（時給1万ウォン）」など，社会・労働分野における改革公約を提示した。とくに，文在寅候補は，「所得主導成長」，「人中心の職場革新」，「労働尊重社会実現」など注目すべき公約を掲げ格段に具体的かつ斬新な政策を提示した点で他候補を圧倒していた。

　日本とも酷似した雇用社会の状況がある韓国が文在寅新政権のもとで大きく変わろうとしている。それは日本の「働き方改革」と時期を同じくしているが，変化の内容や方向は対照的である。本節では，文在寅政権が発足後1年半の間に労働関連の政策・法の改革をどのような理念のもとで，どのように進めてきたかを要約的に整理し，今後，どのような課題があるかを展望してみたい[1]。

二　新政権の労働政策──「労働尊重」「所得主導成長」

1　ソウル市の労働政策受容と所得主導成長

　文在寅政府は，2017年5月10日発足し，文大統領の最初の訪問先は非正規職が多く働く「仁川国際空港公社」であった（5月12日）。新大統領は多くの労働者の中で正規職転換を約束し「非正規職ゼロ時代」を宣言した。

　新政府は，「労働尊重」を労働政策の第1に挙げた。これは朴元淳ソウル市長の労働政策と共通している。急に早まった大統領選挙で文在寅陣営は，朴市長からの提案もあって，すでに実績のあったソウル市の政策を国レベルの政策として積極的に受け入れた。2011年10月の補欠選挙で当選した朴元淳市長は，就任後，ソウル市関連業務に従事する間接雇用を含め9000人の非正規職を正規職転換した。また，感情労働者保護条例（2014年），生活賃金条例（2015年）などを定め，自治体として画期的労働政策を展開し，他の自治体のモデルとし

1）本章では，第2節趙淋永（ジョ・イムヨン）が，文在寅政権の労働法改革の全体的特徴を提示し，具体的な労働立法をめぐる論点を第3節都在亨（ド・ジェヒョン）。また，第4節（武井寛），第5節（徐侖希）が，それぞれ重要個別論点を詳しく論じている。したがって，本節では，重複のない「産業安全保健法」と「集団的労働関係法」の改革以外は，全体の大まかな動向の解明を試みた。

表1　ソウル市労働革新対策（2016）

1．二極化した労働構造打破！	①「常時持続＋生命・安全業務」正規職化推進 ②民間委託分野の正規職化拡大 ③非正規職採用3大原則順守
2．労働不平等と差別撤廃！ 　正規職無期契約職の差別解消	④自尊心を傷つける人事管理分野の差別解消 ⑤能力と関係なく排除される昇進分野の差別解消 ⑥不平等な賃金分野の差別解消 ⑦基本的な福利厚生分野の差別解消 ⑧正規職・非正規職の差別解消
3．労働者生命安全最優先！	⑨労働現場安全体系構築 ⑩休息権等，労働者健康権保障 ⑪作業中止権等，労働者参加安全管理導入
4．人間らしい労働条件保障！	⑫適正勤労形態・時間保障 ⑬生活賃金拡大及び内実化 ⑭パワハラ防止等，健康な事業場造成 ⑮（仮称）労働人権調査官運営
5．対等な共生文化定着！	⑯労使間のコミュニケーション活性化 ⑰チェックアンドバランスの労使関係定立 ⑱労働感受性を高めるための労働教育拡大及び認識向上

〔出所〕2016ソウル市労働革新対策推進課題（5大分野18課題）

て先導的役割を果たしていた。とくに，青年求職者支援の現金給付である「青年手当」を制度化して，中央政府と訴訟を含む対立にまで発展し，2016年には**表1**のような「労働革新対策（2016）」を発表していた。文候補は，こうしたソウル市政策の多くを公約として採用したのである[2]。

　また，新政府は「所得主導成長」を政策基調として採用した。これは，ILOやOECDなどがリーマンショック（2008年）以降，新自由主義にもとづく政策の結果，各国で深刻な不平等が広がっていることを懸念し，「利潤主導成長」の代案として「経済安定性の向上に役立つ」ものとして主張した理論であった[3]。政府は「所得主導」と社会政策の関係について，①雇用政策（最低賃金引上げ，雇用拡大，非正規職縮小）と，②福祉政策（現金給付拡大，公共福祉拡大と社会サービス分野の雇用拡大，社会保険の保障性の拡大）をベースに，

2）朴槿恵政権までの韓国政府と朴元淳ソウル市政の労働・福祉政策の展開については，脇田滋・矢野昌浩・木下秀雄編『雇用社会の危機と労働・社会保障の展望』（日本評論社，2017年2月）所収の「第Ⅲ部外国法研究　第1章　韓国　第1節　韓国における雇用社会の危機と労働・社会保障の再生」（脇田執筆）177頁以下参照。
3）趙淋永（ジョ・イムヨン）・第2節55頁以下参照。

③家計可処分所得が拡大し，内需拡大と安全網確保によって，輸出主導の開放型経済を補完する成長政策が実現する（①，②，③は「ゴールデン・トライアングル」と呼ばれる）として，具体的労働政策としては，最低賃金引上げ（時給1万ウォンに），法定労働時間短縮（年1800時間に），社会的協約（社会的対話）機構強化，ワーク・ライフ・バランスなどが重点政策とされた[4]。

2 「100大国政課題」と「雇用政策5年ロードマップ」

2017年7月19日，新政府の国政企画委員会は，文大統領任期5年間の政策を「国政運営5ヵ年計画」として発表した。そこでは，新政府の国家ビジョンは国民主権の憲法精神を基盤とする「国民の国」，すべての制度を核心価値である「正義」の原則によって再構成する「正しい大韓民国」とされた。実践戦略として「5大国政目標」と「20大国政戦略」「100大国政課題」を設定し，「4大複合・革新課題」として「雇用経済」「革新創業国家」「人口絶壁解消」「自治分権と均衡発展」が提起された。

5大国政目標は，「①国民が主人の政府」「②共に良く暮らす経済」「③自分の生活に責任を負う国家」「④等しく発展する地域」「⑤平和と繁栄の韓半島」である。雇用政策は，この「②共に良く暮らす経済」の中で「戦略1：所得主導成長のための雇用経済」（16 国民の目の高さに合った良い雇用創出，17 社会サービス公共インフラ構築と雇用拡充，18 性別，年齢別オーダーメイド型雇用支援強化，19 失職と引退に備える雇用安全網強化，20 良い雇用創出のためのサービス産業革新）が挙げられた。また，「③自分の生活に責任を負う国家」の中で，「戦略1：皆が享受する包容的福祉国家」「戦略2：国家が責任を負う保育と教育」「戦略3：国民安全と生命を守る安心社会」「戦略4：労働尊重，性平等を含んだ差別のない公正社会」「戦略5：自由と創意があふれる文化国家」が挙げられた。この戦略4の中で，雇用に密接に関連する課題として，「63 労働尊重社会実現」と「64 差別のない良い職場作り」が位置づけられた。

そして2018年10月18日，大統領直属の雇用委員会が「雇用政策5年ロード

4）2019年1月現在，文大統領の社会政策顧問である金淵明教授（中央大学校）の（同志社大学公開講演会，2018年2月1日）報告資料「文在寅政府の社会政策―韓国福祉国家の経路は変えられるのか？―」参照。

マップ」を決定した。そこでは，最優先国政課題である「雇用経済」の5ヵ年の実践計画と，雇用政策推進の土台構築と予測可能性・一貫性の向上を目的に，推進日程表も提示された。雇用インフラと公共部門が「呼び水」となって，民間部門での良い雇用が創出されることに注力することを基本としていた[5]。

3　2017〜2018年の労働法改革

(1)　労働行政による厳格な監督実施

新政府は，発足後数ヵ月間，企業親和的であった前政権とは大きく違った労働行政の姿勢を示した。雇用・労働部は，2017年6月28日，不当労働行為根絶方案を発表し，不当労働行為の疑いがある事業場，全国59ヵ所を集中監督した（同6月29日〜7月31日）。また，元・下請関係についての勤労監督を実施し，不法派遣確認時には直接雇用の是正指示を行なった。製造業だけでなく，大きな社会問題になっていた非製造業（製パン業）の大手フランチャイズ（パリバケット社）に対して直接雇用（約5300人）の是正指示をした。

(2)　公共部門非正規職の正規職転換

新政府は，2017年7月20日，「公共部門非正規職正規職転換計画」を発表した。政府が率先して，公共部門（中央・地方政府，公共機関）で働く非正規職の正規職転換を実施し，2020年までに20万5000人を正規職転換する事業を段階的に進めるとした。以前の政権とは違って，転換対象である「常時・持続業務」について判断基準改善で対象を拡大し間接雇用（派遣・用役）労働者を含め，高齢親和職種では65歳までを転換対象に正規職転換の道を大きく広げた。正規職転換は，第1段階（政府，自治体，公共機関）を早急に完了させ，さらに第2段階（地方政府傘下機関と地方公企業子会社など），第3段階（民間委託機関など）に範囲を拡大する。そして，2019年1月25日，政府は2018年末までに正規職転換が決定した人員が17万5000人（20万5000人目標の85.4%）に達したと発表した。ただ，子会社を設立し，そこで正規職化する転換方式も認めたことを，比較対象をなくす差別是正回避の「迂回雇用」であり，形を変えた

5）脇田滋「韓国における雇用安全網関連の法令・資料8―雇用政策5年ロードマップ―」龍谷法学51巻2号（2018年12月）361頁以下参照。

42 第2章 文政権下の労働法改革

低劣労働条件温存策だという批判もある[6]。

(3) 雇用形態公示制度の拡大

しかし，公共部門に比較して民間部門への波及はまだ大きくない。ただ，新政権は，2018年度から，2013年6月，雇用政策基本法施行令・施行規則にもとづいて導入された「雇用形態公示制」を改正し，3000人以上の民間企業の場合，①事業場別雇用形態現況と②所属が違う勤労者（間接雇用）が遂行する主要業務を公示すべき内容に追加した[7]。

(4) 最低賃金大幅引上げ

最低賃金委員会は，新政権で初めて2017年8月4日，2018年の最低賃金を7530ウォン（時給）と前年比16.4％増に大幅引上げ決定をした。これは任期5年内に最低賃金1万ウォンを実現する大統領公約実現への第一歩であり，所得主導成長政策の核心とされた。ところが，その影響が直撃する小商工人・零細事業主からの強い反発を生むこととなった。政府は雇用安定資金等の負担緩和策を用意していたが，保守野党やマスコミが引上げが速すぎて経済悪化の原因になっていると対立を大きく煽ることになった。その結果，最低賃金引上げが大きな社会・政治的争点になった[8]。

(5) 前政権の「二大指針」を廃棄

2017年9月25日，雇用・労働部は，前政権時代（2016年1月26日）に出した「二大指針」と呼ばれる「低成果者解雇の根拠を提供する公正人事（一般解雇）指針」と，労働者の同意なく「成果年俸制」や「賃金ピーク制」導入を可能にする「就業規則の解釈及び運用指針」を廃棄した。この二大指針は，企業が思いのままに労働者と労組を支配可能にする指針として，労働側が強く反発し，

6) 詳しくは，徐侖希「文在寅政権の公共部門における雇用拡大政策―非正規勤労者の正規職転換を中心に」後掲92頁，脇田滋「韓国における国・自治体の非正規職問題―ソウル市と文在寅政府の正規職転換政策」KOKKO32号（2018年8月）29頁以下参照。

7) 雇用形態公示制度は，「非正規職と社内下請の拡散による労働市場の二重構造化問題が深刻化している状況で企業に労働者の雇用形態を公示させ，企業経営の自律性を侵害しないが，社会的世論等を通して事業主の雇用構造改善を誘導する」という韓国独自の制度である。公示義務を負うのは常時300人以上労働者を雇用する事業主であり，所属労働者について，①期間の定めがない労働者，②期間制，③短時間，④所属が違う労働者（派遣，用役，請負）の雇用形態別に人数をインターネットを通じて一般に公示している。

8) 中村和雄「日弁連貧困問題対策本部による韓国最賃問題調査の概要」労働法律旬報1932号（2019年）43頁参照。

当時，政労使協議に参加していた韓国労総も協議から離脱した。文大統領は選挙公約で「二大指針」を「労働積弊」の１つとして廃棄を約束していた[9]。

(6) 労使政「社会的対話」

新政権は，労働時間，最低賃金，集団的労働関係などは，労使間対立が大きいので問題解決のためには，政労使「社会的対話」復元を重要視している。そのためにも労働側が強く反発していた「二大指針」廃棄を急いだ。両労総は「二大指針」廃棄を歓迎したが，韓国労総が社会的対話参加に積極的姿勢を示したのに対して民主労総は慎重姿勢を維持した[10]。新政権は，財閥や保守勢力の根強い圧力を受ける一方，労働側，とくに民主労総を「社会的対話」に参加させることに腐心している。新政権２年目の2018年には，最低賃金法をめぐり，政労使協議を無視して，政府与党が野党側に譲歩して法改正を強行し，労働側から強い反発を受けることになる（後述）。

(7) 労働時間短縮（勤労基準法改正）

2018年２月，勤労基準法の労働時間規定が改正された。その内容は，①従来，土・日労働と時間外労働（週12時間）を含めて最大週68時間労働を許容していた政府解釈を改め，１週52時間上限を明確にしたこと（企業規模によって段階的適用），また，②事実上，無限労働可能の「特例業種」を，2018年７月からは，26業種から５業種に減らしたこと（５業種も最小11時間連続休息保障）であった。労働側は，①企業規模別に段階的適用としたこと，②特例（５業種）を残したことを強く批判した[11]。

(8) 最低賃金算入範囲見直し（最賃法改正）

次に，2018年１月１日から最低賃金7530ウォンが実施されるなか，来年の引上げ額審議に向けて，小商工人団体が中心になって大幅引き上げへの反発が強まった。国会内で与・野党間の合意が急速に進み，基本給だけでなく手当・賞

───────

9）盧尚憲（ノ・サンホン）「朴槿恵政府の労働改革と労働法の争点」前掲27頁以下参照。
10）民主労総は1998年，金大中政権時に「政労使協議」に参加したが，そこでの合意を基に整理解雇と労働派遣を許容する法規制が成立した。そのため同労総は政労使協議から短期で離脱した。その経験から「社会的対話」への警戒感が内部に根強く残った。ただ最近では，盧武鉉政権時に政労使協議に参加せず政権弱体化を招いたという反省もあり，民主労総現執行部は後者の立場に近い。
11）詳細は，武井寛「韓国労働時間法の改正—有給休日と法定労働時間短縮をめぐって」後掲81頁参照。

与等にも「最低賃金の算入範囲」を拡大する法改正が成立した。これに最低賃金委員会での労使協議無視，最低賃金引上げ効果減殺の狙いをもつ法改悪として労働側が強く反発した。結局，異例の状況下で2019年最低賃金額を時間当たり8350ウォンとする決定がされた。文大統領は，その引上げ率から任期5年内に時給1万ウォンに引き上げる公約実現は不可能になったことを謝罪した。民主労総内では，政府与党への不信感が強まり，社会的対話参加に反対する声が強くなった[12]。

三　産業安全保健法・産業災害補償保険法改正

1　産業安全をめぐる問題状況

新政権の重要労働政策の1つは「安全で健康な職場づくり」であった。文大統領は2018年「年頭の辞」で，自殺予防，交通安全，産業安全の「3つの安全」を挙げ，「国民の安全を政府の核心国政目標にして体系的に管理」すること，2022年までに「三大分野で死亡を半分に減らす」ことを目標に，国民の生命を守る「三大プロジェクト」を集中推進すると表明した。雇用労働部は，監督行政を強めるとともに，基本法である「産業安全保健法（以下，産安法）」と「産業災害補償保険法（以下，産災保険法）」の大幅改正作業を進めた。

雇用労働部は，まず，産業災害（以下，産災）事故死亡万人率を2016年0.53から22年0.27に半減させる目標を設定した。韓国の産災死亡率は，OECDの中で1，2位で，英国の18倍も高いとされ，近年，製造・造船業で高度危険設備・機械（タワークレーン等）の事故や有害物質利用による疾病が増え，サービス業でも業務過重による過労死や精神障害（うつ病）等が増加していた。とくに，非正規職，若者，女性，高齢者などが「産災弱者」として被害者になる傾向が高まっていることが，専門家・労働・市民団体から指摘され，争訟を通じても問題化していた。

2018年は，1988年の2つの労災事件（文松勉少年水銀中毒死事件と源進レーヨン二硫化炭素中毒事件）から30周年であった。労働・市民団体は，この記念の年に産安法や産災法の大幅改正を強く求め，とくに，2018年以前5年間の産

---

12) 武井・前掲注11)。

災死亡労働者の86.5％が下請労働者であったことから，これを「危険の外注化」と呼んで大企業や政府を厳しく批判した。また，サムソン電子・半導体製造工場の労働者236人が白血病などの深刻な被害を受けていたことが市民団体などの努力で明らかにされた（2017年7月現在，関連の死者は80人）。2007年以来，サムソン電子の責任を問う争訟と交渉が10年を超えて続いていた。労働団体はイギリスなどの諸国が導入している重大災害企業処罰規定（いわゆる「企業殺人法」）導入を主張していた。

2　産災保険法施行令改正

　2018年，政府は産災保険法関連の施行令改正を行なった。第1に，産災保険加入許容対象者（日本の「特別加入」に相当）が，「一人自営業者」8職種に4業種（レストラン，小売，卸売・商品仲介，その他の個人用役）が追加された（2018年12月13日施行[13]）。また，2019年から，特殊雇用（雇用契約によらない個人請負形式の就労者）では対象がレミコン運転手だけであった建設機械で，他の27職種（掘削機，ダンプトラック，タワークレーン，起重機等）にも適用が拡大された。第2に，従来，通勤バスなど事業主の支配管理下での出退勤災害だけが補償対象であったが，2018年1月から，一般交通機関，自家用車，自転車，徒歩などを含め，通常的な経路・方法による出退勤中の災害も産業災害と認定・補償されることになった[14]。

3　産安法全部改正

　政府は過去30年，大きな改正がなかった産安法の全部改正を進め，2018年1月，元請＝発注者の責任強化，労働者の作業中止（緊急待避）権の明確化，特殊雇用（配達従事者）への適用拡大等の新たな規制を含む「全部改正」を立法予告した。しかし，労使関連団体は突然の全部改正案に違和感を示し，とくに使用者団体は企業経営への規制拡大に反発した。政府内でも審議が遅れ，政府

---

13) 従来の8職種は，旅客運送，貨物運送，建設機械，宅配，代行運転，芸術家，金属組立，自動車整備の個人請負形式の就労者である。
14) 日本では「通勤災害」を「業務災害」と区別してきたが，韓国の新制度ではこの区別をしていない。

案は 9 月に国会上程された。政府案は，人命軽視の労働環境を改めることを目的に，使用有害物質の国による管理強化，危険業務を派遣，個人請負，下請業者に行なわせる「危険の外注化」を原則禁止する積極的規制を含んでいた。

　国会では野党（自由韓国党）が強く反対し，政府案審議は進まなかった。法案成立を遅らせる国会，とくに野党に対する社会的批判が高まったが，年内の成立は難しいと思われた。ところが，2018年12月11日，韓国西部発電の泰安火力発電所で，下請業者に雇用され就業 4 ヵ月目の非正規職の青年（キム・ヨンギュンさん・24歳）が，深夜 1 人でコンベヤーベルト点検作業中に機械に巻き込まれて死亡する事件が発生した。事件は「危険の外注化」が引き起こした産災として，近年，ソウル地下鉄などで相次いで発生していた産災事件と状況が酷似していた。

　市民・労働団体は，産安法改正案を「キム・ヨンギュン法」と呼び生命軽視の企業と国会の責任を追及したので，法改正を求める世論が急速に高まった。文大統領も国会に法案成立を強く求めるなかで状況が大きく動き，与党・野党間の合意が成立して，12月27日，産安法全部改正案が一部修正のうえ，国会を通過した。その主な規制内容は，**表 2** のとおりである。

4　感情労働者保護

　2018年 3 月，産安法全部改正とは別に，「感情労働者」などの労働者精神健康保護を目的とした産安法一部改正〔同法26条の 2 （顧客の暴言などによる健康障害予防措置）〕が，先に成立し，2018年10月18日に施行された。韓国では，サービス産業が広がり，「顧客は王」とする企業文化のなかで，対人・対面業務に従事する労働者の多様な被害（暴言，暴行，セクハラ，パワハラなど）が明らかにされてきた。安全保健団体，労働組合，専門家（医師など）は，対人・対面業務の弊害について，これを「感情労働」として，その実情，問題点，弊害などを可視化してきた。2016年 1 月，ソウル市が「感情労働従事者の権利保護などに関する条例」を施行し，全国で初めて感情労働者保護を法制度化した。前記産安法改正は，国レベルで感情労働者保護を法制度化したものであり，「感情労働者保護法」と通称されている[15]。

15) キム・ジョンス「『感情労働者保護法』でなく『感情労働中止法』でなければならない」

表2　2018年産安法全部改正の主な内容

①保護対象拡大	従来，法の保護は「勤労者」，つまり雇用関係にある者に限定されていたが，これを「労務を提供する者」に改めた。具体的には「特殊形態勤労従事者」と「配達従事者」を明示したが，今後，新たな労働形態が出てくることを考慮して，保護対象拡大が可能な定義にした。
②社内請負禁止・承認	「危険の外注化」を原則禁止する規定が導入され，有害・危険作業の下請労働者転嫁が防止されることになった。従来，認可対象であったメッキ作業，水銀・鉛・カドミウムの製錬・注入などの作業での社内請負が原則として禁止された。
③元請＝発注企業の責任範囲・処罰強化	下請労働者の災害予防を目的に事業場の作業場所，施設・設備に実質的支配権をもつ元請の責任を強化し，従来22種類限定の危険場所を，実質的支配権のある場所に拡大した。違反の場合，元請の処罰水準が大幅に引き上げられた。
④事業主の処罰水準強化	法違反事業主の処罰水準を，労働者を死亡させたとき，5年内に2回以上の場合，刑の1/2まで加重。法人に対する罰金刑上限を現行1億ウォンから10億ウォンに引き上げ。また，労働者を死亡させた者に裁判所が有罪宣告する場合，200時間内の受講命令を併科できることにした。
⑤建設業の災害予防措置	大規模産業災害が多い建設業では，予防のために多様な規定が導入された。一定の建設工事発注者に工事計画段階で安全保健台帳作成，設計・施工段階で安全保健台帳履行確認を義務づけた。タワークレーンなどを設置・解体・作動する場合の安全・保健措置，タワークレーン設置・解体業を登録制にした。
⑥作業中止権	勤労者は，産業災害発生の急迫した危険がある場合，作業を中止して待避できるとした。急迫した危険と勤労者が信じるだけの合理的理由があるときは解雇その他不利な処遇を禁止した。
⑦物質安全保健資料の非公開審査	物質安全保健資料の記載事項のうち化学物質の名称と含有量について企業が非公開にするためには雇用労働部長官の事前審査を義務づけた。
⑧その他	一定規模以上の株式会社代表理事に毎年安全・保健計画樹立義務を課し，危険性評価時に労働者参加を義務づけた。政府に職場内いじめ予防措置基準作成と，指導・支援義務を追加した。改正法は原則として公布1年後施行。

四　集団的労働関係法の改革

1　団結活動をめぐる法的問題状況

　韓国労働法の中で，ILO基準と憲法に反すると考えられるもっとも遅れた部分は，団結活動をめぐる法規制である。独裁政権時代には団結活動を抑圧する

（毎日労働ニュース2018年9月6日）は，法改正の意義と，保護対象が限られていること，「作業中止権」などが明確ではないという限界を指摘する。ソウル市条例については，脇田滋「翻訳　韓国における雇用安全網関連の法令・資料6　ソウル特別市感情労働者保護条例・関連資料」龍谷法学50巻1号（2017年）523頁以下参照。

多様な法的制約があった。1987年の民主化を経てもまだ多くの制約的な法規制（労働組合及び労働関係調整法（以下，労働組合法），公務員労組法，教員労組法）と運用が維持されたきた。労働組合だけでなく労働法研究者の多くも，新政権に対してILO基本条約を批准し，労働者・労働組合の集団的権利（いわゆる「労働三権」，最近では「労働組合をする権利」と呼ばれる）を保障することを要望してきた。

　まず，2014年，ILO結社の自由委員会は第371次報告書で，韓国の公務員労組法と教員労組法が，被解雇者を労組組合員対象から排除する条項を含むことがILO条約違反であるとし，その廃止を勧告した。他方，団体交渉に関連して，当事者となる使用者の範囲についての制約と，労働者側の「交渉窓口単一化制度」がILO条約違反という見解が少なくない。法運用では，労働組合法の「労組設立申告制度」が実際には「許可」制度として機能していて，国家から自由に労組設立ができない問題点が指摘され続けている。団体行動権（ストライキ権）との関連では，争議行為ができる勤労者範囲の限定，制約される必須維持業務の範囲の問題があり，また，判例・行政解釈が，争議行為の正当な目的を労使関係で解決できる協約締結事項に厳しく制約しており，整理解雇反対目的のストも違法としてきたことが，憲法やILO条約に違反していると指摘されてきた。とくに，ILO結社の自由委員会は，2012年，「スト権は団体協約締結を通じて解決されることができる労働争議にだけ限定されてはならず，組合員の利害に影響を及ぼす社会経済的事案に対する不満」についても団体行動ができるとして，判例・行政解釈を批判し，韓国政府にILO原則に適合した措置をとるように勧告した。

　韓国では，サムソン系列会社が「無労組原則」を公言してきたように，反労働組合的労務管理方針を維持する企業が少なくなく，悪質な組合潰しや不当労働行為事例が後を絶たない。そうしたなかで，結社の自由（87号）や団結・団体交渉（98号）などのILO基本条約の批准，とくに，公務員，教員に対する法規制と運用改善は，文大統領の選挙公約にもなった。新政権にとっては，団結権関連の労働法改革は不可避の課題と言える[16]。

16）李義成（イ・イソン）「韓国における公務員の労働基本権」西谷敏・和田肇・朴洪圭編『日韓比較労働法2　雇用終了と労働基本権』（旬報社，2014年）157頁以下，等参照。

2 2018年11月20日「公益委員案」

　新政権は，大統領直属「経済社会労働委員会」に作られた「労使関係制度・慣行改善委員会」で労使代表と研究者を中心とする公益委員で審議を開始し，2018年11月17日，「ILO基本条約批准のための労使関係制度改善に関する公益委員意見」（以下，公益委員案）をまとめた。その主な内容を要約すると，次のとおりである。

　すなわち，(1)政府と国会はILO基本条約の中で結社の自由（87号）と団結権と団体交渉に関する条約（98号）批准のための法改正を早く推進すること，(2)(1)にともない次のような立法措置が必要である，①労働組合加入と活動制限の根拠になった労組法条項の改正，②労働組合役員資格制限など労組法条項の改正，③公務員と教員の労働組合加入と設立，自律的運営保障（公務員労組法，教員労組法改正），④労働組合設立申告制度整備，⑤労組専任者賃金支給・勤労時間免除制度関連規定の労使自治・労働組合自主性増進方向で労組法改正，(3)ILO条約（87号）に適合する特殊形態勤労従事者の労働権保護方案模索，(4)2019年1月末までに団結権関連事項等を含む包括的な労使合意の継続である。

　当日，公益委員代表は，①ILO基本条約批准と，そのための持続的議論の必要性を関係主体が共感したこと，②ILO基本条約批准に必要・最小限の立法事項を確認して制度改善の対象を明確にしたこと，③公益委員全員が全員一致で案をまとめ専門家間の幅広い共感を形成したこと，④ILO基本条約と関連した団結権だけでなく，団体交渉・争議行為などでの議論にも労使政が合意したこと，⑤1月末を期限に包括的社会的合意推進に労使政が合意したことに意味があるとした。

　韓国は，1996年OECD加入，2006年国連人権理事会理事国進出当時，ILO核心条約の批准を国際的に表明したが，今まで履行していない[17]。そうしたなかで，前記公益委員案は，不十分な点も指摘されているが，団結権への多様な制約という異常な現状を大きく変える転機になるものとして，労働法専門家の多くが好意的に見ていると言える。

---

17) OECD加盟35ヵ国の中で，アメリカと韓国だけが，87号と98号条約をともに批准していない（2018年12月12日ハンギョレ新聞）。

五　今後の課題と展望

1　包容国家と社会政策革新

　文在寅政権は2018年後半以降，「所得主導成長」「労働尊重社会」などの政策基調は維持しつつ，「包容国家」をめざすことを頻繁に強調するようになった。つまり，韓国は従来，開発独裁時代と新自由主義の時代に「最小主義社会政策」を基本としてきた。その結果，韓国は，政府規模と社会的公的支出が小さいために社会的安全網が弱く，リストラ等にも適切に対応できない構造になっている。欧州諸国が，グローバル経済の中での内外の経済衝撃に，社会保障と福祉費支出による安全網で対応できるのとは対照的である。「包容と革新の社会政策」によって福祉を充実させ，社会的安全網を手厚くして，こうした弱点を克服することが必要であり，国家はそれを推進する「包容国家」をめざすという政策意図である。「包容国家」としては，米英や南欧，日本ではなく，福祉が充実したドイツや北欧諸国などがモデルとして意識されている。これは，新自由主義による所得不平等などの弊害克服を唱えるOECD（経済開発協力機構）の「包容的経済」の考え方に強く影響を受けたものである[18]。

　こうした包容国家における社会政策革新のなかで，労働法改革の重要性がいっそう浮き彫りになっている。姜成泰教授は，新政府に期待される労働法の課題を，開発独裁から新自由主義時代の「正常ではない労働の日常化」と言える状況から，労使が対等に社会的対話をする欧州型（とくにドイツが念頭にあると思われる）の労使対等な労働関係を前提にした「正常」な労働に進めることと指摘されている[19]。

---

18) OECD『統計実務報告書　包容的成長』（2015年6月），OECD『経済報告書 韓国』（2018年6月）参照。なお，「包容」はOECDが使ってきた英語の「inclusive (ness)」を韓国語訳したものである。日本では「包摂」と訳されることが多い。

19) 姜成泰（カン・ソンテ）「新政府の労働・社会保障分野の主な改革課題」労働法研究43号（2017年）1頁以下，姜成泰（カン・ソンテ）「労働法における包容性の拡大─労働の連帯と活力を促進するための法制度」韓国労働研究院『開院30周年記念セミナー　包容と活力の雇用システムに向けて』（2018年9月19日）89頁以下参照。

表3　期間制法を期間制限→使用事由制限方式に改編

区分	（現行）期間制限方式	（変更）使用事由制限方式
内容	合理的事由なくても最大2年まで使用	合理的事由がある場合にだけ期間制使用可能
合理的理由	事業の完了，欠員代替などの場合には期間制限例外	海外立法例・実態調査結果を反映，現行期間制法の例外事由改善
適用方式	5人以上事業場に一律に適用	労働市場に対する影響考慮，事業場規模別段階的適用

〔出所〕雇用政策5年ロードマップ（2017.10.18）

2　労働法改革の焦点

　文在寅政権の労働法改革は，1年半を経過したが，従来の政権とは大きく異なった方向で開始された。産安法全部改正などで大きく前進したが，労働時間短縮や最低賃金では，使用者側の強い抵抗に遭って，一定の「速度低下」や「後退」を余儀なくされた。2019年には，前述した弾力勤労時間制拡大，最低賃金決定方式改編に加えて，前年から持ち越された①「有期雇用の使用事由制限，②同一価値労働同一賃金保障と差別是正，③ILO基本条約批准と団結権保障が主要課題になり，さまざまな対立・軋轢が生ずると予想される。

　まず，前述したILO基本条約批准と団結権保障である。第2に，2018年中に立法化される予定であった有期雇用の使用事由限定（**表3**）が問題になる。第3は，同一価値労働同一賃金の保障と差別是正が課題となり，非正規職の不合理な差別解消を目的に現行差別是正制度の改編が注目され，元・下請労働者間の格差緩和と下請労働者保護が課題となる[20]。

3　政労使の社会的対話

　政労使の対立のなかで多くが「雇用政策ロードマップ」どおりに進んでいない。まず，労働時間短縮は，2018年7月，法改正により週52時間上限制（延長勤労12時間を含む）が施行されたが，政府は，「現場混乱」を理由に6ヵ月間の「啓蒙指導期間（処罰猶予）」を置いたが，12月末，それを3ヵ月延長し，一

20）趙淋永（ジョ・イムヨン）・前掲注1）30頁参照。

般世論からも「言葉だけの時間短縮」という批判が高まった。さらに経営者の反発のなかで「弾力勤労時間制」の単位期間拡大（現行3ヵ月→6ヵ月）が検討され，民主労総抜きの社会的対話で合意された（2019年2月19日）。現在，合意に参加した韓国労総と民主労総間の対立も生じている。今後，労・政だけでなく，労・労対立の火種が次々に現れてくると予想される。

　全体を概観して，新政府は公共部門非正規職や労働行政運用など，政府自身が主導権をもつ課題ではそれなりの改革実績を挙げてきた。しかし，労働時間，最低賃金など，民間の企業・経営者にかかわる課題では大きな壁にぶつかり，与党少数の国会で法案通過が簡単でないという困難も抱えている。

　しかし，新政権を生み出した市民・労働者の熱い思いはまだ冷めていない。OECDやILO等のアイデアを基礎にした「包容と革新の社会政策」という提起は，単なる思いつきではなく，国際的常識にも対応している。韓国は不平等と団結権抑圧など「正常でない」労働・労働法から，「産みの苦しみ」を経て，差別のない労使対等の「正常」な労働・労働法に進もうとしている。日本も30年以上，「正常でない」労働・労働法の日常化に苦しんでいる。韓国で進もうとしている新たな法・政策の動向から目をそらすそらすことはできない。

第 2 節
文在寅政権における労働法改革の方向と構造

趙淋永 嶺南大学校教授
翻訳 **脇田 滋** 龍谷大学名誉教授

一 はじめに

　文在寅政府は市民たちの大規模ろうそくデモに続く韓国憲政史上初めての大統領弾劾とそれに伴う2017年 5 月 9 日の早期大統領選挙を経て登場した。韓国は1997年外国為替危機以後20年間に進められた新自由主義政策による両極化の深化，低成長の長期化，少子・高齢化の急速な進行などの国家的次元の問題に直面したが，このような一連の過程において政治改革をはじめとする社会経済全般に対する市民たちの改革的要求が噴出した。

　文在寅政府は「産業化と民主化以後の時代精神を正義（justice）」に求めて「正義の基盤の上に国らしい国を作ること」をもっとも重要な課題として提示した。これに伴う社会経済的側面における国家改革の課題として「低成長と経済的不確実性の深化，社会不平等の増大，不公正経済構造による国民の苦痛と不安を解消できる公正と革新の経済モデルを構築」，「社会葛藤の噴出，不安な生涯過程，個人自己責任（各自図生）による不安と怒りを越えて共存と包容の共同体を実現」（下線訳者）することを内容とする「希望と統合の社会経済への転換」を提示した[1]。

　文在寅政府はこのような社会経済的改革の脈絡において労働政策と労働法に関連して以前の政府とは根本的に差別できる課題を提示した。以下では文在寅政府の社会経済改革の具体的な内容とその中における労働の地位を調べて，労働法改革の主要課題を検討することにする。

1）国政企画諮問委員会『文在寅政府国政運営 5 ヵ年計画』（2017.7）9 頁。

54　第2章　文政権下の労働法改革

二　経済体制の転換と労働

1　背景──低成長の持続と両極化の深化

　韓国の経済成長率は2000年代以後下落傾向を持続していて，最近5年間，平均3％にも達することができず低成長長期化に対する憂慮が広がっている。韓国は永らく大企業中心の輸出主導的成長戦略を取ってきたが，企業に対する減税と規制緩和，賃金安定化と労働市場柔軟化を経済政策の主要内容にしてきた。ところが韓国の年平均輸出増加率は2007年～2011年の10.6％から2012～2016年のマイナス2.5％に急落して，輸出の成長寄与度は年平均4.2％から1.4％に下落した[2]。

　一方，世帯消費支出増減率は2010年以後，持続的に低くなる傾向で2016年度には前年対比マイナス1.5％を記録し[3]，ＧＤＰ対比の民間消費比重は，2000年代初期以後下落してきて2016年にはＧＤＰ対比48.8％にまで落ちるなど内需の沈滞も深刻化した[4]。このような背景には所得格差の持続的拡大が位置している。国民所得において家計所得が占める比重である家計所得分配率と，労働に帰属する所得の比重である労働所得分配率は，1997年の外国為替危機以後傾向的に下落してきた[5]。2000年～2016年間の企業所得は255％増加した反面，家計所得は138％増加に終わった[6]。労働所得分配率は1996年66.12％ともっとも高かったが，外国為替危機以後下落し始め2016年には56.24％を記録した[7]。

　これと共に分離的・二重的労働市場構造による企業規模別，雇用形態別賃金格差も拡大してきた。全体就業者のうちで大企業就業者が15％，中小企業就業

2）キム・チョンフン，ミン・ビョンギル，パク・ウォンイク「所得主導成長の争点および政策的に示唆する点」『イッシュー＆診断』296号（京畿研究院，2017.11）。

3）キム・ミンチャン「所得主導成長関連の主要争点および補完課題」立法と政策課題8号（国会立法調査処，2017.10）2頁。

4）チュ・サンヨン「韓国の所得主導成長：条件分析および政策的議論」予算政策研究6巻2号（2017.11）128～129頁。

5）チュ・サンヨン「所得不平等指標の変動原因についての巨視的分析」労働レビュー2018年8月号（韓国労働研究院）76～78頁。

6）政府関係部署合同『新政府経済政策方向─経済パラダイムの転換─』（2017.7.25）2頁。

7）チュ・サンヨン「所得不平等指標変動原因に対する巨視的分析」76～77頁。

者が85％であり，売上額は大企業58％で，中小企業が42％を占めているが，賃金は大企業が485万ウォンであるのに比べて中小企業は294万ウォンで，大企業と比較した中小企業賃金は60％程度にとどまっている[8]。2017年8月現在，非正規職は843万人（賃金労働者の42.4％）であり，正規職は1146万人（57.6％）である。月平均賃金は正規職が306万ウォンであり，非正規職は156万ウォンで正規職に対する非正規職賃金格差は51.0％である。時間当たり賃金基準として「中位賃金（1万1513ウォン）の3分の2」である「時間当たり賃金7675ウォン未満」に該当する低賃金階層を見れば，全体労働者1988万人の中で427万人（21.5％）が低賃金階層で正規職は74万人（6.4％），非正規職は353万人（41.9％）が低賃金階層である[9]。所得格差の拡大にもかかわらず，韓国のGDPに対する公共社会福祉支出比重は2016年10.4％であり，これはOECD平均21.0％に比べて顕著に低く事後的格差縮小機能も不十分であった。上記のような労働所得分配率の下落，所得格差の拡大などの両極化は総需要の減少に対する圧迫として作用し経済成長を阻害する主要要因であると指摘されてきた。

2　経済パラダイムの転換

文在寅政府は，2017年7月25日，関係部署合同で発表した「新政府経済政策方向」において韓国経済は「低成長固定化・両極化深化の構造的・複合的危機状況に直面」して，「過去のパラダイムの根本的変化なしに持続可能成長を担保することはできない状況」と把握した。そしてこれを克服するための新しい経済パラダイムとして「人中心経済」を目標に①所得主導成長，②雇用中心経済，③公正経済，④革新成長などの政策を提示した[10]。

所得主導成長は所得分配の改善を通した経済成長を意味する。すなわち賃金を含んだ家計の所得増大を通じて消費を増加させ，これに伴う生産・投資の増大と内需活性化を通じて経済成長を企てるということである。所得主導成長は「経済政策の重点を国民の人間らしい生活，基本生活保障に置いて家計所得増

8）政府関係部署合同『新政府経済政策方向―経済パラダイムの転換―』3頁。
9）キム・ユソン「非正規職規模と実態―統計庁『経済活動人口調査付加調査』（2017.8）結果―」ISSUE PAPER14号（韓国労働社会研究所，2017.12.12）。
10）これらの政策および細部推進課題は国政企画諮問委員会の『文在寅政府国政運営5ヵ年計画』で提示している内容とほとんど同じである。

大を成長の新しい原動力として活用」して分配と成長の好循環を復元すること
を目的とする。このために政府は「家計の実質可処分所得増大を積極的に誘
導」するための最低賃金時給1万ウォン達成，住居費・医療費・交通費・教育
費など核心生計費軽減，「社会安全網拡充で脆弱世帯の適正所得保障」のため
のEITC[11]持続拡大，失業安全網拡充および生涯周期別オーダーメイド型所
得支援制度運営，「人的資本投資拡大で家計所得の根源的基盤強化」等を課題
として提示した。

　雇用中心経済は所得主導成長の好循環構造のための出発点であり，核心連結
の輪である[12]。政府は「製造業海外移転加速化などで雇用ぬきの成長が深刻化
して使用者中心労働市場慣行・制度によって雇用の質が悪化」したという反省
にもとづいて，「家計所得の核心である雇用の量的拡充・質的向上を通じて
『雇用―分配―成長』の国民経済好循環構造の復元」を提示した。このために
細部推進課題として①雇用親和的経済・社会システム構築で雇用ぬき成長の克
服のための課題として大統領直属の雇用委員会設置，予算・税制などすべての
政策手段の雇用を中心とした再設計，公共部門の先導的役割強化などを提示し
て，②使用者中心の労働市場制度・慣行の改善で雇用の質を向上するための課
題として，非正規職縮小のために常時・持続業務など使用事由制限制度の導入
推進，非正規職差別撤廃のために差別是正制度の全面改編および雇用形態によ
る差別禁止など，非正規職使用負担強化方案用意，下請勤労者処遇改善のため
に請負人の賃金支給連帯責任・安全保健措置義務強化，派遣・請負区別基準再
確立，法定勤労時間短縮，安全な職場造成のための特殊形態勤労従事者[13]への
産業災害保険適用拡大，重大災害発生時の処罰強化など産業安全保健体系革新

11）EITC（Earned Income Tax Credit，勤労奨励税制）は勤労貧困層（次上位階層）を
　　対象に勤労所得水準により算定された勤労奨励金を税金払い戻しの形態で支給することに
　　よって勤労誘引提供と実質所得向上を目的とする勤労連係型所得支援制度である。
12）国政企画諮問委員会『文在寅政府国政運営5ヵ年計画』42頁（雇用労働部），『2018年政府
　　業務報告』（2018. 1 .18）。
13）産業災害補償保険法では特殊形態勤労従事者を契約の形式に関係なく勤労者と類似して
　　労務を提供する者として主に1つの事業にその運営に必要な労務を常時的に提供して報酬
　　を受けて生活し，労務を提供するのに他人を使用しない者と定義して，保険設計士，レミ
　　コン運転手，学習誌教師，ゴルフ場キャディー，宅配員，代理運転手などがこれに該当す
　　ると規定している。

を提示し，③積極的労働市場政策強化のための課題として積極的労働市場に対する財政投資を総財政支出増加率以上に持続拡大，第4次産業革命に備えた未来有望分野の高級人材育成のための在職者職業能力開発革新などを，④労働尊重社会実現と雇用創出のための社会的大妥協推進を課題として共生・協力の労使関係構築および韓国型社会的対話機構整備，勤労者代表制度機能強化，中小・零細未組織労働者権益保護など勤労者利害代弁制度拡充，賃金未払い・不当解雇・職場内いじめからの勤労者の生計・人格侵害保護など権利救済強化，脆弱勤労者の労働基本権保護，雇用形態多様化など新たな労働市場需要を反映するために労使関係法・制度の改善推進，労使共生型雇用モデル拡散など社会的対話を通した地域・産業のオーダーメイド型雇用創出などを提示した。

公正経済は「少数大企業集団への経済力集中と財閥総師一家の便法的支配力拡張などで大企業と中小企業間の力の不均衡が深刻化して，経済的弱者に対するパワハラ（갑질）行為などで中小企業の自然発生的成長基盤が弱化」したと判断して，「優越な資金力や位置を利用して不公正な取引を強要する市場秩序を打破し，公正取引のための監視力量強化等を通して公正な市場経済を確立」することで「大・中小企業間公正競争と共生協力」を可能にして「中小企業がわが国経済の1つの軸として経済成長と雇用拡大を牽引することができるように支援」することを内容とする[14]。

革新成長は「過度な規制や慣行などが融・複合など創造的破壊を制約」して「雇用の80％以上を占める中小企業も革新力量が弱化」したという認識のもとに「競争制限的制度革新，革新中小企業育成などによって生産性中心の経済への転換」ということを目的とする。

上記のような政府の4大経済政策の中で以前の政府とは根本的に区分されるもっとも核心的な政策は，所得主導成長（income-led growth）である。所得主導成長は，国際的に議論されてきた賃金主導成長論（wage-led growth）を拡張した概念である。韓国で就業者のうち零細自営業者の比重が主な外国と比較して相対的に高い現実を反映して労働者中心の所得概念である賃金を零細自営業者に拡大して所得に変えたものである。賃金主導成長論は，1980年代以後，ポスト・ケインジアン（post-Keynesian）経済学者によって確立されて，

---

14) 国政企画諮問委員会『文在寅政府国政運営5ヵ年計画』50頁。

2008年の世界的金融危機以後持続している長期間の世界経済不況を克服するためにILOをはじめとして国際的に議論されてきた経済成長モデルである。

賃金主導成長論は，労働市場柔軟化と規制緩和が投資を促進させて雇用と所得を増加させるという伝統的な経済理論とは違って，新自由主義時代に労働所得分配率下落による消費萎縮が経済成長を低下させたと見て所得分配改善を通した経済成長の追求を提示するが，実質賃金増加（所得分配改善）→需要増加→雇用および投資増加→労働生産性増加→実質賃金増加の方式で所得分配と成長が循環すると把握する[15]。所得分配に関連しては企業と労働間の分配とあわせて企業間の分配（たとえば，大企業，中小企業，自営業）と労働間の分配（たとえば，正規職と非正規職）を含む1次分配（市場所得）と社会保障を核心にする2次分配（可処分所得）に関する政策介入を重要視する[16]。とくに労働と資本間の本源的所得分配，すなわち賃金分配に関する政策的介入を強調して核心的政策として労働側の交渉地位の強化をはじめとして基本的労働権の強化，団体交渉の制度化，非正規および未組織労働者保護，最低賃金引上げなどを主な政策として提示する[17]。

このように所得主導成長労働は，低成長と両極化の同時的克服を目的とする，すなわち社会・経済的問題の同時的解決のための政策としての性格が強く[18]，本質的には労働親和的経済成長政策としてその具体的な履行において労働政策は大変重要な意味を持つ。このような脈絡で文在寅政府の労働政策には韓国の労使関係および労働市場の構造的変化を伴う改革課題が大幅に反映されている。

---

15) キム・ミンチャン『所得主導成長関連主要争点および補完課題』3〜4頁。
16) イ・ソンホン「所得不平等と経済成長：所得主導成長のための政策的考慮」『文在寅政府の所得主導成長政策評価と課題』（経済・人文社会研究会，韓国開発研究院，2018.6）。
17) ナ・ウォンジュン「この1年間の所得主導成長政策の成果と評価」『文在寅政府の所得主導成長政策評価と課題』（経済・人文社会研究会，韓国開発研究院，2018.6），Marc Lavoie/Engelbert Stockhammer「賃金主導成長論：概念，理論および政策」『新しい社会経済パラダイム，新しい社会政策』（韓国労働研究院，2012.10.19）17頁。
18) 政府関係部署合同『新政府経済政策方向—経済パラダイムの転換—』3頁，キム・チョンフンほか・前掲注2）。

三　労働法改革の主要課題

国政企画諮問委員会の「文在寅政府国政運営５ヵ年計画」および共に民主党第19代大統領選挙政策公約集『国を国らしく』において提示されている労働政策および労働法改革課題の主要内容を下記のように領域別に検討する。

1　賃金格差解消

(1)　非正規職差別禁止

政府は期間制労働者など雇用形態による賃金格差を解消するために現行差別是正制度の実効性を向上させる方向で改編することを提示している。これに関連した主要推進内容は次のとおりである[19]。①比較対象労働者の認定範囲拡大である。期間制および短時間勤労者保護などに関する法律の場合，比較対象労働者を「当該事業もしくは事業場において同種もしくは類似の業務に従事する期間の定めがない勤労契約を締結した勤労者」と規定しているが，比較対象労働者を「同一・類似」の場合に狭く解釈する傾向があるので，「同種・類似」の範囲を明確にして比較対象者を拡大する。②差別処遇が合理的と認められる理由を期間制の「同種・類似の職務・経歴」を考慮する案など許容理由を縮小して差別是正の実効性を確保する。③比較対象労働者の賃金などについて情報提供請求権を新設して，労組・労働者代表などに差別是正申請（代理）権を付与する。

差別判断における比較対象者の選定は非正規職労働者であることを理由として不利な処遇を受けたことを証明するための手段や道具としての性格を持つことを考慮するとき，「同種・類似」の範囲を明確にして比較対象者を拡大することと合わせて比較対象者が存在しない場合も少なくないことを勘案して「仮想的比較対象労働者」（hypothetical comparator）を認めて不利な処遇の有無を証明できるように制度を改善することが妥当である。そしてより根本的に差別を解消するためには正規職に適用される団体協約および就業規則それ自体を非正規職に対して適用する方案を講じる必要があり，これに関連しては超企業

---

19)　雇用労働部『2018年雇用・労働部業務計画』（2018.1）。

単位の交渉および団体協約適用拡大の制度化を模索する必要がある。情報提供請求権は賃金などの差別の有無確認と立証において非常に重要であり，労組などの差別是正申請権は雇用不安定による差別是正申請の困難を改善して制度の積極的活用に寄与できるであろう。

　一方，同一価値労働同一賃金を憲法に明示する改憲案が提示された。国会の改憲特別委諮問委員会の改憲案（2018.2[20]）と大統領が発議した改憲案（2018.3[21]）はどちらも同一価値労働同一賃金に関する規定を置いている。差別が人間の尊厳性を侵害して社会的正義だけでなく公正な市場秩序にも反することを考慮するとき憲法上同一価値労働同一賃金を明示することは妥当であり，これを立法および法解釈の準拠とすることができるであろう[22]。

　(2)　元・下請労働者間の賃金格差緩和

　非正規職差別禁止制度や使用制限を通した正規職化は個別企業内での労働条件格差解消に限定される限界を持っている。韓国において個別企業の賃金支払い能力や個別労働者の賃金水準は元・下請の垂直的位階構造において占める位置によって大きく影響を受ける。したがって元・下請労働者間の賃金格差解消はまた別の次元の問題である。これに関連して政府は社内下請実態調査にもとづいて下請労働者の適正賃金など元・下請労働者間の格差緩和方案を用意して，賃金格差問題に対する社会的議論進行および適正納品単価保障，納品単価叩きへの厳正対応を含む元・下請公正取引など賃金格差緩和のための長・短期実行ロードマップの用意を提示している。一方，政府は元・下請労働者間の賃金格差緩和のための重要な政策手段の1つとして後述するように超企業単位の交渉および団体協約適用拡大を提示している。

20）35条③同一価値の労働に対しては同一賃金が支給されなければならない。
21）33条③国家は同一価値の労働に対しては同一水準の賃金が支給されるように努力しなければならない。
22）都在亨（ド・ジェヒョン）「1987年労働体制30年と労働法の課題」『1987年労働体制30年と新政府の労働政策』（2017年労働三大学会共同政策討論会）106頁，姜成泰（カン・ソンテ）「労働法における包容性の拡大―労働の連帯と活力を促進するための法制度―」『包容と活力の雇用システムに向けて』（韓国労働研究院，2018.9）93頁。

2 雇用安定性の強化

文在寅政府は雇用安定に関連した国政課題として①常時・持続，生命・安全関連業務は正規職直接雇用を原則にする非正規職使用事由制限，②希望退職濫用防止，③経営上解雇制度改善などを提示した。

「期間制および短時間勤労者保護などに関する法律」では期間制労働者の使用期間を2年に制限しているだけで，2年を超えた使用が可能な例外を広く設定することによって期間制労働者数は持続的に増加してきたが，これに対する対応として政府は使用事由制限を提示している。これに関連して立法で期間の定めがない勤労契約の直接雇用が原則である点，期間制勤労契約などは一時的業務に限定される例外的・補充的性格を持っているので常用雇用代替のために利用できないという点を明確にして，使用事由を限定的に列挙することが必要である。

「勤労基準法」では経営上の理由による解雇が正当であるための要件を規定しているが（24条），「経営上の理由によって勤労者を解雇するには緊迫した経営上の必要がなければならない」のようにその内容が抽象的である。裁判所は緊迫した経営上の必要性に「将来に生じる可能性がある危機にあらかじめ対処するために[23]」が含まれると解釈して防御的場合だけでなく攻撃的整理解雇を認めて正当性の範囲を拡大させるなど要件を緩和してきた。法改正を通じて緊迫した経営上の必要性などの要件と範囲を厳格に具体化して明示する必要がある。そして常時的構造調整の一環として解雇制限制度を回避するために希望退職が濫用されたが，これを防止するためには「経営悪化で事業を継続することができない場合」のように整理解雇の要件を満たした場合に限って希望退職を許容し，労働組合など勤労者代表の同意を受けることにするなど要件と手続きを制限しなければならない。

---

23) 大法院2002.7.9.2000ドゥ9373判決，大法院2002.7.9.2001ダ29452判決，大法院2012. 2.23.2010ダ3629判決，大法院2013.6.13.2011ダ60193判決，大法院2014.11.13.2014ダ20875，2014ダ20882判決。

3　労働基本権保障

　2016年末を基準として韓国の労働組合組織は次のような特徴をもっている[24]。組織率が低い。労働組合の組織対象労働者数は1917万2000人で，全体の組合員数は196万6000人で，労働組合組織率が10.3％である。部門別組織率は，民間部門9.1％，教員部門1.8％，公務員部門67.6％である。大企業中心に労働組合が組織されていて企業規模が零細であるほど組織率が低い。事業場規模別の組織率が300人以上55.1％，100〜299人15.0％，30〜99人3.5％などである。組合員数は，超企業労組が半分以上で企業別労働組合が支配的である。組織形態別組合および組合員数は，企業別労組が5557，組合員数87万8000人（44.7％），超企業労組が607，組合員数108万8000人（55.3％）である。非正規職の組織率が低い。雇用形態別組織現況は，正規職が218万人（20.0％）であり，非正規職が16万人（1.8％）である[25]。団体協約の適用率は，労組組織率と似ている。そして交渉構造は，一部の産業または業種で産別中央交渉を進めてきたが定着できておらず[26]，企業単位の破片化した分権的交渉が一般的である。

　文在寅政府は，労働組合組織率向上，労働市場の二重構造改善と不平等緩和などのために，①ILO核心条約[27]に該当する強制労働に関する第29号と第105号条約，結社の自由および団結権・団体交渉権保護に関する第87号と第98号条

24）雇用労働部『2016年全国労働組合組織現況』。

25）キム・ユソン「非正規職規模と実態—統計庁『経済活動人口調査付加調査』（2016.8）結果—」ISSUE PAPER 9 号（韓国労働社会研究所，2016.12.12）。

26）保健，金融，金属労組などが産別中央交渉を進めているが，共通して直面した困難は，使用者団体の存在有無および役割と代表性，交渉内容および拡張性，交渉費用議論などである。保健医療産業の使用者団体は，交渉過程上の不満などを理由に2009年解散し，金融産業では2016年成果年俸制導入をめぐる対立で個別銀行が使用者団体から脱退することによって事実上形骸化した。金属産業では使用者団体が存在するが参加企業が少なく，これら企業で働く組合員の比率が低い（イ・ジョンヒ，キム・クンジュ「団体交渉フレーム改編方案議論」労働レビュー2017年 4 月号（韓国労働研究院）30頁。

27）ILOの1998年「労働における基本的な原則と権利に関する宣言（Declaration on Fundamental Principles and Rights at Work）」で挙げられた結社の自由（第87号，第98号），強制労働禁止（第29号，第105号），児童労働禁止（第138号，第182号），差別禁止（第100号，第111号）の 4 原則による 8 基本条約をいう。韓国は1991年にILOに加入して，基本条約のうち児童労働禁止，差別禁止に関する 4 条約を批准したが，結社の自由，強制労働禁止に関する 4 条約をまだ批准していない。

約の批准推進，②労働組合加入率と団体協約適用率を高めるための法・制度改善推進，③特殊雇用・労働者，失業者・求職者などの労働基本権保障，④勤労時間免除制度および交渉窓口単一化制度改善法案用意，⑤産別交渉など超企業単位団体交渉促進，団体協約適用範囲拡大および効力拡張制度整備，⑥正当な団体行動権行使に対する無分別な損賠・仮差押の濫用制限などを課題として提示した。

　韓国は，ILO第87号および第98号協約に抵触する国内労働関係法の規定および運用が原因となって，これらの協約を批准しないままでいる。ILO結社の自由委員会は，韓国政府に対してILO条約に抵触する労働関係法の規定および運用を改めることを持続的に勧告してきた。このような勧告の対象になった「労働組合および労働関係調整法」（以下「労働組合法」）の主要内容は，労働組合加入資格の制限，労働組合設立申告制度，労組専任者賃金支給禁止などである[28]。労働組合法では勤労者を「職業の種類を問わず賃金・給料その他これに準ずる収入によって生活する者をいう」と定義して（2条1号），労働組合と認定しない場合の1つとして「勤労者でない者の加入を許容する場合。ただし，解雇された者が労働委員会に不当労働行為の救済申請をした場合には中央労働委員会の再審判定がある時までは勤労者でない者と解釈してはならない」と規定することによって（2条4号），特殊形態勤労従事者[29]，失業者・被解雇

---

28) キム・クンジュ「ILO核心条約批准の争点」雇用・労働ブリーフ77号（韓国労働研究院，2017.10）1頁，尹愛林（ユン・エリム）「ILO結社の自由基本条約批准と当面の課題」労働レビュー2017年11月号（韓国労働研究院，2017.11）9頁。

29) 最近，大法院は，学習誌教師が労働法上の勤労者に該当するか否かに関連した事件で，学習誌教師たちが勤労基準法上の勤労者に該当しないが，労働組合法上の勤労者には該当すると判断して労働組合法上の勤労者に該当するか否かについての判断基準をより明確に具体化した。大法院は「労働組合法上の勤労者に該当するかは労務提供関係の実質に照らして労働三権を保障する必要性があるのかという観点で判断しなければならず，必ず勤労基準法上の勤労者に限定されるということではない」とし，「労働組合法上の勤労者は他人との使用従属関係下で労務に従事して対価として賃金その他の収入を受けて生活する者をいう。具体的に労働組合法上の勤労者に該当するかは，労務提供者の所得が特定事業者に主に依存しているのか，労務提供を受ける特定事業者が報酬をはじめとして労務提供者と締結する契約内容を一方的に決めているのか，労務提供者が特定事業者の事業実行に必須の労務を提供することによって特定事業者の事業を通じて市場に接近するのか，労務提供者と特定事業者の法律関係が相当な程度で持続的・専属的なのか，使用者と労務提供者間にどの程度指揮・監督関係が存在するのか，労務提供者が特定事業者から受ける賃金・

者[30]）の労働組合加入資格有無が判例および行政実務上議論されてきた。労働組合法では行政官庁に対する労働組合設立申告制度を置いているが，行政官庁として労働組合法上一定の要件を満たさない労働団体には設立申告書を返戻することとし，行政官庁から設立申告証交付を受けた労働団体に限って労働組合法上の労働組合と認定して労働争議の調整，不当労働行為の救済申請などについての規定を適用しており，労働組合が設立申告証を交付された後でも，設立申告書の返戻理由が発生した場合には行政官庁は是正を求めて一定期間内にこれを履行しない場合には労働組合法にもとづく労働組合とみなさないことを通知しなければならないと規定している。労働組合法は労働組合の専任者に対する使用者の賃金支給を禁止しながら，団体協約で定めるか使用者が同意する場合には，事業または事業場別に組合員数等を考慮して決定された勤労時間の免除限度を超えない範囲において，勤労者は賃金を失うことなく労働組合の維持・管理業務などをすることができると規定している。また，団体協約締結目的に限定したスト権行使の制限，団体交渉窓口単一化による少数労組のスト権制限，ストライキなどに対する労働組合法上の処罰規定と刑法上の業務妨害罪適用などについても改善勧告が行われた。そして，公務員・教員労働関係法では，5級以上の者と被解雇者などに対する労組加入禁止，争議行為・政治活動を禁止しているが，これに関連しても改善勧告が行なわれた。政府は，結社の自由および団結権・団体交渉権保護に関する第87号と第98号条約批准を通じて労働関係法上の各種労働基本権侵害規定を改正して労働権の正常化を推進している。

　一方，政府は産別交渉など超企業単位団体交渉促進に関連して超企業単位交渉慣行形成のための公共部門および業種別交渉モデル構築，労働委員会の複数使用者交渉単位統合指導などの検討を提示している。これと共に政府は中央―

給料などの収入が労務提供の対価であるのかなどを総合的に考慮して判断しなければならない」と判示した（大法院2018. 6 .15宣告2014ドゥ12598, 201ドゥ12604判決）。これは「経済的従属性」を中心にする判断基準であり，特殊形態勤労従事者の団結権保障により積極的な内容であると思われる。

30）大法院は一時的に失業状態にある者や求職中の者は一定の使用者への従属関係を組合員の資格要件とする企業別労働組合に関連して勤労者に該当しないが，本来，一定の使用者への従属関係を必要としない産業別・職種別・地域別労働組合などの場合には勤労者に該当すると労働組合法上の勤労者概念を解釈している（大法院2004. 2 .27.2001ドゥ8568判決）。

地域・業種—事業場単位の重層的社会的対話体制の構築を計画している[31]。超企業単位の交渉と協約締結を促進するためには，事業または事業場単位における交渉窓口単一化など企業別労働組合主義を前提とする労働組合法上の各種規定を改正し，さらに交渉単位の全体勤労者に対する労働組合の代表性認定と協約適用，産業別協約の拡張適用，該当産業または業種に共通する主要事項についての超企業別交渉の義務化，延長勤労・労働時間弾力化など労働時間をはじめとする一部労働条件についての産業別単位における労使自律決定保障など，産業別単位における労使間交渉と協約を通した労働規範設定機能の強化などについて多角的な検討が必要である[32]。

4　勤労者代表制度改善

　文在寅政府は勤労者代表制度機能強化，中小・零細未組織労働者権益保護など勤労者利害代弁制度の拡充を課題として提示した。

　現行法上，事業場次元における勤労者代表機構としては勤労基準法などにおける過半数労働組合または過半数勤労者代表[33]，勤労者参加および協力増進に関する法律上の労使協議会，就業規則作成・変更時意見聴取の対象になるか不利益変更において同意主体になる過半数労働組合または勤労者過半数などがある。勤労者代表制度は，勤労者集団に影響を及ぼすことになる事項について勤労者たちが直接参加できるとすることによって使用者との実質的対等性を確保するための制度的装置である[34]。ところが現行勤労者代表制度は，勤労者代表間の関係，勤労者代表の権限および合意の効力，勤労者代表の選出方式および代表性などの不明確，常設的勤労者代表としての基盤不足，使用者との対等性欠如，非正規職勤労者利害代弁の不十分さ，勤労者代表制度運用の不在または

31）雇用労働部『2018年雇用・労働部業務計画』（2018.1）。
32）姜成泰（カン・ソンテ）「労働法における包容性の拡大—労働の連帯と活力を促進するための法制度—」99〜100頁。
33）勤労基準法では経営上の理由による解雇時協議（24条），弾力的勤労時間制（51条）・選択的勤労時間制（52条）・勤労時間および休憩時間の特例（59条）・有給休暇の代替（62条）等の適用時，書面合意の対象になる勤労者代表を「事業若しくは事業場に勤労者の過半数で組織された労働組合がある場合にはその労働組合，そのような労働組合がない場合には勤労者の過半数を代表する者」と規定している。
34）キム・キソン「勤労者代表制度の改編方向」月刊労働レビュー2017年4月号38頁。

66　第2章　文政権下の労働法改革

形式的運用などの問題点が指摘されてきた。とくに労働組合が組織されていない事業場が多くて使用者の勤労条件決定権限が強い現実を考慮する時，企業の中で使用者と勤労者間の力の均衡を確保し，これを通じて勤労条件の集団的決定に関与できるようにするためには，現行勤労者代表制度を改編して単一の勤労者代表システムを構築し，その実質的な運用を可能にする必要がある。

四　おわりに

　文在寅政府は所得主導成長を中心にする新しい経済パラダイムと共に労働尊重社会の実現を主要国政課題の核心に置いて以前の政府とは根本的に区分される社会経済全領域にわたる膨大な改革課題を提示した。労働法改革に関連しては労働界で持続的に提起してきた要求が大量に反映されている。これは所得主導成長という新しい経済政策と整合性を持つので政策的受け入れの可能性がより高かったためであろう。一方では労働法改革に関連して政府次元で人権的・規範的側面における論議が積極的に行なわれず，改革課題の土台が不安定に見えることもある。

　労働問題は，労働市場，労使関係，経済，社会文化および慣行，規範などが関連している構造的・複合的特性を持つので顕著な成果を導き出すことは容易でない。労使対立の文化が存続していて社会的合意の経験が不足している点，改革課題の大部分について労使間の立場が尖鋭に対立している点，改革課題の輪郭だけが提示されていてその具体的内容や実現への戦略的ロードマップが不十分な点，与党少数野党多数の議会地形および対立的政治構造で立法化が容易ではない点などを勘案する時，改革課題の実現を展望することは難しい。顕著な成果のためにはILO条約批准のような国内外的に普遍的な労働人権ないしは基本権的性質を持つ課題を優先的に推進して，政策的性質を持つ課題については労使を含んで社会的合意を導出できる総合的改革青写真と戦略的ロードマップの用意が重要であると思われる。後者の場合，労使共に納得できる産業別団体交渉構造の考案と労働生産性の革新に対する方策の用意が重要であると思われる。

第3節
文在寅政権における労働法改革の状況

都在亨　梨花女子大学校教授
翻訳　**徐侖希**　名古屋大学大学院法学研究科特任助教

一　はじめに

　2017年5月10日に発足した文在寅政府は，労働政策の領域において，これまで20年間にわたって深刻化した韓国社会における所得二極化を解消することを目標とし，その手段としては，従来の新自由主義的な構造調整政策に対する反省として「所得主導成長」戦略を打ち出した。そして，その主要課題として，労働基本権の保障，より多くの良質な雇用の創出，賃金や労働における差別の解消，ワーク・ライフ・バランス，そして社会的対話機構の構成と運営などを挙げている[1]。

　これは，前政権における雇用の量を重視する政策（たとえば，朴槿恵政府における雇用率70％目標）に対する省察と共に，雇用それ自体が必ずしも適切な賃金所得や社会保険の恵沢を与えるわけではないという現実認識にもとづくものである。文在寅政府は，上記の課題を達成するために，これ（2018年9月）まで，実労働時間の短縮のための法改正を終え，最低賃金額の引き上げなどに努めてきた。このほか，労働三権の保障，非正規職の保護などにかかわる立法案については，専門家委員会などを構成し，議論を続けている。このような労働政策の方向それ自体について経済界や野党から強く異見が示されたことはまだないが，その具体的な内容に対する懸念は潜んでいるといえよう。

　その発足からまだ2年が経っておらず，しかも労働立法の具体的内容がまだ

1）イ・ジョンソン「再び開かれた改革の窓，文在寅政府の労働政策評価」労働研究36集（2018年）153頁。

68　第 2 章　文政権下の労働法改革

明らかにされていない現時点において，文在寅政府の労働法改革の状況を説明するのはなかなか難しいところがあるが，本稿では，文在寅政府におけるこの間の労働法改革の状況（労働時間短縮に関する法改正，最低賃金算入範囲の拡大，出退勤災害の保護）について見た後，今後その改革が予想される分野（労働三権の保障，非正規職の保護に関する立法）について述べていくことにする。

二　勤労基準法の改正

1　労働時間短縮に関する改正

　2003年に週40時間労働時間制が導入された後も，韓国企業において労働時間短縮の効果はあらわれず，そこで，2009年頃から実労働時間の短縮に関する議論が経済社会発展労使政委員会，国会など社会各界において行なわれた。そして，2015年 9 月15日，経済社会発展労使政委員会は，それまでの議論を基に労働時間の短縮に関する政労使合意を導く。しかし，この合意は，低成果者の解雇，就業規則の不利益変更に関する要件緩和などを内容とする政府のいわゆる「二大指針」の発表と労働界の激しい反発により，それ以上具体化できずに終わる。ところが，その後，2016年頃から，国会では，労働時間の短縮に関するそれまでの議論を基に計21件の勤労基準法改正案が発議され，文在寅政府の発足後の2018年 2 月28日には，労働時間の短縮を主な内容とする勤労基準法改正案が国会を通過し，3 月20日に公布された[2]。改正勤労基準法の主な内容は，①実労働時間の短縮と特別延長労働の許容，②休日労働に対する加算賃金の割増率の明確化，③労働時間特例業種の縮小，④官公署の公休日を有給休日と義務化，⑤年少労働者の労働時間短縮などである。改正内容の詳細は表のとおりで

---

2 ）もたもたしていた労働時間短縮に関する議論が急速に進んだ主な背景としては，休日労働の加算賃金に関する裁判の増加が挙げられる。2012年から下級審において，週当たり12時間を限度に許容される延長労働には休日労働が含まれ，休日労働に対しては休日労働手当のほかに延長労働手当が重複割増されなければならないという判決が現れはじめ（下級審判決によれば，慣行的に12時間の延長労働のほかに行なわれていた休日労働はすべて違法であり，使用者は刑事罰の対象となる），2013年に大法院が関連事件を全員合議体に回付しながら，休日労働に関する論争を法院ではない立法府が解決しなければならないという社会的プレッシャーが強まっていた（イ・ヨンジュ「労働時間短縮法改正の経過と争点」労働法フォーラム24号（2018年）146～148頁）。

勤労基準法	主要内容
第2条（定義）第1項第7号 第53条（延長労働の制限）第3項及び第6項	− 1週は休日を含めた7日であることを明示 − 1週の最大労働時間は52時間（法定労働40時間＋延長労働12時間）とするが，企業の規模に応じて段階的に適用し，2021年7月1日からは全面適用
第56条（延長・夜間及び休日労働）第2項	− 8時間以内の休日労働に対する加算賃金の割増率は通常賃金の50%，8時間を超える休日労働に対しては100%と明確化
第59条（労働時間及び休憩時間の特例）第1項	− 労働時間特例業種は5業種に縮小し，存置される業種の労働者に対しては連続休息時間（11時間）を保障
第55条（休日）第2項	− 現在，公務員に対してのみ公休日として付与される名節，国慶日などを民間企業の労働者に対しても有給休日として保障するが，企業の規模に応じて段階的に適用
第69条（労働時間）	− 年少労働者（15〜18歳）の1週の労働時間を40時間から35時間に短縮し，延長労働時間は1週当たり6時間から5時間に制限

ある[3]。

　改正勤労基準法は，その改正理由において明らかにしているように，「実労働時間の短縮という時代的課題を解決し，今後生じうる社会的費用を最小化するために，1週当たりの最大労働時間が休日労働を含めて52時間であることを明らかにし，加算賃金の重複割増率について規定し，事実上制限のない労働を許容し，超長時間労働の原因となっている労働時間特例業種の範囲縮小などを理由に，労働時間関連制度を整備」するためのものである。中でも核心は，次に述べるように，実労働時間を短縮できるよう延長労働の上限を明確化したことである。

　第1に，従前は，休日労働が延長労働に含まれるかどうか──1週当たり，休日労働を含めて12時間の延長労働が許容されるのか，それとも休日労働とは別に延長労働12時間が許容されるのか──について見解が分かれていたところ，改正勤労基準法は，この問題を立法的に解決した。すなわち，1週につき7日であることを明示し，週当たりの延長労働時間は休日労働を含めて12時間と限定することにより，それまでとくに制限なく行なわれていた休日労働を抑制できるようになった。

　第2に，休日労働手当の場合，8時間以内の休日労働に対しては通常賃金の

3）ギム・グンジュ「労働時間法制の現況と課題」月刊労働レビュー2018年6月号11〜12頁。

50%を加算して支給し，8時間を超える休日労働に対しては通常賃金の100%を加算して支給するようにすることで，休日労働の経済的誘因を減少させた。

第3に，旧勤労基準法において労働時間および休憩時間の特例（労働者代表との書面合意にもとづき延長労働などの制限が未適用）が許容されていた「韓国標準産業分類表」上の26業種を，陸上運送業，水上運送業，航空運送業，その他輸送関連サービス業，保健業など5業種に縮小した[4]。そして，特例業種に該当し特例制度を導入する場合には，労働日の終了後，次の労働日の開始前まで，最小11時間の連続休息時間を与えることを義務付けることにより，過度な長時間労働を防止できるようにした。

2　改正勤労基準法に対する評価

今回の改正勤労基準法では，韓国の長時間労働の現実を改善するために，法定労働時間ではない，延長労働時間を短縮するという，新しい規制方法を試みている。これまで，韓国において，労働時間の短縮は，法定労働時間を縮小する方法（48時間→44時間→40時間）で行なわれてきた。しかし，この方法は，労働時間を短縮させるのに大きな効果を発揮することができなかった（2016年現在，韓国労働者の年間労働時間は2052時間で，OECD加盟国のうち2位である）。このような結果となった理由としては，法定労働時間の短縮により，労働者を追加採用するリスク負担を抱え込むよりは，既存労働者の労働時間を延長する方法を選択する企業側と，正規職労働者を増やすよりは，超過勤務手当という基本給以外の追加所得を得ようとする組織労働者側の利害関係が一致していることが考えられる。また，延長労働などに対する加算賃金制度は，使用者側の労働者の労働時間を延長させる意思を弱めることができず，むしろ組織労働者の超過勤務手当に対する経済的誘因を強めているとされる[5]。改正勤労

4）特例から除外された21業種：自動車および部品販売業，卸売および商品仲介業，小売業，保管および倉庫業，金融業，保険および年金業，金融および保険関連サービス業，郵便業，教育サービス業，研究開発業，宿泊業，飲食店や酒店業，広告業，市場調査および世論調査業，建物・産業設備清掃および防除サービス業，美容，浴湯および類似サービス業，映像・オーディオ記録物制作および配給業，放送業，電気通信業，下水・廃水および糞尿処理業，社会福祉サービス業。

5）都在亨（ド・ジェヒョン）『労働法の回生』（梨花女子大学出版文化院，2016年）358頁。

基準法は，このような現実診断
をふまえて，延長労働時間を週
当たり12時間と制限することに
より，直接的に実労働時間の短

年度	2019	2020	2021	2022	2023	2024
定期賞与金	25%	20%	15%	10%	5 %	0 %
福利厚生費	7 %	5 %	3 %	2 %	1 %	0 %

縮効果を狙っている。また，前述したように，休日労働に対する重複割増を認
めないことで，延長労働に対する労働者側の金銭的誘因を弱めようとしている。

三　最低賃金法の改正

1　最低賃金算入範囲に関する改正

　2018年現在，韓国で最低賃金の変動に直接影響を受ける低賃金労働者は277
万人で，賃金労働者全体の18％に達しており，そのうち約80％は青年，女性，
高齢者など脆弱階層の労働者である[6]。

　文在寅政府が発足した後，2018年の最低賃金は7530ウォンと，前年（6470
ウォン）比16.4％引き上げられており，2019年の最低賃金は10.9％引き上げら
れた8350ウォンに決定された。最低賃金の引き上げは，文在寅政府が打ち出し
ている「所得主導成長」の主要な政策手段の1つである。一方で，最低賃金の
引き上げによる労務費の増加が企業に与える影響も大きいことから，その副作
用に対する懸念も併存する。そこで，このような最低賃金の引き上げの影響と
低賃金労働者の保護という最低賃金制度の立法趣旨などをふまえて，最低賃金
算入範囲を従前よりも拡大することが議論されるようになった。

　最低賃金委員会は，2018年の最低賃金を議決する際に，その算入範囲など制
度改善に関する課題について議論し，政府に建議することに合意した。これに
もとづき，2017年9月から12月まで専門家TF（Task Force）を運営し，2018
年1月から具体的方法を議論したものの，合意に至らず，2018年3月7日，専
門家TF案を政府に移送した。その後，国会の環境労働委員会を中心に，定期
賞与金と宿泊費，食費など福利厚生費を最低賃金算入範囲に含めることについ
て議論がなされ，2018年5月28日，最低賃金法改正案が国会を通過した。

　旧最低賃金法上，最低賃金算入範囲（最低賃金に含まれる賃金）には，労働

6）雇用労働部「最低賃金法改正の主要内容」（2018年6月）1頁。

者が受ける賃金のうち，毎月支給される基本給や職務手当などは含まれるが，定期賞与金や宿泊費，食費など福利厚生費は除外される。これに対し，改正最低賃金法では，毎月１回以上定期的に支給される賞与金と現金で支給される福利厚生費の場合，それぞれ当該年度の時間給の最低賃金額を基準に算定した月換算額の25％（定期賞与金，年300％）と７％（宿泊費や食費，年84％）を超える部分を最低賃金算入範囲に含めることにした。また，前頁の表のように，定期賞与金と現金で支給される福利厚生費の最低賃金不算入割合は年々引き下げられ，2024年以降はすべて算入されるようになる[7]。

　また，使用者が，改正最低賃金法にもとづき最低賃金算入範囲に含めるために，１ヵ月を超える周期に支給する定期賞与金などを，総額の変動なく毎月支給するものへと就業規則を変更する場合には，勤労基準法94条１項の規定にもかかわらず，過半数労働組合または過半数労働者の意見を聴くことで足りる旨を定める就業規則変更手続の特例規定も設けられた。

2　改正最低賃金法に対する評価

　改正最低賃金法について，政府は次のように述べている[8]。これは，最低賃金委員会の制度改善ＴＦが最低賃金算入範囲の拡大を勧告した理由と類似する[9]。

　第１に，最低賃金制度が低賃金労働者の所得保障を目標としているという点において，最低賃金算入範囲に定期賞与金と福利厚生費などを含ませることで，労働者が実際に受ける賃金が反映されるようにすることは，最低賃金法の前記立法趣旨をふまえた適切な法改正である。旧最低賃金法上の最低賃金算入範囲によれば，年3000〜4000万ウォンを受ける労働者に関しても，その全体給与に占める定期賞与金と福利厚生費の割合が高く，基本給が最低賃金の水準と低い場合は，当該企業が最低賃金法に違反する事例が生じるが，このような労働者は最低賃金法が保護しようとする低賃金労働者に該当しないといえる。

　第２に，このように中間レベルまたは高賃金労働者まで最低賃金引き上げの

7）イ・ジョンソン・前掲注１）162〜163頁。
8）雇用労働部・前掲注６）４頁。
9）ギム・ホンヨン「最低賃金比較対象賃金の範囲調整」労働法学66号（2018年）７〜８頁，都在亨（ド・ジェヒョン）「最低賃金算入範囲の改善方案」韓国労働研究院『最低賃金制度改善公開討論会資料集』（2017年12月）９頁。

恵沢を受ける不合理性が解消されることにより，労働者間の所得格差の緩和に寄与すると期待される。旧最低賃金法によれば，基本給に連動して定期賞与金を受ける労働者の基本給が最低賃金の水準である場合，最低賃金の引き上げによる基本給の引き上げが定期賞与金の引き上げにもつながり，結果的に定期賞与金のない労働者との賃金格差が深化する結果を招きうる。

第3に，毎月1回以上定期的に支給される賞与金などは最低賃金に算入されるという原則を決め，その方向へと就業規則上の定期賞与金の支給方法を変更する場合には，過半数労働組合または労働者過半数との協議手続を経ることで足りる旨を規定することにより，従前の複雑な賃金体系を改編できる契機となる。

ところが，以上のような内容の最低賃金法改正案の国会での一方的な通過は，二大労総の激しい反発を招いた。また，政府の予想とは異なり，年平均賃金が2500万ウォン未満の労働者の場合も，最低賃金の引き上げ効果は相当程度減少するという分析が出ている[10]。最低賃金の大幅引き上げに対する企業と野党の反発がさらに強くなり，雇用状況が悪化するにつれ，最低賃金算入範囲に関する議論は，現在小康状態にある。

四　産業災害補償保険法の改正

1　憲法裁判所の2016年憲法不合致決定と法改正

旧産業災害補償保険法（以下「産災保険法」）5条1項は，業務上の災害につき「業務上の事由による労働者の負傷，疾病，障害または死亡」と規定し，また，37条1項では，「業務上の事由」につき業務上の事故および業務上の疾病と規定することで，出退勤災害または通勤災害は業務上の災害から排除することを原則とした。ただし，事業主が提供した交通手段またはそれに準ずる交通手段を利用するなど事業主の支配管理下で出退勤中に発生する事故だけは業務上の事由に含まれるとされた（産災保険法37条1項1号ダ目）。

このような業務上の災害に関する産災保険法の規定につき，憲法裁判所は，「事業場規模もしくは財政不足または事業主の一方的な意思もしくは個人の事

10）イ・ジョンソン・前掲注1）163頁。

情などにより，出退勤用車両の提供を受けることができず，またはそれに準ずる交通手段の支援を受けることができない非恵沢労働者は，産災保険に加入されていても，出退勤災害について補償を受けることができないところ，このような差別を正当化できる合理的な根拠を見つけるのは困難である」として，2017年12月31日まで改善立法をしなければならないという憲法不合致決定をした（憲法裁判所2016. 9 .29宣告2014憲バ254決定）。

　このような憲法不合致決定により，出退勤災害を業務上の災害に含める産災保険法改正が行なわれ，2018年 1 月 1 日からは出退勤災害の全般が産災保険法の保護範囲に含まれるようになった。すなわち，産災保険法 5 条の定義規定に 8 号を新設して，「出退勤」につき「就業と関連して住居と就業場所との間の移動またはある就業場所から他の就業場所への移動」と定義し，また，37条 1 項に「出退勤災害」というタイトルで 3 号を新設して，①事業主が提供した交通手段またはそれに準ずる交通手段を利用するなど事業主の支配管理下で出退勤中に発生した事故（旧産災保険法において保護されていた災害）および②その他通常の経路と方法で出退勤中に発生した事故（改正産災保険法において追加された災害）を出退勤災害と規定し，産災保険の保護範囲に出退勤災害を含めたのである。

2　憲法裁判所の決定に対する評価

　これまで，韓国の判例は，出退勤災害が業務上の災害として認められるためには，「事業主が提供した交通手段を労働者が利用し，または事業主がこれに準ずる交通手段を労働者に利用させるなど，労働者の通勤過程が事業主の支配・管理下にあると見ることができなければならない」という立場を一貫して維持してきた（大法院1993. 1 .19宣告92ヌ13073判決など多数の判例）。これにより，公務員や軍人とは異なり，一般労働者に関する通常の出退勤災害は産災保険法の保護範囲から排除された。とくに，事業主から通勤バスなどの提供を受けるのが困難な中小企業の労働者が，上記の判例法理により，社会保険から排除されることについては強い批判があった。

　2000年代半ば，出退勤災害に対する産災保険法の適用が活発に議論されたものの，大法院2007. 9 .28宣告2005ドゥ12572全員合議体判決によって挫折に終

わった。この判決直後，上記の判例法理を立法化した産災保険法改正が行なわれたところ，この改正規定について提起された違憲法律審判事件においては，憲法裁判所もまた，合憲決定をした（憲法裁判所2013.9.26宣告2012憲ガ16決定）。

このような憲法裁判所の合憲決定に対しては，社会保障立法における不平等構造を露骨化したものであり，一般労働者の出退勤災害の保護に関する法院の消極的な態度を容認する結果を招くという批判があった。そうしたなかで，合憲決定から3年が経ったところで，憲法裁判所は，異例であるが従前の先例を覆して憲法不合致決定をし，全体労働者の出退勤災害を産災保険の保護範囲に含めているが，このような憲法裁判所の決定は，憲法裁判によって社会保障受給権保障の不平等構造を矯正したという点で意義があるという評価がなされている[11]。

五　今後の立法課題

1　特殊形態労働従事者の労働三権保障に関する立法

学習誌教師，宅配運転手などいわゆる特殊形態労働従事者の労働組合及び労働関係調整法（以下「労働組合法」）上の労働者性の認定範囲は拡大する傾向にある。最近の大法院判決によると，ある労務提供者が「具体的に労働組合法上の労働者に該当するかは，労務提供者の所得が特定事業者に主に依存されているかどうか，労務提供を受ける特定事業者が報酬をはじめとして労務提供者と締結する契約内容を一方的に決定しているかどうか，労務提供者が，特定事業者の事業遂行に必要不可欠な労務を提供することにより，特定事業者の事業を通じて市場に接近しているかどうか，労務提供者と特定事業者の法律関係が相当程度持続的・専属的であるかどうか，使用者（特定事業者）と労務提供者との間にある程度指揮・監督関係が存在するかどうか，労務提供者が特定事業者から受ける賃金・給料など収入が労務提供の対価であるかどうか等を総合的に考慮して判断しなければならない」（大法院2018.6.15宣告2014ドゥ12598，

11）ギム・ボクギ「一般労働者の出退勤災害に対する産災補償」社会保障法研究6巻1号（2017年）77頁。

12604判決）。すなわち，大法院は，勤労基準法上の労働者概念と労働組合法上の労働者概念を異に把握し，労働組合法上の労働者概念について独自の判断基準を示している。

しかし，このような大法院判決に対しては，特定事業者に対する使用従属が問題となる専属的特殊形態労働従事者の団結権保障には肯定的な影響を及ぼしうるが，非専属的な代理運転手やアプリ等プラットフォームを基盤とする料理配達員などのように具体的な事業者を特定するのが困難な非専属的な職種の団結権保障については依然として不十分であるという評価がなされている[12]。また，現実的にこのような非専属的な特殊形態労働従事者が拡大している状況などを考慮すると，労働三権が保障される範囲を再検討し，その保障範囲をさらに拡大する立法が必要であるという見解がある[13]。文在寅政府もまた，所得二極化を緩和させる政策手段の1つとして，労働三権の保障範囲の拡大を掲げているだけに，今後，特殊形態労働従事者の労働基本権の保護のための具体的な立法案が示されると予想される。

2　運営費援助行為禁止に関する規定の改正

現行労働組合法81条4号では，使用者の支配・介入の不当労働行為として専任者に対する給与支援行為と共に，「労働組合の運営費を援助する行為」を禁止し，但書の規定により「最小限の規模の労働組合事務所の提供」だけが例外的に許容されている。

この規定の適用に当たって，従来，判例は，運営費援助が労働組合の自主性を侵害するかどうかを問うて不当労働行為該当性を判断していたところ，専任者に対するいっさいの給与支援行為を禁止した2010年労働組合法改正後は立場を変更して，運営費援助行為につき，「社会通念上，一般的に（労働組合法）81条4号但書が定める場合に含まれる行為やそれと同一視することができる性質のものと評価できる行為から逸脱する運営費援助行為は，専任者に対する給与

---

12) ギム・リン「労働組合法に基づく労働者の判断基準」月刊労働レビュー2018年8月号103頁。

13) 姜成泰（カン・ソンテ）「労働法における包容性の拡大：労働の連帯と活力を促進するための法制度」韓国労働研究院『包容と活力の雇用システムのために：開院30周年記念セミナー資料集』（2018年9月）101～102頁。

支援行為と同様に，労働組合の自主性を失わせる恐れがあるものとして，（労働組合法）81条4号本文で禁止する不当労働行為と解され，たとえその運営費援助が労働組合の積極的な要求ないし闘争によって得られた結果であるとしても，このような事情だけで別に考えるべきではない」とした（大法院2016. 1 .28宣告2012ドゥ12457判決）。そして，大法院は，労働組合が使用者から提供を受けた最小限の規模の労働組合事務所と共に，通常必要な机，椅子，電気設備など備品や設備の提供を受けるのは許容されるが，通信費，電気・水道料金など事務所維持費や事務用品などの支給を受けるのは許容されないとする（大法院2016. 4 .29宣告2014ドゥ15092判決，大法院2017. 1 .12宣告2011ドゥ13392判決など）。

　ところが，2018年5月，憲法裁判所は，「運営費援助行為が労働組合の積極的な要求に基づいてなされる場合や労働組合が使用者の労務管理業務を代行することを支援するためになされる場合などは，労働組合の自主性を阻害するおそれがあると見るのは困難である。運営費援助行為によって労働組合の自主性が阻害され，または阻害される顕著な恐れがあるか否かは，その目的と経緯，援助された運営費の内容，金額，援助方法，援助された運営費が労働組合の総収入に占める割合，援助された運営費の管理方法および使い先などによって異に判断されうるものである」とした後，「労働組合の自主性を阻害し，または阻害する顕著な恐れを生じさせない運営費援助行為を禁止するのは，労働組合の自主性確保という立法目的の達成のために不必要な制限であるだけではなく，労使間の力の均衡を確保させることによって集団的労使自治を実現しようとする労働三権の趣旨にも反する結果を招く」とし，運営費援助行為禁止条項について憲法不合致決定を宣告した（憲法裁判所2018. 5 .31宣告2012憲バ90決定）。

　この憲法不合致決定にもとづき，立法者は，2019年12月31日まで，憲法裁判所の決定趣旨に従って改善立法をしなければならないことから，遅くとも来年には，労働組合法の改正作業が進められるであろう。

3　憲法上同一価値労働同一賃金規定の新設

　これまで，労働法学界では，非正規職の賃金差別問題の深刻さなどを理由に，同一価値労働同一賃金の原則を憲法に明示すべきであるという主張があっ

諮問委改憲案	大統領改憲案
第35条①同一価値の労働に対しては同一賃金が支給されなければならない。	第33条③国家は同一価値の労働に対しては同一水準の賃金が支給されるよう努めなければならない。

た。すなわち，同一価値労働同一賃金の原則が憲法上の基本原理であることを明らかにし，それに合わせて個別労働関係法令の内容をより具体的に整える必要があるということである[14]。万が一，文在寅政府の間に憲法が改正されるとしたら，新憲法にこの原則が盛り込まれる可能性は大きい。この原則の導入に関する与野党の対立は見られず，国会に設置された改憲特委諮問委員会の改憲案（2018年2月）と大統領が発議した改憲案（2018年3月）の両方に共通してこの原則が含まれているからである（**表参照**）。

4 期間制労働者の使用事由制限に関する立法

期間制労働者の雇用保護に関連しては，次のような更新期待権にもとづく判例法理が確立されている（大法院2017.10.12宣告2015ドゥ44493判決）。

①労働契約，就業規則，団体協約などにおいて期間満了にもかかわらず，一定の要件が満たされれば，当該労働契約が更新されるという趣旨の規定を置いており，またはそのような規定がなくても，当該労働関係をめぐる諸事情を総合して見る際に，労働契約の当事者間で一定の要件が満たされれば，労働契約が更新されるという信頼関係が形成されている場合，労働者にはそれにもとづき労働契約が更新されるという正当な期待権が認められる。②労働者にすでに形成された更新に対する正当な期待権があるにもかかわらず，使用者がこれに反して不当に労働契約の更新を拒絶することは，不当解雇と同様になんら効力がない。③労働契約の更新を拒絶したことに合理的な理由があるか否かが問題となったときには，当該労働関係をめぐる諸事情を総合して，更新拒否の事由とその手続を社会通念に照らしてみる際に，客観的で合理的で公正であるか否かを基準に判断しなければならず，そのような事情にかかわる証明責任は使用

---

14) 都在亨（ド・ジェヒョン）「1987年労働体制30年と労働法の課題」韓国労働法学会ほか『1987年労働体制30年と新政府の労働政策：2017年労働三大学会共同政策討論会資料集』（2017年3月）106頁。

者が負担する。④とくに，使用者が，更新に対する正当な期待権を有する期間制労働者に対し，事前の同意手続を経たり，加点の付与など具体的な基準も設けていないまま，再契約の手続ではない，新規採用手続による選抜を通じてのみ，契約更新する旨主張し，大規模の更新拒絶をした場合，これは，労働者の更新に対する正当な期待権を全面的に排除するものであるから，使用者として，そのような措置を採らなければならない経営上または運営上の必要があるかどうか，それにかかわる根拠規定があるかどうか，それを回避し，または更新拒絶の範囲を最小限にするための努力をしたかどうか，その対象者を合理的で公正な基準に従って選定するための手続を踏んでいるかどうか，その過程において差別的待遇があったかどうか等を総合的にみて，その主張の当否を判断しなければならない。

このような更新期待権にかかわる現在の判例法理は，労働者側の事由による更新拒絶だけでなく，使用者側の事由によるものに関しても合理的な理由の有無にかかわる具体的な判断基準を示すなど，更新期待権の法理をさらに発展させ，具体化した点で肯定的に評価されている[15]。

しかし，このように更新期待権の法理が発展し，期間制及び短時間労働者の保護等に関する法律（以下「期間制法」）において，2年以上継続使用した期間制労働者を無期契約労働者とみなす規定が存在するにもかかわらず，依然として多くの期間制労働者が不安定な雇用状況で働いており，また，このような雇用不安は劣悪な労働条件につながっている状況である。

そこで，このような問題を解決するためには，現行のように期間制労働者の使用を原則的に許容し，使用期間の上限だけを制限する方法では，非正規労働者の保護に不十分であるから，期間制労働者の使用事由を制限することを原則とし，その使用を例外的にのみ許容する方法へと，期間制法を改正すべきであるという主張がある[16]。文在寅政府は，公共部門において同じ基準に従って非正規職を正規職化する作業を進めているが，このような点を考慮すると，今後

---

15) 姜成泰（カン・ソンテ）「労働契約更新拒絶の合理的理由の判断基準及び異議の証明責任など」月刊労働レビュー2017年12月号102頁。

16) 趙淋永（ジョ・イムヨン）「期間制労働者の使用理由制限立法の方向と体系」月刊労働レビュー2018年2月号8頁。

このような方向へと期間制法の改正案が作られる可能性がなくはない。

六　おわりに

　2017年5月の発足後から2018年9月まで行なわれた文在寅政府における労働法改革の主な内容は，①文在寅政府の政策課題（ワーク・ライフ・バランス）に合わせて行なわれた労働時間短縮に関する法改正，②所得主導成長戦略の一環として行なわれた最低賃金の引き上げに続く最低賃金算入範囲の拡大，③2016年憲法裁判所の憲法不合致決定にもとづく出退勤災害に関する産災保険法の改正などと要約することができる。

　そして，今後，労働法改革が行なわれる可能性のある分野は，集団的労使関係法においては，①特殊形態労働従事者などの労働三権保障に関する立法，②運営費援助行為禁止に関する規定の改正，また，非正規労働に関しては，③憲法上同一価値労働同一賃金に関する規定の新設，④期間制労働者の使用事由制限に関する立法などを挙げることができる。

　一方，このような立法作業に加え，労働法の履行確保に関する政策が進められている点も注目に値する。文在寅政府の発足当時，1227人あった勤労監督官は，2017年に160人，そして，2018年上半期に240人が増員され，2018年下半期には212人が増員された。

第4節
韓国労働時間法の改正
──有給休日と法定労働時間短縮をめぐって

武井　寛　龍谷大学教授

一　はじめに

　2018年3月20日公布の韓国勤労基準法[1]改正法の概要は，前節の都在亨教授の論文で5点にまとめられている。すなわち，①実労働時間の短縮と特別延長労働の許容，②休日労働に対する加算賃金の割増率の明確化，③労働時間特例業種の縮小，④官公署の公休日を有給日へ義務化，⑤年少労働者の労働時間短縮である。

　立法経緯からみてその眼目をあえて絞れば，①，②および④（このようにいうことの意味は以下の文中で明らかになる），なかんずく①であろう。法定労働時間週40時間（2003年施行）に加えて延長労働時間（法定時間外労働）を週12時間に明確に制限するものである。もっとも，延長労働時間の限度たる週12時間は勤労基準法が制定されたとき（1953年）からそのままであり，法定労働時間週40時間は2003年に施行されている。この限りではほとんど変わらない印象を受ける。そこで問題は，上記①は結局何を意味するのかということになるが，本節の目的はこれを理解することにある。

　韓国の法改正と対照的に，奇しくも同じ2018年，いわゆる「働き方改革」なる名称のもとに行なわれた日本の法定時間外労働時間の上限設定は，原則として月45時間（かつ年360時間）であるが，特例として労使協定で定める上限を年720時間とし，さらに特例としてひと月100時間未満を許容する（休日労働含

1）以下，法律名だけはこのように漢字の直訳的表記にするが，読みやすさと日本法との比較のしやすさを考慮して，「勤労」は「労働」と訳すことにする。

82   第2章　文政権下の労働法改革

む）。

　総枠でみると，韓国の法定時間外労働の上限は1年あたり最長で約624時間
（12時間×52週）であるのに対し，日本のそれは原則年360時間といいつつも特
例的に720時間を許容するものである。また，1月あたりでみると，韓国のそれ
は最長48時間（4週とした場合。実際は＋アルファがあるだろう）であるのに
対し，日本のそれは原則月45時間といいつつも特例的に100時間未満であれば
許容される。制度設計が異なるので単純な比較は慎むべきであろうが，制度と
しては韓国のほうがわかりやすく（週単位で制限するという原則が一貫してい
る），制限の度合いは明らかに韓国が上回る（時系列での特例はあるが制度
的・恒常的な特例はない。ただし，後述のとおり5業種の例外が残ってはい
る）。

　いま，「制度としては韓国のほうがわかりやすい」と述べたが，厳密に言え
ば，今回の改正によりわかりやすくなったのだと言うべきかもしれない。何が
わかりやすくなったのか。一言でいえば，従来の勤労基準法をめぐる行政解釈
および判例は，実際のところ，法定時間外労働を週28時間まで（解釈によって
はさらに）許容するものであった（先の総枠計算をこれで行なうと28時間×52
週＝1456時間となる）のに対し，これを週12時間までと明確にしたのである。
以下，この点をめぐる韓国の状況を紹介する。

二　韓国の法定労働時間と時間外労働

1　法定労働時間短縮の歩み

　1953年制定の勤労基準法は，週の基準労働時間を48時間とし，週の延長労働
を12時間としていた。このうち基準労働時間は，1989年に業種別・規模別に短
縮され始め，週46時間制を経て1991年10月に週44時間制が施行された。1997年
のいわゆるアジア通貨危機（韓国ではIMF外国為替危機と言われる）後は，
ワークシェアリングを旗印に労働時間短縮へと歩が進められた。そして，2000
年初めから労使政委員会で雇用創出策の1つとして労働時間短縮の議論が行な
われ，長期にわたる議論ののち，週の基準労働時間を40時間に短縮することを
骨子とする勤労基準法一部改正法律案が2003年8月29日国会本会議を通過し，

同年９月15日に公布された。もっとも，基準労働時間の短縮にもかかわらず，実労働時間は期待したほどには減らなかったため，経済社会発展労使政委員会において，実労働時間短縮策としてさまざまな議論（労働時間口座制，交代制の適切なモデル開発，弾力的労働時間の１年単位への期間拡大，企画業務型裁量労働時間制の導入，年休の集団休暇制としての活用等）がなされたが，労使政合意には至らず，労働時間制度は変更されずに経過していた[2]。

　この間の，韓国における年平均１人あたり実労働時間の推移をみると，1990年には2677時間，2016年には2069時間となり，かなりの減少とはいえ，依然として2000時間を超えている[3]。その一因が法律上許容される延長労働時間の解釈であった。

2　週あたり延長労働時間上限12時間の意味と重複割増

　まずはこの問題に関連する改正前勤労基準法の規定を確認しておこう。

第50条（労働時間）　①１週間の労働時間は，休憩時間を除いて，40時間を超過できない。②１日の労働時間は，休憩時間を除いて８時間を超過できない。

第53条（延長労働の制限）　①当事者間で合意すれば，１週間に12時間を限度に第50条の労働時間を延長することができる。

第55条（休日）　使用者は，労働者に１週間に平均１回以上の有給休日を与えなければならない。

第56条（延長・夜間及び休日労働）　使用者は，延長労働（第53条，第59条及び第69条但書により延長された時間の労働）及び夜間労働（午後10時から午前６時まで間の労働）又は休日労働に対しては，通常賃金の100分の50以上を加算して支払わなければならない。

　雇用労働部による行政解釈は，勤労基準法53条における１週を，「休日を除いた」所定労働日としていた。このように理解すると，仮に週休２日制を採用している企業の場合，この２日を除いた５日間が所定労働日であり，これを超えて12時間の延長労働が認められることになる。ところが，所定労働日でない

2）イ・ヨンジュ「労働時間短縮法改正の経過と争点」労働法フォーラム24号（労働法実務学会，2018年（韓国語））145～146頁。
3）『データブック国際労働比較2018』（労働政策研究・研修機構）205頁。

（休日である）2日間は勤労基準法という法律上の1週間に含まれないため，この2日間には1日あたりの上限8時間のみがかかることになり，週56時間（40時間＋16時間）が法定労働時間と解され，労使合意があればさらに12時間の延長労働が認められ，結局週68時間が許容される実労働時間の上限ということになる。

　さらに，この解釈を前提として，1週基準の労働時間を超過した状態で休日に労働が行なわれたとしても，当該労働が1日基準労働時間である8時間以内ならば延長労働（時間外労働）でなく休日労働にだけ該当するので，休日労働加算賃金だけを支給すればよいと解釈されており，裁判所も同様であった（重複割増否定説[4]）。有給休日という韓国独特の制度がさらにややこしさをこれに付加する。次にそれをみよう。

3　有給休日と休日労働加算賃金（休日割増賃金）

　有給休日とは，前述の勤労基準法55条の休日のことであり，この休日は有給で保障される。つまり，休んだ場合には通常の1日あたり賃金が支給され，休まないで労働した場合にはそれに加えて加算賃金が支給されることになる（最低賃金法改正でもこれが問題を複雑化させた）。

　1953年の勤労基準法は，使用者が労働者に対して1週間に平均1回以上の「休日」を与えるようにし（45条1項），当該休日および「法定公休日」（祝日）は労働日であるとしたうえで，週休日だけでなく法定公休日も有給とし（同条2項），延長時間労働（時間外労働），夜間労働（深夜労働）とは異なり，休日労働に対しては別途の加算賃金を支給しなかった（46条）。その後，勤労基準法の1961年改正時，45条1項は「有給休日を与えなければならない」と文言が変更される一方，2項は削除され，法定公休日は勤労基準法が保障する有給休日から除外された。同時に，46条は今次改正前の勤労基準法のように休日労働に対しても加算賃金を支給するように変わった。同改正直後，1962年改正の勤労基準法施行令24条の3は，「法第46条に規定された休日労働とは，有給休日以外の休日に労働することをいう」と明示し，週休日以外の休日に行なわれた労働に対してのみ休日労働加算賃金を支給するようにした。その後20年近く

4）イ・ヨンジュ・前掲注2）147頁。

表1　休日有給保障の如何および休日勤労加算賃金支給の如何

	1953年制定法	1961年改正法・1962年施行令	1981年施行令
週休日	有給（加算なし） 休日有給100% ＋当日賃金100%	有給（加算なし） 休日有給100% ＋当日賃金100%	有給（加算あり） 休日有給100% ＋当日賃金100%
法定公休日	有給（加算なし） 休日有給100% ＋当日賃金100%	無給（加算あり） 休日有給0% ＋当日賃金100% ＋加算賃金50%	無給（加算あり） 休日有給0% ＋当日賃金100% ＋加算賃金50%

　経って，1981年改正の勤労基準法施行令で休日労働の定義規定が削除され，有給休日に労働することも休日労働と解釈されるようになった。その変遷（民間労働者）を表1に示す[5]（なお，法定公休日は日本でいう「旗日」のようなものであり，「赤い日」とも呼ばれ，今次改正前は公務員にとって週休日と同じ取扱いになっていたが，民間企業には「官公署の公休日に関する規定」が適用されないため，この点についていわば官民格差が生じていた）。

　こうして，法律上は40時間プラス延長労働12時間が上限と規定されていたとはいえ，実務的には，週68時間が法律上の上限と認識される一方，休日労働には延長労働による加算（割増）は支給されず，法定公休日は有給休日から外されるという状況が続いていたのであった。先に述べたとおり，この点が，韓国の実労働時間が長いことの一因となっていた。ところが，従来の行政解釈や判決に相反する下級審判決が，2012年を前後して，以降相次いで出されることになり，労働時間短縮の議論は急速に進むことになったのである。

三　立法的解決への契機

　前述の従来の行政解釈や判決に相反する判決のひとつとして，「城南市環境美化員事件」のソウル高等法院判決[6]がある。この事件は，環境美化員（清掃その他を業務とする）として働いていた労働者たちが原告となって，城南市を被告として，休日労働については休日加算のほかに延長加算も重複して支給し

5）イ・ヨンジュ・前掲注2）159頁。
6）ソウル高等法院2011.11.18宣告2009ナ74153判決。

なければならないと主張し，争ったものである。原告らが所属している労働組合と市とが締結した団体協約は，2005年7月1日から，週40時間勤務制のもと，土曜日と日曜日を有給休日と定めていたところ，原告らは退職するまで週40時間を超えて土曜日と日曜日にも4時間ずつ勤務したにもかかわらず，被告は原告らの当該休日労働について週40時間超過かどうかと関係なく延長加算を算定せずに休日加算のみを支給したというものであった。ソウル高等法院は，原告らの訴えを認めたので，市側が上告していた。そして，この「城南市環境美化員事件」が，大法院全員合議体（最高裁大法廷）に回されたため（2013年9月），社会的関心が一気に高まることになった。

　社会的関心の高まりは，上記一連の下級審判決の判断理由において，勤労基準法53条の延長労働における1週間の意味が中心的争点になったことによる。かりに，従来の雇用・労働部の行政解釈とは異なり，1週間を「休日を含めて」7日間とすると，1週間の延長労働時間の限度12時間と別個に追加的に許容されてきた，いわゆる「休日特勤」慣行（最長で16時間）がすべて違法だということになる。

　使用者側は，加算賃金の重複割増によって人件費が増加するだけでなく，刑事処罰を避けるため労働時間を短縮しなければならず，人員を増やさないままでは操業減少が不可避となり，既存作業量を維持するためには新規採用と追加設備投資のための費用負担が発生する。労働者側も同様に，実労働時間が短縮されることによって，加算賃金が支給される延長労働が短縮されるため，減少する労働時間に比べて所得が急減するという懸念が提起された。もし，加算賃金の重複割増を認める多数の下級審の判決が大法院でそのまま確定し，これらのすべての変化が一気に起きれば，社会的混乱がもたらされるという危機感が広がり，急激な衝撃を緩和するために国会は急いで立法的解決に乗り出したのであった[7]。

---

7) イ・ヨンジュ・前掲注2) 148頁。

四　国会での動き[8]

　2012年から始まる第19代国会では，1週は休日を含む7日であると明示する改正法案が数件発議されたものの，成案にはいたらず，議論は2016年から始まる第20代国会へと移った。2017年5月に新しく発足した文在寅大統領も，これまでの行政解釈の廃棄に数回言及した。

　2017年11月，国会の雇用・労働小委員会で，民主党・自由韓国党・国民の党の3党暫定合意案（1週間は「休日を含む」7日と明示，施行段階は3段階にして労働時間短縮の時期を繰り上げる代わりに，8時間以内の休日労働については重複割増を認めず，通常賃金の50％以上の加算賃金を支給する）が出されたが，重複割増が先鋭的な争点となり，議論は振り出しにもどった。このようななか，大法院が前記「城南市環境美化員事件」の公開弁論を実施すると，大法院の判決が差し迫っているとの予測から，立法的解決への社会的圧力も高まった。

　足踏み状態にあった法改正のきっかけは，自由韓国党のキム・ソンテ院内代表の演説によるという。労働時間短縮の根本目的は休日を休日らしく正常化するものだとし，公務員と非公務員との公休日取扱いの差をとりあげ，「差別のない赤い日」として休日の平等権を確保しなければならないと述べたことをきっかけに，議論の重心が加算賃金の重複割増から労働者の休息権保障へと移り，先の3党合意案を基本としつつ，公休日を有給休日とする規定を追加し，特別延長労働一時的容認と特例対象業種を5業種へと合意案よりも縮小させるかたち[9]で法律案がまとめられ，2月28日に国会本会議で可決され，3月20日に公布された。

―――――――――――――――

8）ここでの記述は，イ・ヨンジュ・前掲注2）151頁～153頁にもとづく。
9）この内容については，前節都在亨（ド・ジュヒョン）前掲67頁参照。

88　第2章　文政権下の労働法改革

五　城南市環境美化員事件・大法院判決[10]

　城南市環境美化員事件に関する大法院判決は，改正法が公布された約3ヵ月後，2018年6月21日に出された。結論は，休日労働に対する延長労働加算賃金を認めた部分に誤りがあるとして破棄し，ソウル高等法院に差し戻すというものであった（判事13人のうち8人の多数意見。5人は反対）。すなわち，「休日労働」の時間は「1週間の基準労働時間40時間」および「1週間の延長労働時間12時間」に含まれず，休日労働に対しては延長労働加算賃金を重複して払う必要はないということである。その理由は，以下のとおり，改正法を念頭におきながら，それとの整合性を図ろうとするものであった。

　第1。勤労基準法施行令30条は「1週間の所定労働を皆勤した者」に対してのみ，1週間に平均1回以上の有給休日を与えるように規定しており，この条項の「1週」に休日が含まれないのは当然である。しかし，実務上，基準労働時間を所定労働時間として定めるのが普通であり，結局，1週間の基準労働時間を満たした場合に限って有給休日が付与されると考えられる。だとするならば，1週間の基準労働時間を定めた旧（＝18年3月改正前の）勤労基準法50条1項の「1週」は必ずしも休日を含めた7日を意味するものではない。他方，旧勤労基準法55条と56条は，有給の週休日を保障し，休日労働に対して延長労働および夜間労働と同一の加算率による加算賃金を規定している。労務提供義務のない休日における労働は延長労働と似ている点があるにもかかわらず，休日労働を延長労働とは別途に規律している。このような関連規定の内容と規律方式に照らしてみると，旧勤労基準法50条1項と53条1項で定めた「1週間の基準労働時間」と「1週間の延長労働時間」は，「休日でない所定労働日」を対象に，労働時間の規制を意図したものと解される。

　第2。1週に休日を入れるかどうかは立法政策に属するがゆえに，解釈に当たっては立法者意思を最大限尊重すべきであるが，制定および改正の経緯を通じてわかる立法者意思は，休日労働時間を延長労働時間に含ませないところにある。なぜならば，1953年制定の勤労基準法によると，当時1週間基準労働時

10）大法院2018.6.21宣告2011ダ112391判決。

間の限度が48時間であったため，１日８時間ずつ６日の所定労働日を皆勤した場合，週休日に労働すれば当然当該限度を超えるが，にもかかわらず同法は有給の週休日を保障するにとどまり，週休日の労働を延長労働加算および休日労働加算の対象としていない。これは，週休日になされた労働は１週間の基準労働時間の限度である48時間を超える状況で行なわれても，有給の休日労働とするだけで，延長労働とはみなさない立法者意思の明確な現れである。また，(18年３月の) 改正勤労基準法は１週間は「休日を含む７日を指す」と定義規定を追加しつつ，事業場規模ごとに当該定義規定の施行時期を定め，30人未満の事業場については一時的 (21年７月１日〜22年12月31日) に週８時間までの特別延長労働を認めているが，これは，旧勤労基準法上休日労働時間が１週間基準労働時間および１週間延長労働時間に含まれないという解釈を前提として，今後は休日労働時間も上記各労働時間に含めるが，同法がただちに施行されると１週間の最長労働時間が52時間へと大幅に減少することから生ずる社会・経済的混乱を防止するためのものである。

第３。雇用労働部が一貫して休日労働時間は１週間延長労働時間に含まれないと解釈・適用してきたこと，労使間でもそのことを前提に異議なく休日労働が行なわれてきたこと，これまでこれに異を唱える訴訟等はなかったこと，超過労働に対する加算手当の未支給が刑事処罰の対象になるにもかかわらずそのような処罰の事例がないこと，といった事情を考慮すると，このことは労働関係当事者間における一種の社会生活規範として定着していたと評価でき，これと異なって解釈することは法的混乱をもたらすことになる。

第４。旧勤労基準法上，休日労働も延長労働に含まれ，１週間の最長労働時間が52時間だと解釈することになると，国会が労使双方の利害関係を調整し，各層の多様な意見をとりまとめて設けた改正勤労基準法の施行時期を段階的に定めた規定や30人未満の事業場で一時的に特別延長を認めた規定と矛盾が生じ，法的安定性を損なうことになる。

これに対する反対意見は，多数意見に対して，文言解釈の反論も行なっているが，反対の実質的な理由は，２点にまとめることができよう。

１つは，夜間労働と休日労働は，延長労働とは相対的に独自の「補償価値」があるとの主張である。使用者に金銭的負担を加重することによる延長労働規

制の根拠は「時間の絶対的総量」規制であるのに対し，夜間労働および休日労働の規制は「労働時間の位置」がその根拠であり，夜間労働と延長労働が重複する場合にも夜間労働と休日労働が重複した場合にも加算が重複されなければならない（これについては異論がない）のであるから，延長労働と休日労働が重複する場合にも当然加算も重複されなければならないという（日本でも議論のあるところである）。

　もう1つは，多数意見の考え方では1週間の最長労働時間が何時間であるかが明確に確定されないということである。多数意見は，1週間の最長労働時間は52時間ではなく68時間であることを前提としていると考えられるが，延長労働規制が休日労働までは規制しないとすれば，休日労働は1日8時間までのみ認められるのか，または当事者間の合意があれば休日にも1日8時間を超える延長労働が可能かどうか明らかではないし，仮に休日労働が1日8時間まで許容されると解しても，労働者側と使用者側が所定労働日と休日を1週間のうちそれぞれ何日で合意するかによって認められる1週間最長労働時間が変動することになる。たとえば，労働契約または団体協約で1週間のうち月曜から木曜までの4日間を所定労働日と定め，金曜日から日曜日までを休日（金曜日と土曜日は約定無給休日，日曜日は有給週休日）として合意した事業場を想定すると，労働日である月曜日から木曜日までは1週間基準労働時間40時間に延長労働時間12時間を合わせた52時間まで労働が可能で（毎日13時間勤務），休日である金曜日から日曜日までは3日間毎日各8時間ずつ計24時間の休日労働が可能になってしまい，1週間でなんと76時間を許容するという奇妙な結論に達するのであると。

六　おわりに

　時間短縮に関する勤労基準法の改正にまつわる韓国の状況は概略以上のようであった。司法と立法とが，法律の規定とその解釈をめぐり牽制し合いながらも，1つの落としどころにたどり着いた感がある。大法院判決については，やむを得ない判決だと理解しつつも，法改正過程での立法者意思から改正前の法律を解釈する態度は「行き過ぎた類推解釈」であり，望ましくない先例だとの

批判もある[11]。ただ，韓国の立法と司法が，総体として，重複割増を認める（金銭負担による間接規制）のではなく，実労働時間の現実的短縮に向けて同じ方向を向いていたのであろうことを見落とさないでおきたい。そのことは，本節がその大部分を依拠したイ・ヨンジュ氏の論文末尾の言葉[12]にも表れているのではないかと考える[13]。

「今回の労働時間短縮法の改正過程で，労働者の休息権に再び焦点が合わせられたという点は注目に値する。休日の正常化に対する問題意識が具体化され，官公署の公休日の有給休日化として立法され，特例対象業種の縮小と併せて特例業種労働者の1日労働時間上限規制のために連続休息時間が導入された。長期的な課題として残されたものの，議論の過程で週休日労働禁止策まで具体的に検討されたのは非常に励まされるものだ。」

---

11) イ・ヨンジュ・前掲注2) 172頁，174頁。

12) イ・ヨンジュ・前掲注2) 175〜176頁。

13) ただし，イ・ヨンジュ氏は文中に出てくるキム・ソンテ国会議員の秘書官であり，弾力的労働時間制度（変形労働時間制度）に肯定的な立場であることは，指摘しておかなければならない。なお，本年2月19日，民主労総不参加の経済社会労働委員会・労働時間制度改善委員会は，同制度の単位期間を3ヵ月から6ヵ月へと延ばすことを議決した。

第5節
文在寅政権の公共部門における雇用拡大政策
——非正規勤労者の正規職転換を中心に

徐侖希 名古屋大学大学院法学研究科特任助教

一 はじめに

　朴槿恵（パク・クネ）前大統領の弾劾・罷免によって行なわれることになった2017年5月の早期大統領選挙で当選した韓国の文在寅（ムン・ジェイン）大統領が，大統領選挙戦で繰り返して強調していたのは，雇用（일자리：イルチャリ）を最優先課題とする「雇用政府」を作り，「雇用大統領」になるということである。文在寅大統領の10大選挙公約の最初に掲げられていたのも，「雇用拡大，国民に贈る最高のプレゼントです」というキャッチフレーズである[1]。

　では，いかにして雇用拡大を図るか。文在寅大統領の選挙公約では，公共部門における約81万人の雇用創出が掲げられ，注目を集めた。以下，本稿では，韓国の文在寅政権において公共部門を中心に進められている雇用創出・拡大の取組み，なかでも公共部門における非正規勤労者の正規職転換の取組みについて概観することにしたい。

二 雇用委員会の発足

　雇用を国政の最優先課題として位置付ける文在寅政権が，その発足後，雇用拡大の取組みとして真っ先に行なったのは，雇用拡大にかかわる各種政策を進

1）韓国中央選挙管理委員会「大統領当選人公約—文在寅，10大公約」韓国中央選挙管理委員会ウェブページ（http://policy.nec.go.kr/svc/policy/PolicyContent03.do，2019年2月24日最終確認）。

めるための体制整備である。文在寅大統領の就任当日である2017年5月10日，文在寅が大統領になって初めて出した業務指示が，選挙公約でも掲げていた大統領直属の「雇用委員会」を設置することである[2]。

そこで，文在寅政権発足後間もない2017年5月16日，「雇用委員会の設置及び運営に関する規定」（大統領令第28050号）が制定・施行され，雇用委員会が発足した。雇用委員会は，雇用政策の基本方向を設定し，中長期の基本計画を樹立するなど[3]，文在寅政権が雇用拡大にかかわる各種雇用・労働政策を進めるに当たって，コントロールタワーとしての役割を担うことになる。このように韓国の雇用・労働政策を推進するに当たって重要な役割を果たすことになる雇用委員会の長を文在寅大統領自らが務め[4]，また，雇用・労働政策の推進状況をモニタリングするために，大統領執務室には失業率や経済成長率など計18の雇用・経済指標が表示されるモニターを設置している[5]。雇用にかかわる諸般の政策を直接推進していこうとする文在寅大統領の強い意志が感じられると

2）キム・ジファン「文在寅大統領1号業務指示『雇用委員会の設置』」京郷新聞，2017年5月10日（http://news.khan.co.kr/kh_news/khan_art_view.html?art_id=201705101230001，2019年2月24日最終確認）。
3）雇用委員会の設置及び運営に関する規定2条（設置及び機能）
　①雇用創出と雇用の質の改善のための主要政策等に関する事項を効率的に審議・調整するために，大統領所属の雇用委員会を置く。
　②第1項に基づく雇用委員会（以下「委員会」という）は次の各号の事項を審議・調整する。
　1　雇用政策の基本方向の設定及び中長期の基本計画の樹立
　2　雇用創出と雇用の質の改善に影響を及ぼす政策の発掘，調整及び評価
　3　公共部門の雇用創出
　4　勤労時間の短縮など働き方の改善方法
　5　労働市場における雇用及び勤労与件の格差解消のための法・制度改善及び基盤拡充方法
　6　職業教育訓練及び生涯職業能力開発の体系の改善方法
　7　雇用状況の管理及び雇用政策の履行状況の点検・評価
　8　雇用政策の推進に必要な財源調達及び人材確保の方法
　9　その他委員会の委員長が必要であると認めて，委員会の会議に付する事項
4）雇用委員会の設置及び運営に関する規定3条（委員会の構成）
　①委員会は，委員長1人と副委員長1人を含めて，30人以内の委員で構成する。
　②委員長は大統領が務め，副委員長は第3項第4号の委員の中から大統領が指名する。
　〈③〜④　省略〉
5）大韓民国青瓦台「文在寅大統領，雇用状況板の試演」大韓民国青瓦台ウェブページ，2017年5月24日（https://www1.president.go.kr/articles/1962，2019年2月24日最終確認）。

94   第2章　文政権下の労働法改革

いえよう。

三　雇用政策5年ロードマップの発表

　文在寅大統領は，2017年10月18日，（第3回）雇用委員会を開き，「雇用政策5年ロードマップ」を発表する。ここでは，文在寅大統領の5年間の任期中に取り組むべき雇用・労働政策の重点課題として，次の①から⑩までが掲げられている[6]。

【雇用インフラ構築】
①雇用中心の国政運営システムの構築
②雇用セーフティーネットの強化および革新型人的資源の開発
【雇用創出】
　―公共部門
③公共雇用81万人の拡充
　―民間部門
④革新型創業の促進
⑤産業競争力の向上および新産業・サービス業の育成
⑥社会的経済の活性化
⑦地域雇用の創出
【雇用の質の改善】
⑧非正規勤労者の濫用防止および差別のない職場づくり
⑨勤労与件の改善
【オーダーメイド型雇用支援】
⑩青年，女性，新中年などオーダーメイド型雇用支援

　なお，雇用政策5年ロードマップでは，以上の10大重点課題をさらに細部課題に細分化・具体化したうえ，その実現に向けて取り組んでいくとされている。そこで，たとえば，前述の10大重点課題の3つ目に掲げられている「③公

6）雇用委員会・関係部処合同「雇用政策5年ロードマップ」（2017年10月）9頁。

共雇用81万人の拡充」としては，❶警察官，消防官などの公務員17万4000人，❷保育，療養，保健など社会サービス分野に従事する34万人，❸非正規勤労者の正規職転換などによる30万人の雇用拡大が細部課題として挙げられている[7]。

　ただし，雇用政策5年ロードマップによれば，公共部門の雇用拡大は，文在寅大統領の任期内に，実施可能なところから段階的に取り組むとされている[8]。そこで，以下では，公共部門の雇用拡大にかかわる以上の❶〜❸の細部課題のうち，現在その進捗状況を比較的把握しやすい，❸の公共部門における非正規勤労者の正規職転換による雇用拡大を中心に見ていく。

四　非正規勤労者の正規職転換，推進計画の発表

　前述したように，文在寅政権では，文在寅大統領の任期内に増やそうとする公共部門における約81万人の雇用のうち多くを，公共部門における非正規勤労者の正規職への転換を通じて作り出そうとしている。文在寅政権の公共部門における非正規勤労者の正規職転換は，2017年10月の雇用政策5年ロードマップの発表に先立ってすでに始まっていた。

　すなわち，文在寅政権はその発足から約2ヵ月後の2017年7月20日，「公共部門非正規職勤労者の正規職転換推進計画」を発表している。ここでは，公共部門で常時・持続的な業務に従事している非正規勤労者については正規職へと転換することを原則とし，正規職へと転換される非正規勤労者の対象や転換方法など具体的な内容に関しては，同日付で策定される「公共部門非正規職勤労者の正規職転換ガイドライン」（以下「2017年転換ガイドライン」）にもとづき，公共部門の各機関において自律的に進められる[9]。

　ところで，韓国の公共部門における非正規勤労者の正規職への転換は，今に始まったことではない。その始まりは盧武鉉（ノ・ムヒョン）政権のときである。

　非正規雇用の活用が拡大する傾向にあるのは，日本と同様，韓国の民間部門

7）雇用委員会・関係部処合同・前掲注6）18〜26頁。
8）雇用委員会・関係部処合同・前掲注6）18頁。
9）関係部処合同「公共部門非正規職勤労者の正規職転換推進計画」（2017年7月）4〜5頁。

のみならず，公共部門も同様である。韓国では，1997年末のいわゆるIMF経済危機以降の行政改革の流れのなかで，小さくて効率的な政府を実現するために，公務員の大規模な定員削減が行なわれる一方で，従来と変わらない，ないしは新たな行政需要に応えるために，定員外である非公務員の非正規勤労者が多く使われるようになったとされる。韓国社会において非正規勤労者が増え続けるなかで，韓国では，2006年末に非正規雇用の保護に関する新たな法規制，すなわち，「期間制勤労者の使用期間の上限に関する規制」と「非正規勤労者に対する差別的処遇の禁止及びその是正」に関する諸規定を導入するとともに，公共部門で働く非正規勤労者を対象としては，これまで数次にわたって対策ないし計画が講じられてきた。その主な内容は，韓国の公共部門における非正規勤労者，なかでも期間制勤労者を「正規職」，すなわち無期契約勤労者へと転換することにより，その雇用安定と処遇改善を図ることである。

　2003年2月に発足した盧武鉉政権では，韓国の労働市場全体における非正規勤労者に関する問題解決を促すという意味においても，公共部門が率先して非正規雇用をめぐる問題を解決していく必要があるとされ，公共部門における非正規勤労者を対象とした取り組みを試み始めた。盧武鉉政権のときに始まった韓国の公共部門における非正規勤労者の正規職転換の取組みは，その後の政権においても引き継がれ[10]，現在に至っているといえる。ただし，韓国の公共部門における非正規勤労者の正規職転換の取組みが，現在の文在寅政権では，公共部門における約81万人の雇用拡大の一環として位置づけられているという特徴がある。

五　2017年転換ガイドライン
――常時・持続的な業務の判断基準の緩和と転換対象の拡大

　一方，盧武鉉政権のときから続いているこれまでの公共部門における非正規

10）これまで韓国政府によって行なわれてきた公共部門における非正規勤労者の正規職転換の取組みの現状と課題などについては，徐侖希「韓国の公共部門における非正規勤労者（期間制勤労者）の無期契約勤労者への転換と課題」労働法律旬報1854号（2015年）28～37頁等を参照。

勤労者の正規職転換の取組みについては，政府自らが公共部門の非正規雇用問題について認識し，模範的な使用者としての役割を果たそうと努力している点につき肯定的な評価がなされている一方で，公共部門で働く非正規勤労者の雇用を安定させ，その処遇を改善するには依然として不十分であると否定的な評価もあった。その際，問題としてよく指摘されていたのが，たとえば，韓国の公共部門における非正規勤労者の正規職転換は，「常時・持続的な業務」に従事しているといった一定の基準をクリアする非正規勤労者の雇用安定を図るものであるが，この一定の基準をクリアするのがなかなか難しいために，公共部門における非正規勤労者のうち正規職へと転換される非正規勤労者の規模がそれほど大きくないことや，また，間接雇用がよく使われているとされる清掃，警備，施設管理などの職種の場合，それが単純労務とはいえ，年中常に必要な「常時・持続的な業務」であるにもかかわらず，公共部門においてこれら清掃，警備，施設管理などに従事している派遣ないし請負勤労者はこれまでの正規職転換の取組みの対象からは除外されるなど，これら派遣・請負勤労者の雇用安定に関しては消極的であるために，公共部門における間接雇用の拡大を避けられなかったこと等である。

　そこで，文在寅政権では，前述の2017年転換ガイドラインにおいて，「常時・持続的な業務」の判断基準につき，従来の「年中10ヵ月～11ヵ月以上継続する業務であり，過去2年以上継続しており，かつ，今後2年以上継続することが予想される業務」から，「年中9ヵ月以上継続し，今後2年以上継続することが予想される業務」へと緩和すると共に，正規職転換の対象となる非正規勤労者には，これまでの期間制勤労者のほか，派遣・請負勤労者も含まれるとしている[11]。

六　第1段階の853機関を対象とした正規職転換計画と実績

　なお，2017年転換ガイドラインにおいて，文在寅政権は，公共部門における非正規勤労者の正規職転換につき，対象となる公共部門を大きく3つに分けて

---

11) 関係部処合同「公共部門非正規職勤労者の正規職転換ガイドライン」(2017年7月) 10～12頁。

段階的に推進するとしている。すなわち，第1段階としては中央行政機関や地方自治団体，公共機関，地方公企業，教育機関など853機関，そして，第2段階としては地方自治団体の出資・出捐機関や公共機関および地方公企業の子会社，さらに，第3段階としては民間委託機関を対象に，これら各機関における非正規勤労者の正規職転換が行なわれるということである[12]。

2017年転換ガイドラインの発表後，雇用労働部は，まず，第1段階の対象機関とされる中央行政機関をはじめとする公共部門の853機関を対象に，これら各機関における非正規勤労者の実態に関する特別調査（以下「2017年特別実態調査」）を実施すると共に，2017年転換ガイドラインにもとづいて出されたこれら第1段階の対象機関における暫定的な正規職転換規模・計画を集約して，2017年10月26日，「公共部門非正規職特別実態調査結果及び年次別転換計画」（以下「2017年転換計画」）を確定・発表した。ここでは，第1段階の対象機関において2020年まで正規職へと転換される非正規勤労者の規模として，約17万5000人（17万4935人，期間制勤労者：7万2354人，派遣・請負勤労者：約10万2581人）という予想値が出されている[13]。

前述した2017年特別実態調査の結果に関する韓国政府（雇用労働部）の発表によれば，2017年6月末基準で，韓国の公共部門，中でも第1段階の対象機関とされている853機関における勤労者の総人員数は217万人であり，このうち非正規勤労者は41万6000人（19.2％，期間制勤労者24万6000人，派遣・請負勤労者17万人）である（**表1**参照）。そして，この41万6000人の非正規勤労者のうち，2017年転換ガイドラインにおいて正規職転換の対象とされる「常時・持続的な業務」，すなわち，「年中9ヵ月以上継続し，今後2年以上継続することが予想される業務」に従事している勤労者の数は31万6000人である（**表2**参照）。ただし，2017年転換ガイドラインでは，「常時・持続的な業務」に従事している場合であっても，やむを得ない合理的な事由があるときには，正規職転換の対象から除外することが認められている[14]。以上の2017年転換計画におい

---

12) 関係部処合同・前掲注11) 8〜9頁。

13) 雇用労働部「公共部門非正規職特別実態調査結果及び年次別転換計画」（2017年10月）3頁。

14) 2017年転換ガイドラインでは，正規職転換対象から除外することができるやむを得ない合理的な事由につき，まず，人的属性にもとづく事由としては，①60歳以上の高齢者と，

第5節　文在寅政権の公共部門における雇用拡大政策─非正規勤労者の正規職転換を中心に　99

表1　第1段階の対象機関における勤労者の数（雇用労働部の資料を基に筆者作成）

	総人員	正規	非正規			
			計		期間制	派遣・請負
計	217万人	175万4,000人	41万6,000人	19.2%	24万6,000人	17万人
中央行政機関	51万4,000人	47万7,000人	3万7,000人	7.1%	2万1,000人	1万6,000人
地方自治団体	42万9,000人	34万5,000人	8万4,000人	19.6%	7万1,000人	1万3,000人
公共機関	47万4,000人	32万2,000人	15万2,000人	32.0%	4万7,000人	10万5,000人
地方公企業	7万5,000人	5万7,000人	1万8,000人	24.1%	1万1,000人	7,000人
教育機関	67万8,000人	55万3,000人	12万5,000人	18.5%	9万6,000人	2万9,000人

表2　第1段階の対象機関における非正規勤労者の数（雇用労働部の資料を基に筆者作成）

総人員	正規	非正規	一時・間歇	常時・持続		
					期間制	派遣・請負
217万人	175万4,000人	41万6,000人	10万人	31万6,000人	15万2,000人	16万4,000人

※一時・間歇：季節的な業務など一時的な業務や育児休業などに対応する代替人材，反復参加が制限される財政支援雇用事業など。

　て，2020年まで正規職へと転換される非正規勤労者の規模の予想値として出されていた約17万5000人という数字は，この第1段階の対象機関において常時・持続的な業務に従事している非正規勤労者31万6000人から，正規職転換の対象から除外されるやむを得ない合理的な理由のある約14万1000人を引いた数値と一致する。

　2018年12月末までの正規職転換の実績に関する韓国政府（雇用労働部）の発

---

②選手など通常限定された期間だけ特技などを活用する場合を挙げている。次に，業務特性にもとづく事由として，期間制勤労者については，①休職代替など補充的に働く場合，②失業・福祉対策の一環として提供する一時的な雇用の場合，③高度の専門的な職務の場合，④他の法令で雇用期間を別に定めていることから，転換が困難な場合，⑤その他以上の①から④までに準ずる事由として審議委員会などで定めた場合，また，派遣・請負勤労者については，①民間の高度な専門性，施設・装備の活用が必要な場合，②法令・政策などによって中小企業の振興が必要とされる場合，③産業需要・政府政策の変化に伴う機能調整が客観的に予想される場合，④他の公共機関（子会社を含む）に委託や請負で事業を任せる場合，⑤勤労者の転換拒否など転換しない合理性が認められる場合が挙げられている（関係部処合同・前掲注11）14〜22頁）。

表によれば，第１段階の対象である公共部門の853機関において，2017年転換計画で策定されていた転換規模（17万4935人）の99.9％に当たる17万4868人に対する正規職転換が決まっており，そのうち13万3437人（76.3％）については正規職転換が終わっているとされる[15]。これを雇用形態別でみると，期間制勤労者の場合は，当初計画されていた人数（７万2354人）の96.9％に当たる７万110人に対する正規職転換を決定し，そのうち６万6030人（94.2％）に対する正規職への転換が，また，派遣・請負勤労者の場合は，計画されていた人数（10万2581人）の102.1％に当たる10万4758人に対する正規職転換が決まり，そのうち６万7407人（64.3％）に対する正規職への転換が終わっているということである。

七　正規職へと転換された勤労者に関する人事管理

ところで，文在寅政権を含めてこれまで韓国政府によって行なわれてきた公共部門における非正規勤労者の正規職転換の取組みが，韓国の公務員関連規定の適用を受けない「非公務員」の非正規勤労者をその対象としている点には留意を要する。すなわち，盧武鉉政権のときから続いている公共部門における非正規勤労者の正規職転換の取組みによって，正規職へと転換された勤労者の身分が公務員になるわけではないということである。

韓国の中央行政機関や地方自治団体において，公務員ではない勤労者を利用することにつき，法律上特段の規定は設けられておらず，したがって，韓国では，法制度によることなく，必要に応じてそのつど，非公務員の勤労者を利用してきたとされる[16]。このように，制度としてではなく，実態として利用されてきた韓国の公共部門における非正規勤労者につき，人事管理システムというものがあるはずもない[17]。そこで，（盧武鉉政権のときである）2006年８月に出された「公共部門非正規職総合対策」から，公共部門の各機関における非正規

---

15) 雇用労働部「公共部門１段階機関の正規職転換推進実績資料（２次）」（2019年１月）１頁。
16) パク・ヨンサムほか『公共部門の非正規職の人権実態調査』（国家人権委員会，2003年）249頁。
17) 労働部『公共機関非正規職総合対策推進白書』（2007年12月）12頁。

勤労者や，正規職転換の取組みによって正規職，すなわち無期契約勤労者へと転換された勤労者の人事管理に関する規定を設けることを，公共部門の各機関に求めている。

この点は，文在寅政権においても同様であり，2017年転換ガイドラインでは，正規職へと転換された勤労者に対する人事管理体制のさらなる整備強化を促している[18]。政府（雇用労働部）は，公共部門の各機関において，正規職へと転換された勤労者に関する人事管理規定を新たに作成し，または既存規定を改善する際に参考資料となるよう，人事管理規定標準案を作成・提示している[19]。

八　結びに代えて

以上，韓国の文在寅政権において，公共部門を中心に進められている非正規勤労者の正規職転換の取組みについて概観した。前述した第1段階の対象機関である公共部門853機関で行なわれた正規職転換の実績を見る限り，文在寅政権の公共部門における雇用拡大政策は，今のところ，おおむね順調に進められ，それなりの成果を上げているといえよう。2018年12月末現在，公共部門の雇用創出・拡大81万の目標に対して，すでに約13万人の雇用創出・拡大を達成していることになる。

公共部門における雇用創出・拡大に注力する理由につき，政府（文在寅政権）は，公共部門における雇用創出・拡大が民間部門の雇用創出・拡大の呼び水の役割をすると説明する[20]。2019年現在，2017年転換計画で策定されていた第1段階の対象機関における非正規勤労者の正規職転換は引き続き進められているところである。また，2018年5月31日には，「公共部門2段階機関の非正規職勤労者の正規職転換のガイドライン〈自治団体出資・出捐機関，公共機関・地方公企業の子会社〉」が発表されている。第2段階の対象機関における正規職

---

18) 関係部処合同・前掲注11) 43頁。
19) 雇用労働部「公務職など勤労者の人事管理規定標準案（中央行政機関・地方自治団体・教育機関用）」(2017年12月)，雇用労働部「公務職など勤労者の人事管理規定標準案（中央公共機関・地方公企業用）」(2017年12月)。
20) 雇用委員会・関係部処合同・前掲注6) 18頁等。

転換の実績に関する公式発表はまだないが，これら第2段階の各機関における正規職転換の取組みはすでに始まっているものと思われる。こうした公共部門における非正規勤労者の正規職転換の取組みがはたして，民間部門における雇用創出・拡大，すなわち，非正規勤労者の正規職転換への呼び水になりうるかどうか，雇用情勢の今後の動向に注目していきたい。

第3章
雇用平等法の現状と課題

第1節
韓国における「男女雇用平等法」の
30年の成果と課題——積極的雇用改善措置を中心に

朴宣映 韓国女性政策研究院研究委員

一 はじめに[1]

　韓国の「男女雇用平等法」は，1987年に「憲法の平等理念に基づき，雇用において男女の平等な機会と待遇を保障する一方，母性を保護し，職業能力を開発して勤労女性の地位向上と福祉増進に貢献することを目的」として制定された。同法は，雇用差別を禁止した初の実体法として，女性労働権を保障するための法・制度的なインフラを構築するのに大きな影響を与えた法律である。

　同法は，1987年に制定されて以来，2007年の第8次改正を通して法律名を「男女雇用平等法」から「男女雇用平等と仕事・家庭両立支援に関する法律」（以下，「男女雇用平等法」）へ変更し，男女労働者の両方の家族生活を支援するた

1）本節は，パク・ソンヨン，キム・テファン，グォン・ヘジャ，キム・ジョンヘ（2017年）『女性・家族関連法制度の実効性を引き上げるための研究（V）—男女雇用平等法施行30年の成果と課題』韓国女性政策研究院（박선영。김태환。권혜자。김정혜（2017년），여성。가족관련 법제의 실효성 제고를 위한 연구（ｖ）：남녀고용평등법 시행 30년의 성과와 과제，한국여성정책연구원）の一部です。

めの国家と企業の責任を明示し，より多様な制度を含む法律として変化したのである。

しかし，女性雇用の構造を示す主な指標，すなわち女性雇用率，女性非正規職の比率，低賃金女性労働者の比率，性別賃金格差，ガラスの天井（glass ceiling）などは，依然として韓国の労働市場において雇用差別がいかに深刻であるのか，女性の労働権の確保がいかに難しい課題であるのかを示している。

韓国における女性雇用率は，2000年に47.0％であったのが，2015年には49.9％で，2.9ポイント増加した一方，同時期の男性雇用率は70.7％から71.1％へと0.4ポイント増加した。女性の雇用率は小幅ながら持続的に増加しているものの，今でもなお雇用率の性別格差は縮小されていない。2015年の時点で，女性は男性より21％ほど低い[2]。

韓国における女性雇用率は，OECD諸国と比較する際にも低い水準である。2015年の主なOECDの35ヵ国の中で韓国の女性雇用率は55.7％として26位を占めた。OECDの平均の女性雇用率である58.6％より2.9ポイント低い。女性雇用率がもっとも高いのは，アイスランドで81.8％，そしてスイス，スウェーデン，ノルウェーがそれぞれ76.0％，74.0％，73.0％である[3]。

このように女性の低い雇用率と雇用率の性別格差は，韓国社会において女性の経済活動参加に向けて依然として大きなハードルと制約要因が存在していることを示す。その主な要因の1つとして，女性の経歴断絶（キャリアブレーク）の現状に対して政策的な関心が昔から集中してきた。それにもかかわらず，結婚・妊娠・出産および初期の子育てを行なう時期である20代後半から30代の間の女性雇用率が急激に落ちるM字型カーブの形状が依然としてはっきりと維持されている。2015年の時点で，女性の年齢別雇用率は，20代後半で72.9％として全年齢を通じてもっとも高いものの，30代で急減することがわかる[4]。と

2）統計庁「経済活動人口年報」，統計庁（2016年）「2015韓国の社会指標」36頁から再引用（통계청,「경제활동인구연보」; 통계청（2016），「2015 한국의 사회지표」, 36면에서 재인용）。
3）OECD Statistics（http://stats.OECD.org/Index.aspx?QueryId=64196）から Labour> Labor Force Statistics>LFS by sex and age-indicators: Employment -population ratio
4）韓国女性政策研究院性認知統計システム（https://gsis.kwdi.re.kr/gsis/kr/main.html）から統計ＤＢ>主題別>経済活動>人材現況>年齢別経済活動人口（性別）（한국여성정책연구원 성인지통계 시스템（https://gsis.kwdi.re.kr/gsis/kr/main.html）에서 통계DB>주제별>경제활동>인력현황>연령별 경제활동인구（성별））。

くに高学歴女性の経済活動参加が低調な現状は，非常に深刻な問題である。2015年，女子学生の大学進学率は74.6％で，男子学生（67.6％）より高く，専門大学と4年制以上の大学の場合，両方とも女子学生の進学率が高い[5]。しかしながら，高学歴女性の雇用率は2011年のL字型から2015年のM字型へ変わっており，依然として高卒女性に比べて経歴断絶後の復帰率は低く，復帰時点においても違いを見せている。大卒女性の復帰時点は30代後半〜40代前半で，高卒女性より多少早く，40代以後の雇用率の2つのグループ間の差異は大きくないが，その以前の時期である20〜30代の雇用率は大卒女性が高卒女性より低い[6]。

　一方，性別賃金格差は女性の低い雇用率，雇用率の性別格差とともに，労働市場の性別不平等を示す代表的な指標である。OECDによると[7]，2014年の時点で韓国の性別賃金格差（Gender Wage Gap）は36.65％で，性別賃金格差がもっとも低いベルギー（3.30％），ハンガリー（3.77％），ニュージーランド（6.08％），ノルウェー（6.28％）などに比べて大幅な違いがある。韓国の性別賃金格差の36.65％という数字は，OECD諸国において非常に高く，韓国を除いて性別賃金格差が高いといえる日本（25.87％）と比べても約10ポイント程度高い。

　2016年3月時点の韓国統計庁の資料によると，女性労働者の場合，正規職は385万人（45.7％）であり，非正規職は458万人（54.3％）である。とくに，男性は若年層（20代前半以下）と高齢層（60代以上）で非正規職雇用が正規職雇用の比率より高い反面，女性は20代後半と30代を除いたすべての年齢で非正規職の比率が高くなっている。

　また，OECDの統計によると，韓国の全賃金労働者の中で低賃金労働者は2014年の時点で23.7％であり，これはOECD諸国の平均の16.8％より高い水準

5）韓国教育開発院（2015年）「教育統計年報」（한국교육개발원（2015），「교육통계연보」）によると，女性の高等教育（専門大学以上）学歴の比率はOECD諸国の中で最高の水準である。

6）統計庁（2011年，2015年）「経済活動人口調査」（통계청（2011，2015），「경제활동인구조사」）。

7）OECD, Labour>Earnings>Decile ratios of gross earnings: Gender wage gap（median）（http://stats.OECD.org/）。OECDの性別賃金格差（Gender Wage Gap）は，男性中位賃金対比男女間の中位賃金の差異で調整されていない格差である。

106　第3章　雇用平等法の現状と課題

である。女性低賃金労働者の比率はさらに高く，2014年の女性賃金労働者の中で低賃金労働者である割合は37.8％で，OECD諸国において比較可能な22ヵ国の中で一番高い[8]。女性の高い非正規職の比率は女性の相対的な雇用不安定性や賃金水準の低下のみならず，社会保険など社会的なセーフティネットからの排除につながるという点でさらに深刻な問題である。なお，これは老後の時期の経済力にも否定的な影響を与え，不平等の長期的な持続効果を招く。

　世界経済フォーラム（World Economic Forum）が毎年発表している男女格差指数（Gender Gap Index）において，韓国は2015年時点で健康および教育領域でそれぞれ0.973点，0.965点（1に近いほど平等），ほぼ性平等に達する水準である。しかし，経済領域と政治領域ではそれぞれ0.557点，0.107点で下位水準である[9]。これは韓国社会においてガラスの天井がいかに強固に存在するのかを示している。とくに民間企業の女性役員の割合は非常に低い水準である。韓国企業支配構造院が調査を行なった国内ＫＯＳＰＩの200社上場企業の女性役員（理事会構成人である女性の登記役員）の比率をみると，2.34％（2015年6月30日基準）で，前年比小幅上昇した（0.7％）。しかし，これは平均の理事会の規模の7.25人の中で平均女性役員数が0.17人に過ぎない数字であり，女性登記役員が1人もいない企業が173社（86.5％）に達している[10]。上場企業の女性役員の割合を他国と比較すると，欧州連合の加盟国28ヵ国の場合，公開されている主な上場企業の理事会の女性役員の比率（2015年4月基準）の平均は21.2％で，国家別にはフランス（32.8％），ラトビア（32.3％），フィンランド（29.5％），スウェーデン（29.4％），イギリス（25.9％），デンマーク（25.8％），イタリア（25.8％），ドイツ（25.4％）などである[11]。これは前記の

8）OECD Statistics（http://stats.OECD.org/Index.aspx?QueryId=64193）からLabour>
　Earnings>Decile ratios of gross earnings: Incidence of low pay>Men, Women

9）World Economic Forum（2015），「The Global Gender Gap Report 2015」，p.220-221
　（http://www3.weforum.org/docs/GGGR2015/cover.pdf）

10）キム・ソンミン（2015年）「ヨーロッパと国内上場企業の女性役員の現況」『CGS Report』
　第5巻13号18頁（김선민（2015），"유럽과 국내 상장기업의 여성임원 현황"，『CGS Report』
　제5권 13호，18면）

11）European Commission（2015.10），"Gender Balance on Corporate Boards: Europe is
　cracking the glass ceiling"，p.6-7（http://ec.europa.eu/justice/gender-equality/files/
　womenonboards/factsheet_women_on_boards_web_2015-10_en.pdf）

韓国の200社上場企業における女性役員の比率である2.34％とは大きな違いがある。また，現在の韓国の女性管理者の状況は，OECD諸国と比較すると，その低い水準がさらに理解できる。OECDの統計によると，韓国の男女管理者の割合はそれぞれ2.4％，0.4％で，全労働者の中の管理者の割合そのものが他国に比べて相対的に低い。韓国の女性管理者の比率は調査対象国の中でも最下位で，一番高いレベルを見せている国はオーストラリア（8.9％），イギリス（7.9％），アイスランド（7.5％）などである。

　以上の指標からわかることは，韓国の労働市場において，性別不平等は大きな変化を見せていないということである。これまでの30年間，「男女雇用平等法」は大きな変化と発展を遂げ，さまざまな女性労働と関連する法制度が改善されたにもかかわらず，このような現状が続いているという現実は，かかる制度的な装置が依然として大きな実効性を発揮していないということである。

　このような状況にもとづき，本節では，韓国の「男女雇用平等法」施行30周年を迎え，労働市場の性不平等を緩和するための国家の積極的な介入措置である「積極的雇用改善措置」を中心にその間の成果と課題について考察する。したがって本節では，現行の「男女雇用平等法」の制定・改正過程を考察した後，積極的雇用改善措置に焦点を当てて制度の変化過程と運営実態について考察する。これを受けて同制度の実効性を高めるための発展方策について議論する。

二　韓国の「男女雇用平等法」の改正過程および主要内容

1　「男女雇用平等法」の制定・改正過程

　「男女雇用平等法」は制定以来，数回の改正過程を経ており，法律名が「男女雇用平等と仕事・家庭両立支援に関する法律」（以下，「男女雇用平等法」）へ変更された。同法の目的も制定当時では「憲法の平等理念に従って雇用において男女の平等な機会及び待遇を保障する一方，母性を保護し職業能力を開発して勤労女性の地位向上と福祉増進に寄与」することであったが，現在は「『大韓民国憲法』の平等理念に従って雇用において男女の平等な機会と待遇を保障し，母性保護と女性雇用を促進して男女雇用平等を実現するとともに，労

108　第3章　雇用平等法の現状と課題

表1　「男女雇用平等法」の主な改正過程

日付及び改正次数	主要内容
制定（1987.12.4） 施行（1988.4.1）	□勤労女性福祉基本計画樹立 □募集・採用の際，平等機会保障 □教育・配置・昇進，定年・退職・解雇の際の性差別，結婚・妊娠・出産退職事由禁止 □職業指導及び職業訓練関連の機会保障 □育児休職制度施行 □授乳・託児などの育児施設の設置，教育・育児・住宅などの公共福祉施設の設置 □事業場内の苦情処理機関，地方労働行政機関内の雇用問題調整委員会の設置 □罰金適用：定年・退職及び解雇の際の性差別
第1次一部改正・施行 （1989.4.1）	□差別定義条項新設（母性保護及び潜在的優遇措置の除外） □同一事業内の同一価値労働・同一賃金適用条項の新設 □育児休職を勤続期間に含む □紛争調整手続きの具体化：苦情処理機関の女性代表及び処理期限の明示，雇用問題調整委員会に女性雇用専門家を含むなど □紛争解決立証責任事業主負担条項の新設 □罰金適用条項の拡大：差別全般，育児休職など
第2次一部改正・施行 （1995.8.4）	□募集・採用の際の身体的条件，未婚条件要求禁止条項の新設 □同一価値労働基準の判断の際，労働者代表意見聴取条項の新設 □賃金外の金品など性差別禁止条項の新設 □教育・配置・昇進の際，結婚，妊娠，出産による差別禁止追加 □勤労女性に代わった配偶者の育児休職適用 □育児施設→職場保育施設に明文化 □雇用問題調整委員会→雇用平等委員会に拡大：雇用平等関連の協議機能追加 □賃金，解雇差別関連罰金の強化，過料条項の新設
第3次一部改正・施行 （1999.2.8）	□間接差別定義を含む □職場内のセクハラ定義条項の新設，予防教育及び加害者に対する措置，被害者に対する雇用上の不利益禁止義務化 □雇用平等履行実態などの公表条項の新設
第4次全部改正 （2001.8.14） 施行 （2001.11.1）	□目的に「職場と家庭生活の両立」及び「雇用促進」を含む □勤労女性福祉基本計画→男女雇用平等基本計画に変更，労働部の雇用平等関連施策の樹立・施行の義務化 □職場内のセクハラ予防教育実施機能，派遣労働者に対する使用事業主の予防教育責任の明示 □女性雇用促進非営利法人・団体及び事業主支援条項の新設 □産前産後休暇費用社会保険一部分担条項の新設 □育児休職男女労働者へ適用拡大，復帰保障条項の新設，育児休職の際，雇用維持費用の一部支援条項の新設 □職場内のセクハラ相談民間団体費用支援条項の新設 □名誉雇用平等監督官制の新設 □苦情処理機関労使協議会に代替機能条項の新設 □罰則及び過料の強化
第5次一部改正 （2005.5.31） 施行（2006.1.1）	□産前産後休暇給与全額支援に拡大 □流産・死産休暇の際，給与支援（段階的実施）
第6次一部改正 （2005.12.30） 施行 （2006.3.1）	□積極的雇用改善措置の定義及び施行，関連機構などに関する条項新設 □労働者の定義条項新設，就業する意思を持つ者を含む □苦情処理機関→労使協議会に代替，雇用平等委員会の廃止 □職場内のセクハラ予防教育の委託手続きなどに関する条項の新設 □職場内のセクハラの被害主張を提起した者に対する保護強化 □育児休職使用可能期間を子女生後3年未満に拡大

第 8 次一部改正 (2007.12.21) 施行 (2008.6.22)	□「男女雇用平等と仕事・家庭両立支援に関する法律」へ法律名修正 □差別改善，母性保護，仕事・家庭両立関連の実態調査実施条項の新設 □顧客など業務関連者のセクハラ防止条項の新設 □経歴断絶女性能力開発及び雇用促進プログラム開発・支援条項の新設 □配偶者出産休暇（3 日）条項の新設 □仕事・家庭の両立支援関連章の新設：育児期労働時間短縮制度，育児休職の分割使用，勤務時間調整など育児支援のための措置及び家族看護休職など家族介護のための措置を含む，使用者の復帰支援義務の明示など
第11次一部改正・施行 (2010. 2. 4)	□育児休職要件を生後 3 歳未満→満 6 歳以下の初等学校就学前の子女に緩和 □育児休職可能子女に養子縁組も含む □各種証憑書類を電子的形態としても保存できるような条項の新設 □営業主が従業員などに対し，相当な注意と監督を怠っていない場合，処罰を免れるようにする量罰規定の整備
第14次一部改正 (2012.2.1) 施行 (2012.8.2)	□配偶者の出産休暇の範囲拡大（3 日→5 日の範囲で 3 日以上の休暇）と最初 3 日に対しては有給化とする □期間制労働者または派遣労働者の育児休職期間は使用期間または労働者派遣期間に算入しないようにする条項の新設 □労働者が育児期の労働時間短縮請求の際，許容義務化条項の新設 □労働者が家族介護休職申請の際，許容義務化条項の新設
第16次一部改正・施行 (2014.1.14)	□事業主も職場内のセクハラ予防教育を受けるようにする条項新設 □育児休職要件を満 6 歳以下の初等学校就学前の子女→満 8 歳以下または初等学校 2 年生以下への基準の引き上げ □積極的雇用改善措置未履行事業主名簿公表条項の新設（施行2015.1.1）
第18次一部改正・施行 (2015.1.20)	□育児支援対象労働者と育児休職対象労働者の規定を同一化（満 8 歳以下または初等学校 2 年生以下の子女を養育する労働者に変更）
第19次一部改正・施行 (2016.1.28.)	□基本計画樹立周期を 5 年に明示 □基本計画樹立の際，前の計画に対する評価遂行及び関係機関に資料を要請できる根拠と国会報告手続きを設ける条項の新設 □雇用労働部長官が母性保護に関する業務と仕事・家庭の両立支援に関する業務などをするために，保健福祉部長官と国民健康保険公団に妊娠・出産診療費の申請と関連する資料の提供を要請できるようにする条項の新設

法制定から第10次改正までは，パク・ソンヨンほか（2009年）『男女雇用平等法施行20年の成果と課題』韓国女性政策研究院45～47頁（제정부터 제一〇차 개정까지는 박선영외 三명, 남녀고용평등법 시행 20년의 성과와 과제, 한국여성정책연구원, 2009, 45-47면 재인용）再引用。

働者の仕事と家庭の両立を支援することで，すべての国民の生活の質の向上に資すること」を目的としている。「男女雇用平等法」の主要改正の内容は**表 1**に示すとおりである。

2　現行の男女雇用平等法の主な内容

　現行の「男女雇用平等法」は，全部で 6 つの章の39条文と附則からなっている。第 1 章の総則では同法の目的と差別の定義，適用範囲，国家と地方自治体の責務，基本計画の樹立，実態調査の実施など，第 2 章（雇用における男女の平等な機会保障及び待遇）の第 1 節では男女の平等な機会保障と待遇を，第 2

節では職場内のセクハラの禁止及び予防，第3節では女性の職業能力開発及び雇用促進，第4節では積極的雇用改善措置を定めている。第3章では出産前後休暇に対する支援，配偶者出産休暇制度など，母性保護関連規定を，第3章の2では育児休職，育児期労働時間短縮の使用形態，職場保育園の設置及び支援，労働者の家族介護などのための支援など，仕事・家庭両立支援と関連して規定している。第4章は紛争の予防解決につき，名誉雇用平等監督官，紛争の自律的な解決，立証責任などを，第5章の補則では，雇用平等履行実態などの公表を，終章である罰則では罰則，過料などを定めている。

三　積極的雇用改善措置の成果と課題

1　積極的雇用改善措置の発展過程および運営現況

(1)　制度の変化過程および主な内容

「男女雇用平等法」上の積極的雇用改善措置（AA:Affirmative Action）制度は，「同種産業の類似規模の他企業に比べて女性を顕著に少なく雇用するか，女性管理者の比率が低い企業について企業自ら組織内の人事管理システムを点検して改善方策を発掘・樹立し実行するように指導する制度」である[12]。

「男女雇用平等法」は，1989年の第1次法改正の際，差別の例外として「現存する差別を解消するために国家，地方自治体または事業主が暫定的に特定の性の労働者を優遇する措置を取ることはこの法律でいう差別としてみない」（2条の2第3項）と規定し，積極的雇用改善措置の実施の根拠を設けた。

その後，2005年の改正で積極的雇用改善措置を「現存する男女間の雇用差別を解消するか，雇用平等を促進するために暫定的に特定の性を優遇する措置」（2条）として定義し，大統領令で定める公共機関・団体の長と一定規模以上の労働者を雇用する事業主の中で職種別女性労働者の比率が産業別・規模別に労働部令で定める雇用基準に未達する事業主に対して差別的雇用慣行および制度改善のための積極的雇用改善措置の施行計画の樹立を提出させるようにした（17条の2第1項，現行17条の3第1項）。なお，その履行実績を評価し，優秀

---

12) 労使発展財団（2016年）『2016ＡＡ男女労働者現況分析報告書』2頁（노사발전재단, 2016 ＡＡ남녀근로자현황 분석보고서, 2016, 2 면）再引用。

表2　積極的雇用改善措置の移行段階

段階	主要内容
第一段階	• 前年度基準男女雇用現況の提出（3月末まで）
第二段階	• 女性雇用改善施行計画の提出（翌年3月末）
第三段階	• 履行実績報告（施行計画提出翌年3月末）
第四段階	• 優秀企業褒賞，未履行事業主の名簿公表

資料：労使発展財団（2016年）『2016AA男女労働者現況分析報告書』2頁（노사발전재단, 2016 AA남녀근로자현황 분석보고서, 2016, 2 면）。

な企業に対する表彰および行政的・財政的支援ができる根拠を設けて（17条の3，現行17条の4），関連機関の協調義務（17条の5，現行17条の7），積極的雇用改善措置に関する重要事項を審議できる積極的雇用改善委員会の設置（17条の6，現行17条の8），関連調査・研究・教育・広報事業の実施に関する規定（17条の7，現行17条の8）も新設した。

　これを受け，2006年3月から積極的雇用改善措置が実施された。制度導入の初期である2006年では，適用対象が常時労働者1000人以上の民間企業および政府投資機関，政府傘下機関であったが，2008年に500人以上の民間企業と50人以上の公共機関に拡大され，2013年には500人以上の民間企業と公共機関運営に関する法律4条によるすべての公共機関へ拡大された。2016年現在，積極的雇用改善措置の対象事業場は2040社である（雇用労働部，2016年）。

　積極的雇用改善措置は，大きく4段階の過程に区分されて進行される[13]（**表2参照**）。

　第1段階　積極的雇用措置適用対象の事業場は，該当年度3月31日まで男女労働者の現況を提出しなければならない。事業場の基本現況と職種別・職級別の男女労働者規模を企業自らが作成し，AA-NETを通じて提出する。男女労働者の現況資料の提出は義務事項であり，未提出の場合，300万ウォン以下の過料が課せられる。

　第2段階　提出された資料にもとづき，女性雇用が規模別および同種業種平均の70％を満たした企業は施行計画書，履行実績報告書の提出義務がない。し

---

13) 積極的雇用完全措置ホームページ（http://www.aa-net.or.kr/introduce/relationLaw.asp）。

112 第3章 雇用平等法の現状と課題

かし，これを満たしていない企業は施行計画書を次年度3月31日まで提出しなければならない。この施行計画書では人材活用分析[14]，女性雇用目標の樹立[15]，雇用管理改善計画[16]，その他[17]，特異事項[18] などの5つの項目を含まなければならない。

第3段階　3月31日まで前年度に提出した施行計画に対する積極的雇用改善措置の履行実績報告書を3月31日まで提出しなければならない。履行実績報告書では履行実績を確認できる統計数値と女性雇用目標履行実績[19]，職級別新規労働者の現況[20]，女性雇用管理改善計画推進実績の作成[21]，特異事項[22] などを作成し提出しなければならない。

第4段階　雇用平等委員会は，計画書の適正性や実績評価を公正な基準にもとづき審査した後，毎年4月に優秀企業に対しては表彰し，不振企業に対しては履行促求期限を与え，それでも履行できない場合，未履行事業主名簿を公表する。

(2)　運営現況

①　義務適用対象の企業数

2016年度積極的雇用改善措置の適用対象事業主は2040社で，2006年に比べて1494社増加した。規模別でみると，常時労働者1000人以上の民間企業は751社で，2006年に比べて312社増加し，1000人未満の民間企業は967社で，2008年対比248社増加した。公共機関は2016年322社で，2006年対比215社増加した（**表3**参照）。

---

14) 企業の人材活用現況を作成し，適正であるかどうかを事業上別に分析し，男女人材活用に不均衡がひどい場合，雇用管理段階別に検討。
15) 1年（1月1日から12月31日まで）を単位として全職種および管理職女性雇用を目標として設定。
16) 女性雇用目標を達成するために推進しなければならない各種制度的・慣行的な改善計画を履行時期を含めて作成。
17) 事業主が女性雇用拡大のために必要であると判断する事項などを作成。
18) 女性雇用比率が顕著に低く，短期間の改善が難しい場合，これに対する事由を記載。
19) 目標と実績数値を記入。
20) 1年間の新規人材活用現況の数値を入力。
21) 前年度の施行計画書で提示した雇用管理改善計画にもとづき達成水準，未達成原因などを記入。
22) 施行計画を実践できなかった特殊な状況がある場合にはその事由を記入。

第1節　韓国における「男女雇用平等法」の30年の成果と課題―積極的雇用改善措置を中心に　113

表3　義務適用対象の企業数（2006-2016）　　　　　　　　　　　　　　　　単位：箇所

区分	合計	公共機関			民間機関		
		計	1,000人以上	1,000人未満	計	1,000人以上	1,000人未満
2016年	2,040	322	74	248	1,718	751	967
2015年	2,009	316	71	245	1,693	734	959
2014年	1,945	304	72	232	1,641	744	897
2013年	1,778	260	67	193	1,518	704	814
2012年	1,674	247	66	181	1,427	677	750
2011年	1547	245	—	—	1302	610	692
2010年	1576	255	—	—	1321	592	729
2009年	1607	246	—	—	1361	600	761
2008年	1425	115	政府投資機関 14	政府傘下機関 101	1310	591	719
2007年	613	115	14	101	498	498	—
2006年	546	107	14	93	439	439	—

資料：労使発展財団（2016年）『2016 AA男女労働者現況分析報告書』3頁；雇用労働部（2016年）『2016年版雇用労働白書』92頁（노사발전재단, 2016 AA남녀근로자현황 분석보고서, 2016, 3면; 고용노동부, 2016년판 고용노동백서, 2016, 92면 재인용.）再引用。

② 義務適用対象企業の女性雇用現況

2006年から2016年までの義務適用対象企業の女性雇用現況をみると，**表4**のとおりである。女性労働者の比率は，2006年30.7％から2016年37.79％まで増加した。また，2016年現在，義務適用対象企業の女性管理者の割合は20.09％であり，2006年の10.2％より約10.7％上昇した（**表4**参照）。

職級別女性労働者の割合のなかで，役員級は2014年の8.47％から2015年の7.99％に多少減少した後，2016年には8.46％に増加したものの，2014年に比べて0.01％減少した。これは女性が役員級に昇進しにくい韓国社会のガラスの天井の様子を見せてくれる[23]。また，量的増加によって女性労働者の比率が全体的には増加をみせているが，2016年現在，役員級の女性比率は8.46％，課長級以上は14.09％として非常に低い一方，課長級未満は43.30％として高くなって

23）パク・ソンヨンほか（2009年）『男女雇用平等法施行20年の成果と課題』韓国女性政策研究院106頁（박선영외 3 명, 남녀고용평등법 시행 20년의 성과와 과제, 한국여성정책연구원, 2009, 106면）。

114 第3章 雇用平等法の現状と課題

表4 女性労働者及び管理者の雇用現況　　　　　　　　　　　　　　　　単位：人，%

	労働者	女性労働者	女性雇用比率平均	管理者	女性管理者	女性管理者比率平均
2016	3,427,195	1,246,359	37.79	296,769	53,386	20.9
2015	3,396,251	1,229,734	37.41	298,691	58,590	19.37
2014	3,259,781	1,158,126	37.09	278,044	45,008	18.37
2013	3,050,363	1,055,336	36.04	255,751	37,227	17.02
2012	2,906,604	987,047	35.24	286,758	37,221	16.62
2011	2,731,934	933,286	34.87	270,234	34,616	16.09
2010	2,598,082	846,957	35.6	230,008	29,404	16.15
2009	2,566,715	825,850	35.1	254,598	35,836	14.84
2008	2,430,320	775,922	35.02	217,717	22,887	13.17
2007	1,748,552	536,445	32.32	166,009	15,373	11
2006	1,597,617	458,584	30.7	169,983	14,178	10.2

資料：労使発展財団（2016年）『2016六AA男女労働者現況分析報告書』4～5頁（노사발전재단, 2016 AA남녀근
로자현황 분석보고서, 2016, 4 - 5 면）。

表5 職級別の女性労働者の雇用現況

	労働者数（a）			女性労働者数（b）			女性の比率（b/a）		
	2014	2015	2016	2014	2015	2016	2014	2015	2016
役員級	45,192	42,072	41,647	3,829	3,362	3,525	8.47	7.99	8.46
課長級以上	695,717	734,349	764,051	86,349	97,321	107,630	12.41	13.25	14.09
課長級未満	2,518,872	2,619,830	2,621,497	1,067,948	1,129,051	1,135,204	42.40	43.10	43.30
計	3,259,781	3,396,251	3,427,195	1,158,126	1,229,734	1,246,359			

資料：労使発展財団『2016AA男女労働者現況分析報告書』各年度（2014年, 2015年, 2016年）（노사발전재단, AA
남녀근로자현황 분석보고서, 각 연도（2014, 2015, 2016））。

おり，質的増加があると見ることは難しい（**表5参照**）。

2　積極的雇用改善措置の成果と課題

以上で労働市場における性平等を緩和するために施行した代表的な政策であ

る積極的雇用改善措置の変化過程と運営現況などについて考察した。

　積極的雇用改善措置が施行されてから10年が経った現在，対象企業の女性割合が2006年30.7％から2016年37.8％へと，そして，女性管理職の比率は10.2％から20.9％へ増加した。これは成果と言える。しかしながら，この増加は，決して高い水準ではない。とくに2014年以後，職級別女性労働者の現況には，変化がほとんど見られない。

　積極的雇用改善措置の実効性を引き上げるためには，以下のような制度の変更が必要であると考える。

　第1，積極的雇用改善措置の対象企業の拡大が必要である。韓国の積極的雇用改善措置は2008年，2013年に適用対象を拡大し，現在は500人以上の民間企業と公共機関がその対象である。しかし，この基準は積極的雇用改善措置を運営している外国に比べてその適用対象が狭いという問題がある。アメリカとオーストラリアの場合は100人以上の企業に適用されており，アイスランドの場合は50人以上の企業に適用されている。

　韓国では2013年に「雇用政策基本法」の改正によって「雇用形態公示制度」を導入し施行している。同制度は，増加している大企業の非正規職労働者の使用規模を強制的に公開させることで，非正規職労働者の使用過多を抑制するために導入された制度である。この制度の適用対象が300人以上の企業である。積極的雇用改善措置の適用対象も500人以上から300人以上に拡大（計3407社）することが望ましい。さらに，現在積極的雇用改善措置の適用対象の公共機関に含まれていない地方公企業（149社）もその適用対象として拡大する必要がある[24]。

　第2，女性雇用の質と関連している指標が追加される必要がある。現在，積極的雇用改善措置は，女性雇用の質を把握することができる雇用形態などを把握できる指標がない。女性労働者の割合の算定において，現行の職級・職種に

24）イ・ジュヒ（2017年）「積極的雇用改善措置（AA）現況と課題」『男女雇用平等の壁，ガラスの天井を破ろう！国会討論会』ハン・ジョンエ（民主党），キム・サンファ（国民の党），イム・イジャ（自由韓国党），イ・ジョンミ（正義党）国会議員，国会・女性・陣形政策フォーラム（2017.8.23）33～34頁（이주희（2017），"적극적 고용개선조치（AA）현황과 과제"，남녀고용평등의 벽，유리천장을 깨자! 국회토론회，한정애（더불어민주당），김삼화（국민의당），임이자（자유한국당），이정미（정의당）국회의원，국회．여성．인권정책포럼，2017.8.23.，33-34면）。

女性雇用の質を確認できるように雇用形態公示制を活用（提出日付も3月31日で同じ）して，性別ごとに正規職および非正規職の比率を追加して提出させることが必要である。さらに，女性雇用の質を確認するためには，雇用形態とともに賃金に関する情報が必要である。とくに女性の賃金レベルが男性に比べて顕著に低い現実を鑑みると，長期的に性別賃金格差を縮小するためには，男女労働者の現況報告書に男女平均賃金を記載するようにすることが必要である。

　第3，女性管理者の比率算定方式の改善が必要である。まず，女性管理者の比率においては企業内の職級上で課長級あるいはそれに準ずる職級以上の者の中で，業務指揮および監督権，公式的人事考課（勤務評価）権，（部分）決裁権（専決権ではない）など，三権を全部有している場合を管理者と認めて，その比率を提出させることも必要である。このためには，業種別に具体的な指針を整えて，企業に提供することが必要である。これと合わせて，公共機関の場合，積極的雇用改善措置による女性管理職比率の改善を機関評価項目に含めることも必要である。

第2節
韓国の男女雇用平等法——性別等による差別の禁止と
職場内セクハラの禁止を中心に

沈載珍　西江大学校教授
翻訳　**徐侖希**　名古屋大学大学院法学研究科特任助教

一　はじめに

　韓国の「男女雇用平等法」は1987年に制定されて以来，数次にわたる改正を
経て，現行の「男女雇用平等と仕事・家庭の両立支援に関する法律」（以下
「男女雇用平等法」）に至っている。現行男女雇用平等法の多岐にわたる規定の
中でも，本節では，「性別等による差別の禁止」および「職場内セクハラ[1]の
禁止」に関する規定を中心に，その内容と解釈適用上の論点について見てみる
ことにする。

二　性別等による差別の禁止

1　法規定

　男女雇用平等法において，「差別とは，事業主が，労働者に対し，性別，婚
姻，家族の中での地位，妊娠や出産等を理由に，合理的な理由なく，採用若し
くは労働の条件を異にし，又はその他不利な措置を取る場合（事業主が，採用
条件や労働条件は同一に適用していても，その条件を満たすことができる男性
又は女性が一方の性に比べて著しく少なく，それによって特定の性に不利な結
果をもたらしており，その条件が正当であることを証明できない場合を含む）
をいう」と定義している（男女雇用平等法2条1号）。この定義からわかるよ

1）訳注——原文では「性戯弄」という用語が使われている。以下，日本での使い方に倣っ
て「セクハラ」という。

うに，男女雇用平等法が禁止している差別には，性別だけでなく，婚姻，家族の中での地位，妊娠や出産を理由とするものも含まれる（これら差別事由を総称して，以下「性別等」）。そして，この定義規定のうち，カッコ内に記載されているのは性別等による「間接差別」，カッコ外は「直接差別」を指すものとされる。

ただし，「職務の性質に照らし，特定の性が必然的に求められる場合」や，「女性労働者の妊娠，出産，授乳等，母性保護のための措置を取った場合」，「その他この法律又は他の法律に基づいて積極的雇用改善措置[2)]を取った場合」のいずれかに該当する場合には，以上の男女雇用平等法が禁止する「差別」には含まれない（男女雇用平等法2条1号但書）。男女雇用平等法が禁止する差別に含まれないこれら3つの事由を指して，差別または差別的処遇の「正当化事由」ともいう。

そして，男女雇用平等法は，事業主に対し，労働者の募集・採用（7条），教育・配置および昇進（10条），定年・退職および解雇（11条）における男女の差別を禁止している。さらに，賃金に関しては，事業主は，同一の事業内の同一価値労働に対しては同一賃金を支払わなければならないと規定しており（8条），いわゆる同一価値労働・同一賃金の原則が定められている。

2　直接差別の禁止

(1)　性別等を理由に

男女雇用平等法が禁止する差別に当たるというためには，前述の定義規定の文言からして，「性別等を理由に」行なわれたものである必要がある。そして，この「性別等を理由に」の解釈をめぐっては，性別等を理由に差別をしようとする事業主の主観的意図が必要なのか，労働者が受けた差別と性別等との間に客観的な因果関係が認められれば足りるのか，といった問題があると思われる。学説においては，労働者が受けた差別と性別等との間の客観的な因果関

2）ここでいう「積極的雇用改善措置」とは，現存する男女間の雇用差別をなくし，または雇用平等を促進するために，暫定的に特定の性を優遇する措置を指す（男女雇用平等法2条3号）。

係を中心に把握すべきであるとする見解が示されている[3]。この見解によれば，事業主の主観的意図等は考慮されず，事業主が自らの行為によって，特定の少数集団の構成員に不利益な結果が生じることを認識し，または認識できていれば足りる。

これまでの裁判例において，この「性別等を理由に」の解釈が正面から争われたことはなく，そのために，「性別等を理由に」をいかに解すべきかに関する判断基準らしきものが示されたこともない。ただし，男女雇用平等法が制定される前の事案であるが，判例の中には，人事規定において，女性が絶対多数を占めている電話交換職と他の職群との間に異なる定年年齢が定められていたことにつき，他に合理的な理由がなく，電話交換職につき低い定年年齢を定めているのであれば，女性であることを理由とした差別になりうる旨判示したものがある[4]。

(2) 合理的な理由なく

差別の定義規定における「合理的な理由なく」という文言は，その裏を返せば，合理的な理由があれば，男女雇用平等法が禁止する差別に当たらないと解しうることから，男女雇用平等法が禁止する差別に当たるか否かをめぐっては，この合理的理由に関する解釈も重要な争点になる。大法院[5]は，男女雇用平等法上の性別等による差別に関する規定と勤労基準法上の均等な処遇に関する規定[6]にいう男女間の差別とは，合理的な理由なく，男性または女性であるという理由だけで，不当に差別待遇することを意味するとしており，「合理的な理由」が差別を正当化する事由になりうることを示している。しかし，これまで裁判例において，この「合理的な理由」の解釈に関する判断基準が示されたことはない。ただし，判例の中には，人事規定において，女性が絶対多数を占める電話交換職と一般職との間に異なる定年年齢が定められていたことが問

---

3) グ・ミョン「『性別等を理由とした差別』概念の意味と立証」労働法研究23号（2007年）21頁。

4) 大法院1988.12.27宣告85ダカ657判決。

5) 大法院2006.7.28宣告2006ドゥ3476判決。

6) 訳注――勤労基準法6条（均等な処遇）使用者は，労働者に対して，男女の性を理由に差別的処遇をすることができず，国籍，信仰または社会的身分を理由に労働条件に対する差別的処遇をすることができない。

題となった事件において，電話交換職における余剰人員の程度，年齢別の人員構成，現在の定年年齢に対する電話交換職らの意見，電話交換職の退職実態，労働組合との協議等をふまえると，58歳となっている一般職の定年年齢より，電話交換職の定年年齢が5歳低く設定されているのは，社会通念上合理性がないとはいえないとしたもの[7]がある。

　また，前述したように，男女雇用平等法では，男女雇用平等法が禁止する差別に含まれない3つの正当化事由が定められているところ，学説においては，この男女雇用平等法が定める3つの正当化事由と差別の定義規定にいう「合理的な理由」との関係が問題となっている。たとえば，差別を正当化する「合理的な理由」は男女雇用平等法2条1号但書に規定されている3つの事由に限定されるとする見解[8]や，男女雇用平等法2条1号但書に規定されている3つの事由は「合理的な理由」の例示規定であるとする見解[9]，「合理的な理由」は差別ないし差別的処遇を正当化する一般的要件であるとする見解[10]（これが通説）等が示されている。

3　同一価値労働・同一賃金

(1)　差別禁止との関係

　前述したように，男女雇用平等法では，募集・採用，教育・配置および昇進，定年・退職および解雇等における性別等を理由とする男女差別を禁止しているのとは違って，賃金に関しては，事業主に対して，同一の事業内の同一価値労働に対しては同一賃金を支払うよう義務付けている。このように，とりわけ賃金について異なる規制方法が採られているのは，賃金が勤労条件の中でももっとも核心的なものであることから，より実効的に規制するためであるとさ

7）大法院1996.8.23宣告94ヌ13589判決。

8）イ・スヨン「男女雇用平等法上の差別規定の限界と改善課題」梨花ジェンダー法学4巻2号（2012年）70頁。

9）ギム・エリム「男女雇用平等法に関する小考」労働法学2号（1989年）127頁。

10）代表的には，金享培（キム・ヒョンベ）『労働法』（博英社, 2015年）234〜243頁，ハ・ガプレ『勤労基準法』（中央経済, 2015年）148頁，ギム・エリム「雇用上の性差別の概念と判断基準」労働法学15号（2002年）16〜17頁。これに対して，差別の成立要件としてみなければならないとする見解に，グ・ミヨン「雇用上の性差別の概念と判断」産業関係研究20巻1号（2010年）180頁がある。

れる[11]。すなわち，募集・採用等における差別の場合，男女雇用平等法が禁止する差別であるというためには，「性別等を理由に」行なわれたことについて立証が求められるが，男女雇用平等法8条のもとでは，「性別等を理由に」行なわれたことについて立証がなくても，同一価値労働と認められれば，賃金差別が立証されることになる[12]。

(2)　同一価値労働

①　「同一価値労働」の判断に関する裁判例

同一価値労働・同一賃金の原則を定めている男女雇用平等法8条の適用に当たっては，まず，「同一価値労働」であるか否かが問題となる。以下では，まず，同一価値労働であるか否かが問題となった裁判例を見てみる。

まずは，延世大学清掃員事件である。本件は，1989年法改正によって男女雇用平等法に同一価値労働・同一賃金の規定が導入されて以来，初めて同規定の適用が争われた事件である。本件において，原告の女性清掃員らは，女性清掃員の労働は同じく清掃を行なっている男性警備員の労働と同一価値労働であると主張していた。しかし，ソウル西部地方法院[13]は，女性清掃員は，被告法人の臨時職として，主に建物内の清掃業務を担当し，実際の業務処理時間もそれほど長くないのに対し，男性警備員は，被告法人の正職員として，被告法人が定める諸般の人事規定の適用を受け，建物および施設等の管理業務を主に担当し，建物および施設の屋外清掃業務を行なったりもするが，これはあくまで付随的な業務にすぎず，また，女性清掃員のように清掃業務のみを担当する男性警備員はいないことなど，その担当する業務の性質，内容，責任の程度，作業条件等に照らしてみると，女性清掃員と男性警備員の労働は，同一価値労働に当たらないとした。

次は，㈱ハンギル事件である。本件では，タイル生産工場で働く女性労働者の労働と男性労働者の労働が同一価値労働であるといえるかが争われた。本件において大法院[14]は，まず，同一価値労働の意味とその判断基準[15]について次

---

11)　ジョン・ヒョンオク「性別による賃金差別の判断基準と争点」韓国女性学26巻1号(2010年)175頁。

12)　グ・ミョン「賃金差別の判断と司法的救済」法学論考40号（2012年）765頁。

13)　ソウル西部地方法院1991.6.27宣告90ガダン7848判決。

14)　大法院2003.3.14宣告2002ド3883判決。

15)　従来の行政解釈（労働部「男女雇用平等業務処理規定」(労働部例規第42号，1998年4月

122 第3章 雇用平等法の現状と課題

のように述べている。すなわち，旧男女雇用平等法6条の2第1項（現行男女雇用平等法8条1項）にいう「同一価値労働」とは，当該事業場において互いに比較できる男女間の労働が同一であり，または実質的にほぼ同じ性質の労働であり，もしくはその職務が多少異なっていても，客観的な職務評価等によって本質的に同一価値があると認められる労働をいい，また，同一価値労働であるかどうかは，同条2項所定の職務遂行に求められる技術，努力，責任および作業条件をはじめ，労働者の学歴，経歴，勤続年数等を総合的に考慮して判断すべきであるが，ここでいう「技術，努力，責任及び作業条件」は当該職務が要求する内容に関するものであり，さらに，「技術」は資格，学位，習得した経験等による職務遂行能力や腕前の客観的水準を，「努力」は肉体的・精神的努力，作業遂行に必要な物理的・精神的緊張，すなわち労働強度を，「責任」は業務に内在する義務の性格，範囲，複雑さ，事業主が当該職務に依存する程度を，「作業条件」は騒音，熱，物理的・化学的危険，孤立，寒さや暑さの程度等当該業務に従事する労働者が通常置かれる物理的作業環境をいう。

そして，以上の判断基準にもとづき，大法院は，本件では，男女ともに1つの工場の連続する作業工程に配置され，共同体として共に勤務しており，作業工程によってとくに危険度や作業環境が違うと見ることはできないから，その「作業条件」が本質的に異なるとはいえず，また，男女ともに日雇職であるから，その「責任」の面においてもとくに違いがあると思われず，さらに，「技術」と「努力」の面においては，賃金差別を正当化できるほどの実質的な違いがない限り，体力において女性に比べて優位に立つ男性がより体力を要する労働に従事したり，女性よりは男性に適合する機械操縦の労働に従事していることだけでは，男性労働者に対してより高い賃金を支払っていることは正当化されないといえるところ，本件タイル生産工場においては，作業工程によっては，男性労働者が重い荷物を運んだり扱ったりするなど，女性労働者に比べてより体力を消耗する労働に従事していたことは認められるが，男性労働者の作業が一般的な生産職労働者に比べてとくに高い労働強度を要するものであったり，新規採用される男性労働者に対してとくに機械操縦のための技術や経験を求めたりすることもないことからすると，このような程度の違いだけでは，男

28日改正）5条2項・3項）に倣ったものといえる。

女間の差別的な賃金支払いを正当化できるほどの「技術」と「努力」の違いがあると見ることはできず，そうすると，本件において，男女労働者は実質的にはほぼ同じ性質の労働に従事していたとみるのが相当であるとして，本件タイル生産工場で働く男女労働者の労働は同一価値労働であるとした。

　②　「同一又は類似労働」・同一賃金

　以上の裁判例をみると，同一価値労働の判断に当たっては，職務が異なっていても労働の価値が同じであるといえるかどうかという観点からではなく，実質的には「同一労働又は類似労働」であるか否かという観点から判断されていることがわかる。たとえば，前掲延世大学清掃員事件では，女性清掃員の労働は同じく清掃を行なっている男性警備員の労働と同一価値労働であるとした女性清掃員側の主張に対し，ソウル西部地方法院は，女性清掃員が，被告法人の臨時職として，主に建物内の清掃業務を担当していたのに対し，男性警備員は，被告法人の正職員として，建物および施設等の管理業務を主に担当していたことなど，その雇用形態や業務内容が異なることを理由に，女性清掃員の主張を退けており，「同一労働又は類似労働」であるか否かが，判断の決め手になっている。男女雇用平等法8条の文言上では，同一価値労働・同一賃金の原則が規定されているにもかかわらず，実質的には「同一労働又は類似労働」・同一賃金の規定のように運用されているのは，「同一価値労働」であるか否かの判断基準となりうる職務給を採っている企業が少なく，また，最近は，職能給を採る企業が増えつつあるというものの，年功給を採っている企業が依然として多いという，韓国企業の賃金体系にその一因があると思われる。

　③　「同一価値労働」の判断基準

　前掲㈱ハンギル事件大法院判決，そして，雇用・労働部の男女雇用平等業務処理規定4条3項では，同一価値労働の判断の際には，男女雇用平等法8条2項の定める，職務遂行に求められる技術，努力，責任および作業条件等の他に，学歴，経歴，勤続年数等も総合的に考慮して判断すべきであるとしている。しかし，この「学歴，経歴，勤続年数」を同一価値労働の判断の際に判断基準とすることについては学説上争いがある。たとえば，一方では，同一価値労働の判断に当たって，必ずしも職務評価による必要はないとして，従業員の年齢や学歴，勤続年数等の属人的要素を中心とする賃金体系では，学歴，経

歴，勤続年数等にもとづいて同一価値労働であるか否かを判断すべきであるとの見解がある[16]。これに対し，もう一方では，同一価値労働であるか否かを判断するに当たって，その判断基準に学歴等の属人的要素が含まれると，同一価値労働・同一賃金の原則の実現がより困難となるとして，同一価値労働の判断基準に学歴等の属人的要素が含まれることについて反対し，その代わりに，学歴等の属人的要素は，同一価値労働であるか否かを判断する際の判断基準ではなく，賃金差別を正当化する免責要件として，合理的な理由があるか否かを判断する際に考慮すべきであるとする[17]。

(3)　正当化事由

雇用・労働部の男女雇用平等業務処理規定4条5項では，同一価値労働に対して異なる賃金を支払っていても，合理的な理由がある場合には差別とみなさないとする。そして，前掲㈱ハンギル事件において，大法院が，「**男女労働者の間の賃金差別が合理的な基準にもとづくものであるという証拠がない以上，**会社は，賃金策定に当たって，性によってその基準を異にすることで，女性労働者に対し，同一価値労働に従事する男性労働者よりも少ない賃金を支払っていたとみなければならない」（太字は引用者），としていることからして，判例においても，合理的な理由がある場合には男女間の賃金差別が正当化できると考えているといえよう。ただし，これまでの裁判例において，具体的にいかなる場合に，男女間の賃金差別が正当化されるかについて明らかにされたことはない。

また，前述のように，同一価値労働の判断に当たって，「学歴，経歴，勤続年数」を判断基準にすることについては学説上争いがあり，同一価値労働の判断基準に学歴等の属人的要素が含まれることについて反対する見解からは，年功給や職能給のような賃金体系において，勤続年数や成果等は，男女間の賃金

---

16)　ギム・テホン，ジョン・ユング『同一価値労働に対する同一賃金モデルの開発』（韓国女性開発院，2002年）187〜190頁，ギム・エリム「同一価値労働・同一賃金原則に関する争点」労働法学17号（2003年）12頁，ハ・ギョンヒョほか『労働関係法上の均等処遇関連制度の改善方案研究』（労働部，2006年）79〜80頁。

17)　イ・スンウク「男女同一価値労働の判断基準」法学論集10巻2号（2006年）247頁。ギム・ヒソン「男女同一価値労働に対する同一賃金原則に関する研究」労働法論叢14輯（2008年）48〜49頁，ジョン・ユング「男女同一価値労働同一賃金の原則の解釈と適用—労働の同一価値証明を中心に—」法学論集31巻2号（2009年）166〜167頁。

差別を正当化する合理性有無の判断基準になりうるとする[18]。その一方で，学歴，職歴，勤続年数等も同一価値労働の判断基準になりうるとする見解からは，賃金体系によって合理的な理由となるものが異なるとし，たとえば，年功的賃金体系においては，職務の違いにもとづいて年功的賃金体系にそぐわない賃金を支払っていても，同一価値労働・同一賃金の規定には反しないとする[19]。

4　間接差別の禁止

現行男女雇用平等法における間接差別の概念は，2001年法改正の際に導入されたものである。しかし，その導入から現在に至るまで，間接差別の概念と要件の解釈適用が正面から争われた裁判例はまだ見当たらない。これについては，法院を含む法曹界に，ジェンダー問題を避けようとする傾向があることに起因するという指摘がある[20]。しかも，裁判において女性労働者が間接差別に当たると主張していたにもかかわらず，判決においては言及すらされなかったことがあるという[21]。たとえば，警察庁で働く雇用職（全員が女性）の定員を縮小することは間接差別に当たるとした原告ら（女性労働者）の主張に対し，ソウル行政法院[22]は，「被告が原告らを職権免職したのは，**原告らが女性であるからではなく**，行政需要の増大等によって雇用職公務員の定員を縮小することにした『警察庁とその所属機関の職制』の改正が行なわれたためであり，**結果的に女性である原告らが職権免職の対象となったとしても**，そのことだけを取り上げ，本件職権免職が男女雇用平等法に違反すると見ることはできない」（太字は引用者）とした。以上の「原告らが女性であるからではなく」という文言からすると，ソウル行政法院は，直接差別であるか否かについて判断しているようである。しかし，本件において，「結果的に女性である原告らが職権

---

18) イ・スンウク・前掲注17) 247頁。

19) ギム・テホン，ジョン・ユング・前掲注16)193～194頁，バク・ウンジョン「同一労働同一賃金の判断に関する小考」労働政策研究5巻1号（2005年）205～206頁，ハ・ギョンヒョほか・前掲注16) 79～80頁。

20) ギム・ジン「女性労働の懸案：非正規職化を中心に」ジェンダー法学1巻1号（2009年）142～144頁。

21) グ・ミョン「過去に蓄積された差別と職級別の定年制度：大法院2006. 7. 28宣告2006ドゥ3476判決」梨花ジェンダー法学創刊号（2010年）206頁。

22) ソウル行政法院2005. 9. 22宣告2005グハプ10002判決。

免職の対象となった」ことからすると，雇用職公務員の定員縮小が女性労働者に不利に働いているのは明らかである。それにもかかわらず，ソウル行政法院は，男女雇用平等法上の間接差別の概念および要件について検討しておらず，間接差別に対するソウル行政法院の理解が足りないといえよう。

こうした状況のなかで，これまでの学界の関心は，比較法的観点から，米国や英国，カナダ，欧州連合等における間接差別に関する議論や判例を紹介することに向けられてきたのであり[23]，間接差別の概念や要件の解釈適用についてはほとんど議論されてこなかった。

三　職場内セクハラの禁止

1　法規定

男女雇用平等法12条では，「事業主，上級者又は労働者は，職場内セクハラをしてはならない」と規定し，事業主，上級者または労働者による職場におけるセクハラを禁止している。ここで「職場内セクハラ」とは，事業主，上級者または労働者が，職場内の地位を利用し，または業務に関連して，他の労働者に対し，性的言動等によって性的屈辱感もしくは嫌悪感を抱かせ，または性的言動もしくはその他の要求等に従わなかったことを理由に雇用において不利益を与えることをいう（男女雇用平等法2条2号）。いわゆる「環境型セクハラ」と「対価型セクハラ」が含まれている。どのような行為が，男女雇用平等法12条が禁止している職場内セクハラに該当するかについては，男女雇用平等法施行規則（以下「施行規則」）において，環境型セクハラ（肉体的・言語的・視覚的行為の大きく3つに分け，それぞれ2～5の例を示している）と対価型セクハラの大きく2つに分けて例示されている（施行規則2条・別表1）。

---

23) たとえば，イ・スンウク「女性雇用における間接差別に対する実効的規制のための法的規律」労働法学17号（2003年）25頁以下，チェ・ユンヒ「現行男女雇用平等法の間接差別規定に関する比較法的考察」比較司法13巻1号（2006年）649頁以下，沈載珍（シム・ジェジン）「アメリカの差別的影響理論と欧州連合の間接差別法理」労働法研究27号（2009年）35頁以下，グ・ミヨン「カナダの賃金差別判断法理に関する比較法的検討」労働法学40号（2011年）169頁以下，ファン・スオク「間接差別禁止の実効性を強化するための救済方法と手続—ドイツ判例分析を中心に—」産業関係研究27巻2号（2017年）113頁以下，などがある。

2 職場内セクハラの成立要件

男女雇用平等法12条が禁止している職場内セクハラであるというためには，以上の定義からして，①職場におけるセクハラ行為が事業主，上級者または労働者によるものであること，②当該行為が職場内の地位を利用し，または業務に関連していること，③当該行為が性的言動等によるものであること，④当該行為によって他の労働者に対して性的屈辱感や雇用上の不利益を与えていること，の4つの要件を満たす必要があるとされる[24]。

このうち，②の要件につき，大法院[25]は，「地位を利用し，又は業務に関連して」とは，包括的な業務関連性をいい，業務遂行の機にまたは業務遂行に便乗して性的言動がなされた場合だけでなく，権限を濫用しまたは業務遂行に藉口して性的言動をした場合も含まれるとされており，具体的には，当事者双方の関係や，セクハラ行為が行なわれた場所や状況，セクハラ行為の内容や程度等の事情を斟酌して判断する，という判断基準が示されている。

また，③の要件につき，大法院[26]は，「性的言動等」とは，男女間の肉体的関係または男性もしくは女性の身体的特徴に関する肉体的・言語的・視覚的な行為として，社会共同体の健全な常識と慣行に照らして，客観的に相手方と同じ立場にある一般的かつ平均的な人に対して性的屈辱感や嫌悪感を抱かせる行為を意味するとしており，したがって，相手方が，たとえ性的屈辱感や嫌悪感を抱いたとしても，客観的に相手方と同じ立場にある一般的かつ平均的な人に対して性的屈辱感や嫌悪感を抱かせる行為と認められない限り，セクハラは成立しないとする。

3 事業主が講ずべき措置

男女雇用平等法では，職場におけるセクハラを禁止するとともに，職場内セクハラについて事業主が講ずべき措置を規定している。まず，事業主は，職場におけるセクハラを予防し，労働者が安全な労働環境で働くことができるよ

---

24) ギム・エリム「『職場内セクハラ』の法的概念と判断基準」労働法学32号（2009年）314頁。
25) 大法院2006.12.21宣告2005ドゥ13414判決。
26) 大法院2007. 6 .14宣告2005ドゥ6461判決。

う，職場におけるセクハラの予防のための教育を年１回以上実施しなければならない（男女雇用平等法13条，同法施行令３条）。また，事業主は，職場におけるセクハラの発生を確認した場合には，セクハラ行為者に対し，懲戒等適切な措置を取らなければならない（男女雇用平等法14条１項）。さらに，事業主は，セクハラの被害に遭った労働者やセクハラの被害に遭ったと主張する労働者に対し，解雇等不利な措置を取ってはならない（男女雇用平等法14条２項）。

しかし，以上の事業主が講ずべき措置については，その内容が具体的でなく，また，事業主が必要な措置を講じなかった場合に科される罰則が軽い等，実効性に欠けるという批判がなされている[27]。さらには，セクハラの被害に遭った労働者に対して，当該労働者が心身ともにリラックスできるよう，一定期間の休暇を請求できる権利を与えることや，職場内セクハラがあったかどうかを確認する過程においても，同一場所で働いているセクハラ行為者と被害者を一時的に分離できる措置を設けること等，新たな救済策も提案されている[28]。

一方，男女雇用平等法12条で禁じられているのは，事業主，上級者または労働者による職場内セクハラであって，顧客等業務と密接な関連のある者によるセクハラは，同条の対象とならない。ただし，男女雇用平等法では，顧客等業務と密接な関連のある者によるセクハラにつき，事業主に努力義務を課している（2007年法改正の際に導入）。すなわち，事業主は，顧客等業務と密接な関連のある者が，業務遂行過程において，性的言動等により，労働者に対して性的屈辱感や嫌悪感等を抱かせ，当該労働者が苦情解消を求めた場合には，勤務場所の変更，配置転換等，可能な措置を取るよう努めなければならない（男女雇用平等法14条の２第１項）。また，事業主は，労働者が，顧客等業務と密接な関連のある者によりセクハラの被害に遭ったと主張し，または顧客等からの性的要求等に応じなかったことを理由に，労働者に対し，解雇等不利益な措置を取ってはならない（男女雇用平等法14条の２第２項）。

しかし，以上の顧客等業務と密接な関連のある者によるセクハラにつき事業

---

27) ギム・エリム「セクハラ防止に関する使用者の法的責任」労働法学34号（2010年）193頁以下。

28) ミン・デシュク「職場内セクハラ概念の拡張と実効性強化に関する小考」梨花ジェンダー法学４巻２号（2012年）101〜103頁。

主が講ずべき措置は，それが努力義務にすぎないために実効性に欠けるとの批判がなされており，顧客等業務と密接な関連のある者によるセクハラを，男女雇用平等法12条の定める職場内セクハラの禁止対象とすることが提案されている[29]。

四　制裁と救済

1　性別等による差別

(1)　刑事的制裁

事業主が，定年・退職および解雇につき男女を差別した場合には，もっとも重い，5年以下の懲役または3000万ウォン以下の罰金に処される（男女雇用平等法37条1項）。そして，同一価値労働・同一賃金の規定に違反した場合には，3年以下の懲役または2000万ウォン以下の罰金に処される（男女雇用平等法37条2項）。さらに，募集・採用，賃金以外の金品，教育・配置および昇進について男女を差別した場合には，もっとも軽い，500万ウォン以下の罰金に処される（男女雇用平等法37条4項）。

(2)　民事的救済

①　差額賃金の請求

楽器の生産工場で働く男女労働者の賃金差別が問題となったコルテック事件において，ソウル高等法院[30]は，男性労働者と女性労働者が同一価値労働をしていたにもかかわらず，性別を理由に同一賃金を受けることができなかった女性労働者は，差別を受けた賃金相当額を会社に対して直接請求できる権利を有するとしている。その理由につき，ソウル高等法院は，男女雇用平等法において，「男女を差別してはならない」と規定している労働者の募集・採用，教育・配置および昇進，定年・退職および解雇における差別禁止とは違って，賃金に関しては，「事業主は，同一の事業内の同一価値労働に対しては同一賃金を支払わなければならない」と事業主に対して積極的な義務を課していることや，同一の事業内の同一価値労働に対して同一賃金を支払わなかった場合，事

---

29)　ギム・エリム・前掲注24)　315～316頁，ミン・デシュク・前掲注28)　92～93頁。

30)　ソウル高等法院2010.12.24宣告2010ナ90298判決。

業主に対して刑事罰を科していることから，差別を受けた労働者の賃金請求権を否定すべき理由はとくに見当たらないこと等を挙げている。

② 損害賠償の請求

また，電子機器部品の生産工場で働く男女労働者の賃金差別が問題となったＴＤＫ事件において，大法院[31] は，憲法の平等理念にもとづき，雇用において男女の平等な機会と待遇を保障することによって，男女雇用平等を実現しようとする男女雇用平等法の立法目的に照らしてみると，事業主が同一の事業内で働く男女労働者が提供する労働が同一価値労働であるにもかかわらず，合理的な理由なく，女性労働者に対し，男性労働者よりも低い賃金を支払う場合，これは，男女雇用平等法8条に反する行為として不法行為を構成するとして，事業主には，賃金差別を受けた女性労働者に対し，当該差別がなかったのであればもらえたはずの適正な賃金と実際女性労働者が受けた賃金との差額相当の損害を賠償する責任があるとしている。

2 職場内セクハラ

(1) 刑事的・行政的制裁

① 事業主が講ずべき措置を取らなかった場合

事業主が，職場においてセクハラの被害に遭った労働者（またはセクハラの被害に遭ったと主張する労働者）に対し，解雇等不利な措置を取った場合には，職場内セクハラに関してはもっとも重い，3年以下の懲役または2000万ウォン以下の罰金に処される（男女雇用平等法37条2項2号）。そして，事業主が，職場におけるセクハラの発生を確認したにもかかわらず，セクハラ行為者に対して，懲戒等必要な措置を取らなかった場合，また，顧客等業務と密接な関連のある者によりセクハラの被害に遭ったと主張し，または顧客等からの性的要求等に応じないことを理由に，労働者に対し，解雇等不利益な措置を取った場合には，500万ウォン以下の過料が科される（男女雇用平等法39条2項1号・2号）。さらに，事業主が，職場におけるセクハラの予防教育を行なっていない場合は，300万ウォン以下の過料が科される（男女雇用平等法39条3項1号）。

---

31) 大法院2013. 3 .14宣告2010ダ101011判決。

② 職場内セクハラを行なった場合

事業主が，職場内セクハラをした場合は，1000万ウォン以下の過料が科される（男女雇用平等法39条1項）。職場内セクハラ行為者のうち，過料が科されるのは事業主に対してのみであり，男女雇用平等法上，上級者や労働者に対する処罰規定は設けられていない。そこで，学説においては，職場内セクハラ行為者のすべてに対して，現行法上の過料規定を適用することで，その実効性を高める必要があるとの見解[32]等が示されている。

(2) 民事的救済

① 加害者の責任に関する判例

（i）不法行為にもとづく損害賠償

男女雇用平等法に職場内セクハラに関する規定が導入される前のものであるが，大学教授Aの助教Bに対するセクハラ行為が問題となったソウル大学セクハラ事件において，大法院[33]は，とりわけ，男女関係において，一方の相手方に対する性的関心を表わす行為は，自然なことであり許容されなければならないが，しかし，それが，相手方の人格権を侵害し，人間としての尊厳性を毀損し，精神的苦痛を与える程度に至った場合には，違法であり許されないとしたうえ，機器操作等を指導する過程において，大学教授Aが行なった助教Bの肩，手等を無数に触る等の行動や言動は，性的な動機と意図があるようにみえ，このような性的な行動や言動が，たとえ一定期間に限って行なわれたとしても，その間は執拗に続いていたことからすると，社会通念上日常生活で許容される単純な冗談や好意にもとづいて行なわれた行動や言動等とみることはできず，むしろ助教Bに対して性的屈辱感や嫌悪感を抱かせるものであり，助教Bの人格権を侵害するものであるといえるから，このような侵害行為は善良な風俗または社会秩序に反する違法な行為であり，助教Bが精神的苦痛を被ったことは経験則上明らかであるとして，大学教授Aの助教Bに対する性的行動や言動は不法行為を構成し，大学教授Aは助教Bが被った精神的損害を賠償する責任を負うとしている。

32）ミン・デシュク・前掲注28）106頁。
33）大法院1998.2.10宣告95ダ39533判決。

132　第3章　雇用平等法の現状と課題

　　(ii)　セクハラ行為者に対する懲戒解雇の正当性

　前述したように，男女雇用平等法上，職場におけるセクハラの発生を確認し
た場合，事業主は，セクハラ行為者に対し，懲戒等適切な措置を取らなければ
ならない。このセクハラ行為者に対する懲戒等の措置につき，大法院[34]は，セ
クハラ行為者が懲戒解雇されず，同じ職場において引き続き勤務する場合，セ
クハラの被害に遭った労働者が耐えられないほど雇用環境を悪化させる結果を
もたらしうることからすると，労働関係を継続できないほど労働者に責任があ
ることを理由に行なわれた懲戒解雇は，客観的に明らかに不当と認められる場
合でない限り，懲戒権を濫用したとみることはできないとしている。

　　②　使用者の責任に関する判例

　　(i)　使用者責任にもとづく損害賠償

　民法上の使用者責任は，被用者が「事務の執行について」第三者に損害を加
えたことを要件とする（民法756条）。これにつき，大法院[35]は，被用者の不法
行為が外形的・客観的にみて使用者の事業活動ないし事務執行行為またはそれ
に関するものと解される場合には，行為者の主観的な事情を考慮することな
く，「事務の執行について」なされた行為とみなされる，としており，また，
被用者が他人に対して故意に加害行為をした場合，その行為が被用者の事務の
執行そのものでなくても，使用者の事業と時間的・場所的に近接しており，被
用者の事務の全部もしくは一部を遂行する過程において行なわれ，または加
害行為の動機が業務の処理に関するものであると認められるときには外形的・
客観的に使用者の事務執行行為に関するものと解され，使用者責任が成立する
としている。さらに，大法院は，使用者から被用者に，採用，継続雇用，昇
進，勤務評定等，他の労働者の雇用条件を決定しうる権限が与えられているこ
とを利用して，その業務遂行と時間的・場所的近接性が認められる状況におい
て被害者をセクハラする等，外形的・客観的にみて使用者の事務執行行為に関
するものと解される場合も，使用者責任が成立するとしている。

　　(ii)　債務不履行にもとづく損害賠償

　職場内セクハラにつき，使用者は，債務不履行にもとづき損害賠償責任が問

────────────────

34)　大法院2008.7.10宣告2007ドゥ22498判決。

35)　大法院2009.2.26宣告2008ダ89712判決。

われることもある。前掲ソウル大学セクハラ事件において，大法院は，雇用関係または労働関係は，いわば継続的債権関係にあり，人的信頼関係を基礎とするものであるから，雇用契約において，信義則上，被用者が誠実に労務を提供する義務を負うのに対し，使用者は，被用者に対して報酬支給義務を負うだけでなく，被用者の人格を尊重・保護し，被用者がその義務を履行するに当たって損害を被らないよう必要な措置を講じ，被用者に対して快適な労働環境を提供することで，被用者を保護する義務を負うとしている。ただし，このソウル大学セクハラ事件において，大法院は，大学教授Ａのセクハラ行為がその事務の執行とはなんら関係なく，大学教授Ａによるセクハラ行為が密かに行なわれ，また，被害者である助教Ｂも大学教授Ａによるセクハラ行為について公開していなかったことからすると，本件大学教授Ａによるセクハラ行為について使用者である国が知ることができたとみるのは困難であるとして，使用者の国に対する雇用契約上の債務不履行にもとづく損害賠償請求を退けている。

3 立証責任

なお，男女雇用平等法は，この法律に関する紛争解決において立証責任は事業主が負うと定めている（男女雇用平等法30条）。これは，雇用差別の根絶とともに，円滑な被害救済のために，1989年法改正により新設された規定であるとされる[36]。

この立証責任をめぐって，学説においては争いがある。1つは，男女雇用平等法30条の規定に従って，労働者が負うのは主張責任のみであって，すべての要件に関する立証責任は事業主にあるとする見解である[37]。もう1つは，訴訟における当事者間の公平等を考慮して，雇用差別を受けたことを推定できるほどの証拠を提示する義務が労働者にあるとする見解である[38]。これは，欧州連合等で採用されている立証責任の分配と類似すると思われる。

これまで裁判例において，男女雇用平等法30条の解釈適用が正面から争われたことはない。ただし，最近，職場においてセクハラの被害に遭った労働者

---

36) グ・ミョン・前掲注10) 183頁。
37) ギム・ジェヒ「雇用上の差別と証明責任」労働法研究42号（2017年）139頁。
38) ギム・エリム・前掲注10) 19頁，グ・ミョン・前掲注10) 185〜186頁。

が，男女雇用平等法14条2項において禁じられている不利な措置を受けたとして，事業主等を相手に，損害賠償を請求した事件において，ソウル高等法院[39]は，すべての立証責任が事業主等にあるとみるのは合理的でないだけでなく，衡平でもないから，少なくとも不利な措置があったことは，被害労働者が立証しなければならないが，その不利な措置を取るに当たって他の実質的な理由があったことについては，事業主等に立証責任があると，立証責任を分配するのが妥当であるとしている。これは，前述の学説のうち，後者の見解に立つものと思われる。

五　おわりに

1987年に男女雇用平等法が制定されて以来，30年が経つ。しかし，これまで男女雇用平等法の定める諸規定が適用された例はそれほど多くなく，そのために解釈論も発展してこなかったといえる。直接差別の禁止にかかわる「性別等を理由に」や「合理的な理由」等の解釈について，大法院により判断基準が示されたことはなく，間接差別の概念および要件の解釈適用が争われた例がないこと等については，これまで見てきたとおりである。そして，このような状況において，人々の関心は立法論に向けられており，たとえば，職場内セクハラ行為者のすべてに対して規制を加えることや職場内セクハラの被害に遭った労働者に対して事業主が講ずべき措置を強化すること等が提案されている。

また，間接差別，同一価値労働・同一賃金，立証責任に関する規定は，比較的に早い時期から，男女雇用平等法に導入・施行されているが，これらの規定に託されていた期待どおりの効果はほとんど得られていないのが現状であるといえる。その原因が，法を解釈・執行する法院や政府の消極性にあるのか，あるいは，法規定そのものが韓国の現実社会を反映できていないためであるのかについては，さらなる検討が必要であるように思われる。

39）ソウル高等法院2015.12.18宣告2015ナ2003264判決。

第4章
労働者派遣法の分析

第1節
韓国の労働者派遣法制と実態

金基善　韓国労働研究院研究委員
翻訳　**徐侖希**　名古屋大学大学院法学研究科特任助教

一　はじめに

　韓国で「労働者派遣」をめぐり議論が始まったのは1993年頃であるが，この用語が法律に初めて登場したのは1998年のことである。労働者派遣の合法化については議論が絶えなかったが，いわゆるIMF経済危機を迎えるなかで，1998年2月9日に締結された「経済危機克服のための社会協約」を契機に，1998年2月20日，「派遣労働者の保護等に関する法律」（法律5512号，以下「派遣法」）が制定された。

　派遣法が制定されて以来，はや20年が経つ今，本節は，韓国の労働者派遣法制の内容と実態を考察することを目的とする。以下，まず，韓国の労働者派遣法制の主な内容とそれにかかわる問題を取り上げた後，労働者派遣の実態について考察を行なうことにする。

二　韓国の労働者派遣法制

1　労働者派遣事業の適正な運営の確保

労働者派遣事業の適正な運営を確保するために，派遣法は，大きく４つの側面から規制を行なっている。第１に労働者派遣の対象業務，第２に派遣労働者の使用制限，第３に労働者派遣の期間制限，そして，第４に労働者派遣事業の許可についてである。

(1)　労働者派遣の対象業務

労働者派遣の対象業務につき，「絶対禁止業務」と労働者派遣が可能な「許容業務」を定めている。このうち許容業務はさらに，「常時許容業務」と「一時許容業務」に分けられる。

まず，派遣事業主（訳注――日本でいう「派遣元事業主」に当たる。以下，韓国での使い方に倣って「派遣事業主」という）が労働者派遣を行なうことができず，使用事業主（訳注――日本でいう「派遣先事業主」に当たる。以下，韓国での使い方に倣って「使用事業主」という）も派遣労働者を使用することができない「絶対禁止業務」（派遣法５条３項）には，①建設工事現場で行なわれる業務（１号），②荷役業務として労働者供給事業の許可を受けた地域の業務（２号），③船員の業務（３号），④有害または危険な業務（４号），⑤その他労働者の保護等の理由により労働者派遣事業の対象としては適切でないとして大統領令（訳注――派遣法施行令を指す。以下同じ）が定める業務（５号）がある。

また，「常時許容業務」とは，派遣事業主および使用事業主が，常時，労働者派遣を行ない，派遣労働者を使用することができる業務をいう。これは，製造業の直接生産工程業務を除き，専門知識・技術・経験や業務の性質等を考慮して適合すると判断される業務として大統領令が定める業務をその対象とする（派遣法５条１項）。派遣法では，派遣対象業務につき，いわゆる「対象業務列挙方式（Positive List）」を採っており，従前は26業種に限定されていたが，2006年12月21日の法改正（施行は2007年７月１日）の際に32業種に拡大された。

さらに，派遣法では，以上の派遣許容業務でなくても，①出産，疾病，負傷

派遣対象業務

常時許容業務	専門知識・技術・経験や業務の性質等を考慮して適合すると判断される業務 （派遣法施行令別表１）
一時許容業務	①出産，疾病，負傷等で欠員が生じた場合 ②一時・間歇的に人材を確保しなければならない必要がある場合
絶対禁止業務	①建設工事現場で行なわれる業務 ②荷役業務として労働者供給事業の許可を受けた地域の業務 ③船員の業務（船員法３条） ④有害または危険な業務（産業安全保健法28条） ⑤粉じん作業の業務（じん肺予防およびじん肺労働者の保護等に関する法律２条３号） ⑥健康管理手帳交付対象の業務（産業安全保健法44条） ⑦医療人，看護助務士の業務（医療法２条および80条） ⑧医療技士の業務（医療技士等に関する法律３条） ⑨旅客自動車運送事業の運転業務（旅客自動車運輸事業法２条３号） ⑩貨物自動車運送事業の運転業務（貨物自動車運輸事業法２条３号）

派遣期間

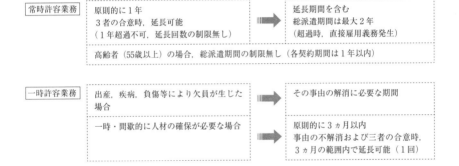

等で欠員が生じた場合，または，②一時・間歇的に人材を確保しなければならない必要がある場合についても労働者派遣を許容している（派遣法５条２項。訳注――このことを指して本稿では「一時許容業務」と称している）。この「一時許容業務」には，絶対禁止業務を除いたすべての業務（常時許容業務も含む）が含まれる。ただし，一時許容業務に派遣労働者を使用しようとする使用事業主は，当該事業または事業場の労働者代表（過半数組合または労働者の過半数を代表する者）と事前に誠実に協議しなければならない（派遣法５条４項）。

(2) 派遣労働者の使用制限

労働者派遣が許されるときであっても，派遣労働者の使用が制限される場合

がある。争議行為によって中断された業務を遂行するために派遣労働者を使用し，または経営上の理由によって解雇を行なった後2年以内に派遣労働者を使用する場合がこれに当たる。

(3) 労働者派遣の期間制限

労働者派遣の期間は派遣対象業務によって異なる。

まず，常時許容業務の場合，派遣期間は1年を超えることができない（派遣法6条1項）。しかし，派遣事業主・使用事業主・派遣労働者の間で合意がある場合には，派遣期間を延長することができる。従来は1年の範囲内で1回に限り派遣期間の延長が可能であったが，現行法では延長回数に関する制限が撤廃されたことから，1回の派遣期間が1年を超えず，延長された総派遣期間が2年を超えない範囲内では，派遣期間の延長回数に制限はない（派遣法6条2項）。一方，高齢者（満55歳以上）である派遣労働者については，2年を超えて派遣期間を延長することができる（派遣法6条3項）。

次に，一時許容業務のうち，出産，疾病，負傷等その事由が客観的に明白な場合には，その事由解消に必要な期間まで労働者派遣を行なうことができる（派遣法6条4項1号）。また，一時・間歇的に人材を確保する必要がある場合には，原則的に3ヵ月までに労働者派遣を行なうことができる。ただし，その事由が解消されず，派遣事業主・使用事業主・派遣労働者の間で合意がある場合には，1回に限り3ヵ月の範囲内でその期間を延長することができる（派遣法6条4項2号）。

(4) 労働者派遣事業の許可

労働者派遣事業を行なおうとする者は，雇用・労働部長官の許可を得なければならない（派遣法7条1項）。そして，使用事業主は，許可を得ることなく労働者派遣事業を行なう者から労働者派遣の役務の提供を受けてはならない（同条3項）。これに関連して派遣法および同法施行令においては，労働者派遣事業の許可要件について規定している（派遣法9条および同法施行令3条）。

2 派遣労働者の保護

(1) 労働者派遣契約

派遣事業主と使用事業主は，労働者派遣契約を書面で締結しなければなら

ず，その際には所定の事項を含めなければならない（派遣法20条）。

　また，派遣事業主と使用事業主は，派遣労働者であることを理由に，使用事業主の事業内の同種または類似の業務を遂行する労働者に比べて，派遣労働者に差別的処遇をしてはならない（派遣法21条）。

　さらに，使用事業主は，派遣労働者の性別・宗教・社会的身分や派遣労働者の正当な労働組合の活動等を理由に，労働者派遣契約を解除してはならない（派遣法22条1項）。そして，派遣事業主は，使用事業主が派遣労働について派遣法または派遣法による命令，勤労基準法または同法による命令，産業安全保健法または同法による命令に違反した場合には，労働者派遣を停止し，または労働者派遣契約を解除することができる（派遣法22条2項）。

(2)　使用者責任の配分

①　派遣事業主と使用事業主の共同責任

　派遣中である労働者の派遣労働については，派遣事業主と使用事業主を勤労基準法上の使用者とみなして同法を適用する（派遣法34条1項本文）。派遣事業主が使用事業主の帰責事由によって派遣労働者の賃金を支給することができない場合，使用事業主は派遣事業主と連帯して責任を負う（派遣法34条2項）。派遣事業主と使用事業主が勤労基準法に違反する内容を含む労働者派遣契約を締結し，その契約にもとづいて派遣労働者を勤務させることによって勤労基準法に違反した場合には，その契約当事者すべて（派遣事業主と使用事業主）を勤労基準法上の使用者とみなして該当罰則規定を適用する（派遣法34条4項）。

②　派遣事業主の責任

　派遣労働者と労働契約を結んでいる派遣事業主は，主に労働契約の締結，解雇，賃金等について使用者としての責任を負う。また，派遣事業主は，労働条件の明示，解雇等の制限，解雇予告，賃金支給，退職金，休業手当，加算賃金，年次有給休暇，災害補償等について使用者としての責任を負う（派遣法34条1項但書）。さらに，使用事業主が派遣労働者に勤労基準法上の週休日，月次休暇，生理休暇，産前産後休暇等について有給の休日・休暇を与える場合，その休日・休暇につき有給で支給される賃金については派遣事業主が支給しなければならない（派遣法34条3項）。

③ 使用事業主の責任

派遣労働者から，直接，役務の提供を受ける使用事業主は，主に労働時間，休日，休暇等について使用者としての責任を負う。使用事業主は，法定労働時間，時間外労働の制限，休憩，休日，月次休暇，女性と年少者の労働時間，生理休暇，産前産後休暇等について使用者としての責任を負う（派遣法34条1項但書）。

また，派遣中である労働者の派遣労働については，使用事業主を産業安全保健法上の事業主とみなして同法を適用する（派遣法35条1項）。これに関連し，使用事業主が派遣労働者に対して安全配慮義務を負うかが問題となる。この点につき，判例は，使用事業主と派遣労働者の間には，特段の事情がない限り，使用事業主が派遣労働者に対して安全配慮義務（保護義務）を負うことについて黙示的意思の合致（黙示的約定）があるとして，使用事業主の安全配慮義務の違反によって損害を被った派遣労働者は，使用事業主に対して安全配慮義務違反（すなわち，債務不履行）を原因とする損害賠償を請求することができるとする（大法院2013.11.28宣告2011ダ60247判決）。

3　違法派遣の効果

(1)　旧派遣法上の直接雇用みなし規定

派遣法が制定された当時は，使用事業主が2年を超えて継続的に派遣労働者を使用する場合，2年の期間が満了した日の翌日から派遣労働者を雇用したものとみなすと規定されていた（旧派遣法6条3項，いわゆる「雇用みなし規定」）。これにより，旧派遣法下では，「労働者派遣事業の許可を受けず（無許可派遣）」，または「派遣許容業務以外の業務に労働者派遣の形で労働者を使用する（派遣対象業務違反）」等の違法派遣の場合においても，使用事業主が派遣労働者を2年を超えて使用してはじめて派遣法上の雇用みなし規定が適用されるかにつき争いがあった。

これにつき，大法院は，いわゆる「イェスコ判決」において，「旧派遣法上の直接雇用みなし規定は，使用事業主と派遣労働者間の私法関係において直接雇用関係の成立を擬制することにより，労働者派遣の常用化・長期化を防止し，派遣労働者の雇用安定を図ることにその立法趣旨があ」り，「直接雇用み

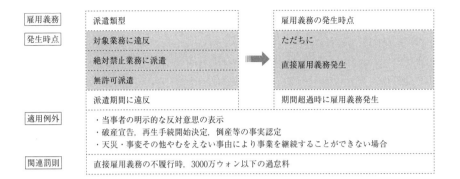

なし規定は，派遣法2条1号で定義している『労働者派遣』があり，この労働者派遣が2年を超えて継続する事実からただちに使用事業主と派遣労働者の間に直接労働関係が成立することを意味」するとして，この規定を「適法な労働者派遣」のみに適用されると縮小解釈することはできないとした（大法院全員合議体2008．9．18宣告2007ドゥ22320判決）。また，この判決において大法院は，直接雇用みなし規定が適法な労働者派遣のみに適用されるとすると，(i)派遣法が規定した制限に違反して労働者派遣の役務の提供を受けた使用事業主は，むしろ直接雇用成立擬制の負担を負わない結果になってしまい，法的衡平に反することになり，(ii)使用事業主は，労働者派遣事業の許可を受けていない派遣事業主から労働者派遣を受けることを好み，派遣法に違反する行為を助長して労働者派遣事業の許可制度の根幹を崩すおそれがあることから妥当でないとした。さらに，最近の韓国水力原子力事件（大法院2015.11.26宣告2013ダ14965判決）において大法院は，使用事業主が派遣期間の制限に違反して継続的に派遣労働者を派遣対象業務につき遂行させた場合には，特段の事情がない限り，その派遣期間中に派遣事業主が変更されたという理由だけで，旧派遣法上の直接雇用みなし規定や現行派遣法上の直接雇用義務規定の適用を排除することはできないとした。

　一方，旧派遣法の定めにもとづき直接雇用したものとみなされる場合，労働契約の期間は，特段の事情がない限り，期間の定めがないものとみなされる（前掲大法院全員合議体判決2008．9．18宣告2007ドゥ22320判決）。また，旧派遣法の定めにもとづき使用事業主によって直接雇用したものとみなされる派遣

労働者の労働条件は，使用事業主の労働者のうち，派遣労働者と同種または類似の業務を遂行する労働者がいる場合，その労働者に適用される就業規則等で定められた労働条件と同一のものとみなされる（大法院2016. 1 .14宣告2013ダ74592判決）。

⑵　現行法上の直接雇用義務規定

2007年 7 月 1 日に改正派遣法が施行され，旧派遣法における直接雇用みなし規定は直接雇用義務規定に変更された。改正派遣法では，直接雇用義務規定が違法派遣のときにも適用されることが明示された。しかし，直接雇用義務規定が適用されるには，絶対禁止業務違反の場合を除き，違法派遣があり，かつ，派遣期間 2 年を超える必要があったために，「 2 年間の違法状態を法が放置している」という批判があった。これを受け，その後さらに派遣法が改正され，適法派遣以外のすべての違法派遣（対象業務違反や無許可派遣）に対してただちに直接雇用義務が課されるようになった（2012年 8 月 2 日施行）。

すなわち，使用事業主は，①派遣対象業務（常時許容業務や絶対禁止業務）に違反して派遣労働者を使用した場合（派遣法 6 条の 2 第 1 項 1 号および 2 号，ただちに直接雇用義務が発生），②常時許容業務で 2 年を超えて派遣労働者を使用する場合，または一時許容業務で当該許容期間を超えて派遣労働者を使用する場合（同条 1 項 3 号および 4 号，期間超過時に直接雇用義務が発生），③許可を受けていない派遣事業主から労働者派遣の役務の提供を受けた場合（同条 1 項 5 号，ただちに直接雇用義務が発生），当該派遣労働者を直接雇用しなければならない。ただし，使用事業主にかかわる直接雇用義務規定は，当該派遣労働者が明示的な反対意思を示し，または大統領令が定める正当な理由がある場合には適用されない（派遣法 6 条の 2 第 2 項）。

使用事業主が派遣労働者を直接雇用した場合，派遣労働者の労働条件は，⒤使用事業主の労働者のうち，当該派遣労働者と同種または類似の業務を遂行する労働者がいる場合には，その労働者に適用される就業規則等で定められた労働条件になるが，⑪これに該当する労働者がいない場合には，当該派遣労働者の既存の労働条件の水準よりも低下してはならない（派遣法 6 条の 2 第 3 項）。これは，使用事業主が直接雇用義務を履行する際に遵守すべき労働条件を規定することで，使用事業主が不当に低い労働条件で直接雇用することを防

止し，当事者間の法律関係を明確にするための規定である。

　直接雇用義務が発生したにもかかわらず，これを履行していない使用事業主には，3000万ウォン以下の過怠料が課される（派遣法46条2項）。これは，直接雇用義務の実効性を確保するための制裁規定である。

　直接雇用義務規定と関連して判例は，「改正された派遣法のもとで，派遣期間の制限に違反した使用事業主は，直接雇用義務規定にもとづき派遣労働者を直接雇用する義務があるから，派遣労働者は，使用事業主が直接雇用義務を履行しない場合，使用事業主を相手に雇用意思表示に代える判決を求める司法上の権利があり，その判決が確定すれば，使用事業主と派遣労働者との間に直接雇用関係が成立する。また，派遣労働者は，これと併せて使用事業主の直接雇用義務の不履行につき，直接雇用関係が成立するまで賃金相当損害賠償金を請求することができる」としている（前掲大法院2015.11.26宣告2013ダ14965判決）。

　一方，旧派遣法上の直接雇用みなし規定については，使用事業主が直接雇用みなしを認めない場合，これを制裁する方法が設けられていないことや，直接雇用みなし時において派遣労働者に適用されるべき労働条件につき特段の定めがないことで批判があった。現行の直接雇用義務規定においてはこれらの点が明らかにされている側面があるものの，直接雇用みなし規定を直接雇用義務規定に変えたことによって違法派遣の制裁を弱体化させたという批判は免れ難いと思われる。

三　韓国における労働者派遣の実態

1　労働者派遣の規模

　労働者派遣の規模を把握できる統計資料としては，統計庁の「経済活動人口調査付加調査」がある。2016年8月の「経済活動人口調査付加調査」の結果によると，派遣労働者の数は約20万1000人である。これは全体賃金労働者の約1.0％に当たる規模であり，毎年同水準を維持している。

　また，雇用労働部は，毎年の上下半期における労働者派遣事業の現状を調査・発表している。「2016年上半期『労働者派遣事業』の現状」によると，労

働者派遣事業の許可を受けた派遣事業主の数は2448社である。これは10年前である2006年の1076社に比べて2.5倍増加した数である。このうち1718社が実際に事業を行なっている（70.2％）。これら派遣事業主から派遣されている労働者は11万4399人であり，これら派遣労働者を使用している使用事業主の数は1万5510社である。

　以上の2つの統計はすべて，労働者派遣事業の許可を受けた派遣事業主によって行なわれる合法的な労働者派遣に関する統計であることに注意が必要である。相当数の労働者派遣が許可を受けていない派遣事業主によって行なわれている現実を勘案すれば，実際の労働者派遣の規模はこれよりも大きいものと思われる。とくに，主要な工業団地の場合，今や労働者派遣に頼らずに労働者を調達するのが容易でない状況にある。政府統計では把握できない無許可・違法な労働者派遣が合法的な労働者派遣の規模を大きく上回っているのではないかというのが労働界の見解である。許可を受けていない派遣事業主の存在は，雇用労働部の勤労監督の結果からも確認できる。雇用労働部が2016年に行なった派遣事業主と使用事業主に対する勤労監督の結果，摘発された無許可の派遣事業主は54社であった。

2　派遣労働者の派遣期間と労働条件

　前述の「2016年上半期『労働者派遣事業』の現状」によると，派遣労働者の約半数が6ヵ月未満の短期派遣で働いている。このほか，派遣期間が1年〜2年未満の派遣労働者の割合は27％である。また，派遣労働者の平均月額賃金は175万7000ウォンであるが，派遣事由によって異なる。派遣許容業務の場合，平均月額賃金が179万8000ウォンであるのに対し，一時・間歇的な事由による場合における平均月額賃金は149万ウォンである。

3　派遣事業主の零細性

　派遣事業主の相当数は零細企業である。前述の「2016年上半期『労働者派遣事業』の現状」によると，派遣労働者が50人未満の派遣事業主が半数以上を占めており，派遣労働者が300人以上の派遣事業主の割合は3％あまりの水準にとどまる。

派遣事業主の零細性は，勤労基準法違反が頻繁に発生する原因とも思われる。2016年に雇用・労働部が派遣事業主および使用事業主を対象に行なった勤労監督の結果によると，勤労監督を実施した事業場のうち89.2%において法令違反があったという。派遣法違反のほか，最低賃金等の未払賃金（32.4%，1144件），労働契約書の未作成（21.3%，754件）等，勤労基準法をはじめとする労働関係法令違反も少なくない。

4　製造業における常時派遣等，違法派遣の蔓延

許可を受けていない派遣事業主の乱立や派遣事業主の零細性は，違法派遣が頻繁に行なわれる一要因になっていると思われる。2016年に行なわれた前述の勤労監督の結果，一時・間歇的な事由もなく派遣労働者を常時使用する場合，または，形式上は請負契約であるがその実質は労働者派遣である場合（偽装請負），派遣対象業務に違反している場合等，違法派遣が多数摘発された。とくに製造業が密集している地域では，製造業の直接生産工程業務については一時・間歇的事由がある場合に限り，派遣労働者を使用することができるにもかかわらず，常時，派遣労働者を使用し，摘発されるケースが多数あったとされる。

そこで，前述のとおり，違法派遣の際に使用事業主に直接雇用義務が課されることから，雇用・労働部は，2016年の勤労監督を通じて，違法派遣が見つかった事業場100ヵ所で働く派遣労働者2626人を対象に直接雇用するよう指導した。類型別では，①一時・間歇的な事由がなく，派遣労働者を常時使用していた54社における1434人，②形式は請負契約であるが，その実質は労働者派遣であった33社における1166人，③派遣対象業務に違反して派遣労働者を使用していた11社における21名である。一方，不法派遣が確認され，直接雇用するように指導された2624人の派遣労働者のうち，1282人が直接雇用されたのに対し，920人については使用事業主が直接雇用することを拒否し，422人は是正措置がなされている途中であるという。

四　おわりに

　時期は不明だが，2017年，韓国では大統領選挙が行なわれる。選挙の季節になると，いつものように，選挙関連ニュースが各種マスメディアで取り上げられ，各党の候補者からさまざまな公約が発表されることになる。その際には，労働と雇用が重要な政策イシューとなる時代であることからも明らかなように，労働者派遣に関する公約が各政党の選挙公約集の1ページを飾ることになるであろう。

　1998年，IMF経済危機を克服するために行なわれた「労使政大妥協」によって誕生した派遣法は，派遣労働者の雇用安定と労働条件の保護，そして企業の人材需給の円滑を図ることをその目的としている。しかし，現行派遣法がこのような派遣法の本来の目的を果たしているかについてははなはだ疑問である。派遣法の施行後においても，多くの企業は制度化されている労働者派遣よりも，請負，社内下請等，他の人材活用方法に依存し，「二重派遣」や「偽装請負」等の問題を引き起こしている。また，派遣法が制定されて以来，幾度にもわたる法律改正があったにもかかわらず，派遣労働者の雇用安定と処遇改善が良くなる兆しも見えない。しかも，これまで，労働者派遣の活用範囲等，われわれは労働市場において労働者派遣をいかに位置づけるべきか，また，労働市場の秩序を正すために必要な措置は何かに関する議論をきちんと行なったこともなかったように思われる。

　労働・雇用に関する政策ほど他と差別化できる分野はないように思われる。なかでも，労働者派遣や社内下請のように，企業の人材活用方法をめぐる問題解決のアプローチ方法にその違いはより顕著にみられる。また，このことは，その解決策を見出ししにくくする一要因でもなる。しかし，それにもかかわらず，現にある問題を解決しようとするのが立法者の責務である。民主主義は，相手との違いを認め合う，対話と妥協の政治で成り立つものであると考える。自己主張のみを繰り返すのは問題解決になんら役に立たない。是非とも今度の選挙では対話と妥協を通じてあるべき解決策を見出すことを期待したい。

第2節
韓国の派遣労働者にかかわる差別是正制度と
その具体例

金洪永　成均館大学校教授
翻訳　**徐侖希**　名古屋大学大学院法学研究科特任助教

一　はじめに

　派遣労働関係において，派遣労働者の労働条件と使用事業主が雇用する労働者の労働条件との間に格差が生じる場合がある。このことにつき，日本の「労働者派遣法」30条の3では，派遣元事業主は，その雇用する派遣労働者の従事する業務と同種の業務に従事する派遣先に雇用される労働者の賃金水準との均衡を考慮しつつ，当該派遣労働者の賃金を決定するように配慮しなければならない，と規定する。すなわち，日本では派遣元事業主に対し，均衡を考慮した待遇を確保するための，「均衡考慮」の「配慮義務」が課されているといえる。一方，韓国の「派遣労働者の保護等に関する法律」（以下「派遣法」）21条では，「派遣事業主と使用事業主は，派遣労働者であることを理由に，使用事業主の事業内の同種または類似の業務を遂行する労働者に比べて，派遣労働者に差別的処遇をしてはならない」と規定する。また，韓国では，派遣労働者が受けた差別的処遇につき，派遣労働者が労働委員会に対して是正申請をし，労働委員会が是正命令を発することによって救済する仕組みが設けられている。この点は，日本の法制度とは大いに異なる。以下，本節では，韓国の派遣労働者にかかわる差別是正制度とその具体例を考察することにする。

二 派遣労働者にかかわる差別是正制度——韓国の法制度の特徴

1 差別的処遇の禁止——非正規労働者につき統一的な内容

　韓国の派遣法では，使用事業主に雇用される労働者に比べて派遣労働者に対して差別的処遇をすることを禁じる。非正規労働者と正規労働者との間の労働条件に関する差別的処遇の禁止は，韓国の非正規労働者に関する法律において共通する制度である。すなわち，「期間制及び短時間労働者の保護等に関する法律」（以下「期間制法」）においても，派遣労働者と同様，期間制労働者や短時間労働者に対する差別的処遇を禁止する（8条）。

2 労働委員会による救済

(1) 非正規労働者につき統一的な制度

　派遣法が制定された当時は，派遣労働者に対する差別的処遇が禁止されるだけで，労働委員会による救済制度も，その違反に対する罰則規定もなかった。差別的処遇を禁止する規定が設けられても，それに反したときに罰せられる罰則規定がなければ，一般的原則を宣言するにとどまり，勤労監督官による勤労監督の実効性が問題となりうる。また，罰則規定が設けられている場合であっても，勤労監督が徹底されていなければ，差別的処遇に対する適切な是正は期待し難い。

　以上のことから，期間制法の制定当時（2006年），期間制労働者または短時間労働者に対する差別的処遇の禁止規定が設けられるとしたら，その実効性確保手段も必要とされた。そこで，期間制労働者または短時間労働者に対する差別的処遇につき，労働委員会に対して是正命令を発せられる権限が与えられた。また，派遣法も改正され（2006年），派遣労働者の差別的処遇についても労働委員会の救済権限が認められた。

　なお，派遣労働者の差別的処遇については期間制法に規定されている是正手続が準用される（派遣法21条3項）。すなわち，韓国では，非正規労働者に対する統一的な差別的処遇の是正手続が設けられている。そこで以上のことを称して，韓国では，非正規労働者の「差別是正制度」という。

(2) 労働委員会における個別的労働関係紛争の取扱い

韓国の労働委員会は，日本と同様に，「労働組合及び労働関係調整法」上の不当労働行為の救済や労働争議の調整等を担当する機関である。また，これに加えて韓国の労働委員会では，勤労基準法にもとづき，不当解雇等の不当な懲戒処分や人事処分に対する救済命令も発することができる（1989年よりスタート）。不当解雇の救済手続は，不当労働行為の救済手続を準用しており，不当労働行為の救済手続と基本的に類似する。しかし，2000年代半ばには，不当解雇救済制度の実効性を高めるための履行強制金制度，金銭補償制度等が導入される等，不当解雇の救済手続が整備された。また，労働委員会の公益委員・調査官の人数を増やす等，組織強化も図った。現在，労働委員会の審判業務の多くを不当解雇の救済申請事件が占めているほど，不当解雇の救済手続は労使当事者によって積極的に活用されている。

このような不当解雇の救済手続における労働委員会のこれまでの成果と労働委員会の組織強化等をふまえ，2000年代半ばに期間制法の制定および派遣法の改正が議論された際には，非正規労働者に対する差別的処遇を是正できる権限を労働委員会に与えることになった。すなわち，期間制法および派遣法では，労働委員会を通じた簡便な行政的救済・是正手続を設けている。もっとも，差別的処遇を受けた非正規労働者は，当該差別的処遇につき民事訴訟を通じて救済を受けることも可能である。

(3) 労働委員会における差別是正手続

労働委員会における非正規労働者に関する差別是正手続（期間制法9条から15条）は，日本の不当労働行為の救済手続と類似する点が多い。と同時に，韓国の不当解雇の救済手続をふまえ，非正規労働者に関する差別是正手続において変化している点もある。

差別的処遇を受けた非正規労働者は，差別的処遇があった日から6ヵ月以内に，労働委員会に対して差別的処遇の是正申請をすることができる。初審は所轄の地方労働委員会（以下「地労委」）となり，再審は中央労働委員会（以下「中労委」）が担う。労働委員会では，当該差別的処遇の是正申請について調査と審問を行なう。

労働委員会は，審問の過程において，当事者の双方もしくは一方の申請に

よって調停を行なうことができ，または，当事者双方の申請によって仲裁することもできる。調停調書または仲裁決定書は，民事訴訟法にもとづく裁判上の和解と同一の効力を有する。

労働委員会は，調停や仲裁でなく，調査および審問を終えて，差別的処遇に該当すると判定した場合には使用者に対して是正命令を発し，差別的処遇に該当しないと判定した場合には当該是正申請を棄却する決定を行なう。是正命令の内容には，差別的行為の中止，賃金等労働条件の改善と適切な金銭補償等を含むことができる。すなわち，労働委員会は，問題となった差別的処遇を改善するために必要かつ適切と認められる措置をその裁量にもとづき選択することができる。また，賠償命令の賠償額としては，使用者の差別的処遇に「明白な故意」が認められ，または差別的処遇が「反復」していた場合には損害額の3倍まで賠償を命じることができる。

再審申請や行政訴訟の提起がなく確定した是正命令を履行しない場合には罰則（期間制法24条1項，派遣法46条1項）が課される。罰則は，刑罰ではなく，最大1億ウォンまでの過怠料が課される。一方，不当解雇の救済手続では救済命令が確定する前においても救済命令の不履行に対して履行強制金が課せられるところ，非正規労働者に関する差別是正手続においてそのような制度は導入されていない。

⑷　差別是正手続の現状

労働委員会に対する差別的処遇の是正に関する申請件数が，差別是正制度の施行初期には年間100件に満たなかったが（1事業場において複数の労働者が申請する場合，申請件数は複数に上るが，実質的には1つの事件として取扱うことができることを考慮した数値である），最近は年間100件以上となっており，少し上昇傾向にある。

非正規労働者のなかでも派遣労働者の申請件数は，差別是正制度の施行初期には数件にすぎなかったが，その後少しずつ増え，最近は期間制労働者の申請件数と同じ程度に達している。このように派遣労働者による差別的処遇の是正申請が増えているが，後述するように，これは，使用事業主に対しても連帯責任を認める等，解釈・実務上の改善がなされていることが肯定的に作用しているものと思われる。なお，派遣労働者に関する差別是正事件の場合，申請人が

多数であるケースが多く，その重要度は実際の申請件数よりも大きいと思われる。

　労働委員会の処理結果を見てみると（非正規労働者の全体），調停で解決し，または認定判定を受けて救済される事件は，処理件数（取下件数を除く）のうち約半数に達している。差別是正制度の施行初期に比べて救済率は徐々に上昇している。派遣労働者の差別是正事件のみに関する統計資料はないものの，同じ傾向ではないかと思われる。

三　派遣労働者にかかわる差別的処遇の存否が争われた事例

1　モベイス事件

(1)　事件の概要

　派遣労働者 8 人は，2012年 4 月から2015年 1 月までの間，それぞれの派遣事業主からモベイス社（使用事業主）に派遣されて働いていた。これら派遣労働者 8 人は，使用事業主に雇用されている一般労働者に比べて，賞与金等につき少なく支給されたとして，労働委員会に差別的処遇の是正申請をした。

　この事件において中労委は，派遣労働者の賞与金等に関する差別的処遇が故意に反復されていたとして，使用事業主と派遣事業主（以下これらを総称して「事業主ら」という）が連帯して派遣労働者らが被った損害額の 2 倍を支払うよう是正命令を発した（中労委2015. 6 .30中央2015差別 3 ―11）。これを不服として事業主らが提起した行政訴訟においても中労委の再審判定の大部分が是認された（ソウル行政法院2016.11.18宣告2015グハプ70416判決）。

(2)　派遣事業主と使用事業主の連帯責任

　派遣法21条によると，派遣事業主と使用事業主のすべてに対し，派遣労働者の差別的処遇の禁止に関する義務が課されている。一方，派遣法34条では，勤労基準法上の使用者としての責任につき，賃金，年次有給休暇等については派遣事業主が，そして，労働時間，休憩・休日の付与等については使用事業主が負うと規定する。このことから，これまで労働委員会の実務では，差別的処遇を是正すべき責任についても，派遣事業主と使用事業主のそれぞれが負う勤労基準法上の使用者としての責任領域に従って判断してきた。すなわち，使用事

業主は，賃金に関する差別的処遇についてはその是正命令を履行すべき責任を
負わないとして，差別的処遇の是正手続においても被申請人にならないと解し
てきたのである。

　しかし，このような解釈は差別是正制度の実効性に大きな問題を生じさせる
と，学界から批判があった。たとえば，派遣労働者の賃金は使用事業主と派遣
事業主との間で締結される労働者派遣契約によって決まり，また，派遣料金の
中に労働者派遣契約上派遣事業主のマージンが含まれていることからすると，
差別的処遇があるとして派遣事業主に対して是正命令が発せられたとしても，
派遣事業主がマージンを諦めてまで差別的処遇とされた賃金を支給できるか，
はなはだ疑問であるという指摘[1]や，派遣法上，派遣事業主と使用事業主のす
べてに対し，派遣労働者に対する差別的処遇の禁止に関する義務が課されてい
ることからすると，派遣労働者に対する差別的処遇の是正について，派遣事業
主と使用事業主が連帯してその責任を負うと解するのが妥当であるという主
張[2]等が挙げられる。

　これを受け，このモベイス事件において中労委は，賃金に関する差別的処遇
の是正につき，使用事業主の連帯責任を認め，実務上の解釈を変更した。すな
わち，中労委は，派遣法上，使用事業主と派遣事業主のすべてに対し，派遣労
働者に対する差別的処遇の禁止に関する義務が課されていること，また，派遣
労働者は，派遣事業主または使用事業主を相手に，差別的処遇の是正申請がで
きること，さらに，労働者派遣契約の締結によって派遣労働者の労働条件が決
まることからすると，派遣労働者の労働条件は派遣事業主が独立・自律的に決
めることができず，使用事業主は，派遣労働者が使用事業主に雇用されている
労働者に比べて不利な処遇を受けていることを十分知ることができること等を
総合すると，賞与金等に関する差別的処遇につき，派遣事業主だけでなく，使
用事業主も連帯責任を負うとして，派遣事業主と使用事業主のすべてに対して
当事者適格が認められると判定したのである。

1）ジョ・サンギュン「派遣労働者に対する差別是正」労働政策研究10巻2号（2010年）237
　頁。
2）バク・ジョンフイ「非正規職労働者の差別禁止制度の最近動向と争点」外法論集34巻3
　号（2010年）91頁。

その後，ソウル行政法院においても，賃金等派遣事業主に一時的責任が認められる領域につき，使用事業主に対しても差別的処遇の是正手続における被申請人の適格が認められるとされた。また，差別的処遇の帰責事由が使用事業主または派遣事業主のいずれかにある場合には，いずれか一方のみが是正義務ないし賠償義務を負うが，帰責事由が両者にある場合には使用事業主と派遣事業主が連帯してその責任を負わなければならないとする。

賃金に関する差別的処遇を是正できる実質的な経済力を持っているのは使用事業主であり，零細な派遣事業主の場合，労働委員会において差別的処遇に関する是正命令が確定される前に廃業するケースも多いことからすると，派遣事業主のみに対して発せられた救済命令はその実効性に欠けるといえよう。したがって，モベイス事件における中労委とソウル行政法院の判断は妥当と考える。

⑶　差別禁止領域

モベイス事件では，使用事業主に雇用される労働者が基本給の400％を賞与金としてもらっていたのに対し，派遣労働者は派遣事業主から基本給の200％を賞与金としてもらっていた。そこで，本件では，派遣労働者に対する賞与金の過小支給が問題となった。

派遣法上，差別的処遇として禁止されるのは賃金に限らない。派遣法が制定された当初，差別禁止領域（訳注——本稿では，差別是正制度において差別的処遇として禁止される対象のことを指して「差別禁止領域」と称している）について特段の規定は置いていなかった。その後，2006年に期間制法が制定される際に派遣法も一緒に改正され，派遣法と期間制法の両法において，差別禁止領域につき，「賃金その他の労働条件」と規定された。しかし，具体的にいかなる処遇が差別禁止領域，すなわち，「賃金その他の労働条件」に該当するかについては議論が続いた。これを受け，2013年に行なわれた派遣法および期間制法の改正の際には，差別禁止領域につき，「賃金，定期賞与金，名節賞与金等定期的に支給される賞与金，経営成果にもとづく成果金，その他労働条件及び福利厚生等に関する事項」と，より具体化・細分化して法律に明示され，賞与金等が差別禁止領域に該当することが明らかとなった（派遣法2条7号，期間制法2条3号）。

一方，モベイス事件では，年次有給休暇を使用しなかったときに支給される

年次有給休暇手当が，差別禁止領域に該当するか否かも争われた。この事件において，派遣労働者は，年次有給休暇を使用することができず，また，使用できなかった年次有給休暇に対して支給される年次有給休暇手当の支給もなかった。中労委は，年次有給休暇手当が差別禁止領域である「その他の労働条件」に該当するとした。ところが，ソウル行政法院では，年次有給休暇手当が「賃金その他の労働条件」に該当するとしつつも，本件において問題となったのは，勤労基準法上，使用者に対してその支給義務が課されている年次有給休暇手当の未払いに関するものであり，これは派遣法及び期間制法が規定する差別的処遇の禁止領域に該当しないと判断された。私見では，年次有給休暇手当も差別禁止領域に該当するものの，本件の使用事業主と派遣事業主との間に締結された労働者派遣契約における派遣単価に年次有給休暇手当も含まれていることからすると，年次有給休暇手当を支給しなかった差別的処遇に関する責任は，使用事業主ではなく，派遣事業主にあると判断するのが妥当であると考える。

(4) 合理的理由のない差別的処遇

派遣法では，派遣労働者に対する合理的な理由のない差別的処遇を禁止する。モベイス事件において，使用事業主の労働者に対して支給される年400％の賞与金は，就業規則上では経営実績と個人評価にもとづき，個人成果と評価項目に準じて支給対象者を選定して支給することになっていた。しかし，実際にはその採用条件，勤務成績，勤続年数，業務の難易度，業務量，労働者の権限と責任の範囲等を問わず，使用事業主に雇用されている正規労働者に対して一律に支給されていた。そこで，中労委とソウル行政法院は，比較対象労働者（訳注――使用事業主に雇用されている労働者を指す）には年400％の賞与金を支給しながら，派遣労働者に対しては年200％の賞与金だけを支給したのは，派遣労働者を合理的理由なく不利に処遇することであるとした。

(5) 倍額賠償命令

中労委は，「使用事業主と派遣事業主は，差別的処遇が含まれている労働者派遣契約を反復的・連続的に締結しながら，派遣労働者に対する差別的行為を防ぐために必要な情報を提供しない等，長年にわたって多数の派遣労働者に対して持続的に差別的処遇を行なったのは，故意性が明らかな反復的な差別的処

遇に該当するから，差別的処遇によって生じた損害の2倍額を金銭賠償金として支給するのが妥当である」とした。ソウル行政法院においても同様の判断が下された。使用事業主は，派遣事業主に対して，使用事業主に雇用される正規労働者の賃金等労働条件について6ヵ月の勤務期間に相当する情報のみを提供していた。そして，実際には派遣期間が6ヵ月を超えていても，6ヵ月未満の正規労働者の労働条件（年200％の賞与金）を前提に，労働者派遣契約を反復締結し，派遣労働者に対して年200％のみの賞与金を支給していた。したがって，差別的処遇に対する明白な故意があり，差別的処遇が少なくとも6ヵ月から最大2年8ヵ月の長期間にわたって続いていたのであるから，差別的処遇が反復した場合に該当するといえよう。

このモベイス事件における中労委判定は，2014年改正によって期間制法および派遣法に倍額金銭賠償命令制度が導入・施行された後に初めて適用された事例である。最大3倍まで倍額が可能であるが，中労委において2倍の賠償にとどまったのは，本件以前に派遣労働者が問題を提起し，または関係機関から是正命令を受けた事実がなかったこと等から，使用者の差別的処遇の故意性に関する認識が多少不十分であったことが斟酌されたからである。

2　高陽都市管理公社事件

(1)　事件の概要

労働者15人（以下「本件労働者ら」）は，エムエンビ社（訳注——下請事業者ないし派遣事業主に当たる）と期間制労働契約を締結した後，高陽都市管理公社（訳注——注文主ないし使用事業主に当たる）の交通弱者移動支援センターで運転員として勤務していた者である。本件労働者らは，本件労働者らと同一の業務を遂行する高陽都市管理公社に雇用されている運転員に比べて差別的処遇を受けたとして地労委に差別的処遇の是正申請をした。初審の地労委（京畿地労委2015．8．21京畿2015差別7）と再審の中労委（中労委2016．1．7中央2015差別26，27）では，本件労働者らが休日勤務加算手当，成果賞与金，家族手当，カスタマイズ型福祉カード相当額（基本ポイント）につき差別的処遇を受けたとし，エムエンビ社と高陽都市管理公社が連帯してその是正義務を負うと判定した。

(2) 請負契約が実質的には派遣契約である場合

許可を受けた派遣事業主が使用事業主との間で労働者派遣契約を締結して行なうのが適法な労働者派遣である。しかし，派遣事業主が労働者派遣事業の許可を受けておらず，または，派遣法上の派遣対象業務や派遣可能期間の制限を回避しようとするときには，労務提供の請負契約を締結する場合がある。

判例では，契約の形式が請負契約であっても，その実質が労働者派遣の場合（偽装請負，違法派遣）には，派遣労働関係が認められ，派遣法の規制を受けることになるとする（大法院全員合議体2008．9．18宣告2007ドゥ22320）。労働委員会における差別是正手続の実務においても，請負契約であっても，その実質が派遣労働関係である場合には，下請事業者の労働者に対し，派遣労働者としての当事者適格を認めている。この点は，法院においても同様の立場である（ソウル行政法院2009.12.11宣告2009グハプ22164）。

高陽都市管理公社事件においても，地労委と中労委は，使用事業主が下請労働者の業務遂行につき直・間接的に指揮命令をし，下請労働者が使用事業主に雇用される労働者と混在して運転業務を遂行していた点，下請事業者が下請労働者の労働条件を独立・自律的に決めることができず，人材運用においても制限を受けていた点等を総合してみると，事業主らの間で締結された請負契約は労働者派遣契約であり，下請労働者らは当事者適格を有すると判定した。

(3) 合理的理由のない差別的処遇

地労委と中労委は，交通弱者移動支援センターで勤務する使用事業主の運転員2人の主な業務は運転業務であり，派遣労働者の業務と本質的な違いがないから，比較対象労働者として適正であり，事業主らが派遣労働者に対して，合理的理由なく，休日勤務加算手当，成果賞与金等を支給しなかったのは差別的処遇に当たると判定した。

一方，地労委は，比較対象労働者が夜間勤務のみを遂行して労働強度が高く，相談業務を追加的に遂行していることから，基本給と諸手当を合わせた通常の賃金総額の違いには合理的な理由があるとした。このような地労委の判定に対して労働者側が再審を求めなかったために，中労委では判断されなかった。

3 ジェニエル事件

(1) 事件の概要

ジェニエル社（派遣事業主）に雇用されている派遣労働者14人は，ルノー三星自動車会社（使用事業主）に派遣されて勤務した後，労働契約の期間が終了した者である。初審の地労委では，使用事業主に雇用される比較対象労働者と異なり，派遣労働者に対して定期賞与金を支給しなかったのは差別的処遇に当たるとして，定期賞与金に相当する金銭賠償金を支給するよう命じた（釜山地労委2015.10.7釜山2015差別11）。再審の中労委でも初審判定は妥当とされた（中労委2016.4.6中央2015差別38）。

(2) 比較対象労働者

中労委は，本件の派遣労働者らが，①比較対象労働者の労災や病欠等で欠員が生じたとき，一時的に不足する人材を補充するための代替人材として採用され，比較対象労働者と混在して勤務していた点，また，②派遣労働者らと比較対象労働者との間に業務の範囲や難易度において違いはあるが，本質的な違いがあるとみることはできない点等を総合すると，使用事業主に雇用されている正規の生産職労働者を比較対象労働者として選定したのは適切であると判定した。

(3) 合理的理由のない差別的処遇

中労委は，派遣労働者と比較対象労働者との間において主たる業務の本質的な違いはなく，定期賞与金は一律的・定期的に支給日現在の在職者に対して支給する金品であることからすると，派遣労働者に定期賞与金を支給しなかったのは合理的理由のない差別的処遇に当たると判定した。

4 検討

派遣労働者に関する差別是正手続において，労働委員会は一般的に次のような点を検討することになる。第1に，当該事件の労働者につき派遣労働者として差別的処遇の是正申請をするにあたって当事者適格があるかどうか，第2に，（派遣労働者であれば）比較対象労働者が存在するかどうか，第3に，（比較対象労働者が存在するのであれば）差別的処遇の禁止領域に該当するかどう

か，第4に，（差別的処遇の禁止領域に該当するのであれば）労働者に不利な処遇が存在するかどうか，第5に，（不利な処遇が存在するのであれば）不利な処遇に合理的な理由があるかどうか等である。

これらの要件をすべて満たすことによってはじめて差別的処遇とされ，是正の対象となる。このため，差別的処遇として認められ，是正命令が発せられ難い側面もある。とくに，派遣労働関係では，①使用事業主に雇用される労働者のうち，派遣労働者が担当する業務に従事する者が存在しないか，ごく少数であることから，比較対象労働者を見つけ難く，②福利厚生として支給される金品の場合，使用事業主に雇用されているために支給される側面があることから，不利な処遇であっても，合理的な理由が容易に認められる余地もある。

派遣労働者に関する差別的処遇が実質的に解消されるためには，解釈論の発展が必要であると考える。比較対象労働者につき，「使用者が，正規労働者とは異なる業務（同種ではなく，類似でもない業務）を与えて，差別的処遇をしているのであれば，さらに業務の違いの程度が差別的処遇の違いの程度を合理的に説明できるか否かを評価しなければならない。しかし，現行法では，同種・類似な業務に従事する者を先に特定してから，次の判断ステップに移るハードルを置いており，問題である」といった指摘[3]や，合理的な理由につき，「派遣労働者に対する差別的処遇の判断にあたり，『直接雇用関係から形成される労働条件』であるか，『使用事業主の事業所に編入されていることから形成される労働条件』であるかを区別する必要はなく，差別的処遇に合理的な理由があるか否かの判断に当たっての根拠になってもならない」といった指摘[4]等には耳を傾けるべきである。

一方，①使用事業主に対しても派遣事業主と連帯して差別的処遇の是正義務の責任を課している点，②請負契約の形式を取っていても，その実質が派遣労働関係である場合，派遣労働者に関する差別是正手続を適用している点，③3倍賠償制度を活用しはじめている点等は，派遣労働者の差別是正手続の活用を高める契機になると思われる。

3）金洪永（キム・ホンヨン）「社会統合と非正規職労働法の変化」ジャスティス134巻3号（2010年）92頁。
4）ジョ・サンギュン・前掲注1）248頁。

四　おわりに

　以上見てきたように，韓国における派遣労働者に関する差別是正制度は，日本における派遣元事業主に対する均衡考慮の配慮義務と比較して相当異なることがわかる。韓国では，派遣労働者に対する差別的処遇を禁止し，労働委員会が差別的処遇に対して是正命令を発して救済できる手続を置いている点において特色がある。このような差別是正制度を具体的に見るために，最近の労働委員会の判定事例を挙げてみた。差別的処遇として認められ，是正命令が発せられるためには，複数の要件を満たさなければならず，実質的な救済に至るまで難しい側面もある。その一方で，救済の実効性を確保するために，解釈の変化と制度の改善が行なわれている。差別是正手続が導入されてから10年あまりしか過ぎていない現時点において，差別是正制度の「功」と「過」を断定するのは難しいかもしれない。

第3節
「派遣労働と団結権」に関する再検討
——日・韓・EUを比較して

脇田　滋　龍谷大学名誉教授

一　問題の所在——派遣労働者と団結権

　1985年に制定された労働者派遣法は，派遣元・派遣先，派遣労働者の三面関係について新たな規制を設けた。従来，職業安定法44条で禁止されていた労働者供給事業を一部適法化して，労働者派遣事業とすることで「間接雇用」の新たな働き方を認めることになった。しかし，同法には労働組合という用語がほとんど使用されていないことに示されているように，立法者は，派遣労働関係における労働組合の役割や集団的労働関係についてなんらの定めもしなかった。

　すでに，偽装請負的な間接雇用をめぐる類似の争訟例から，適法化された派遣労働についても，労働組合による派遣先事業主との団体交渉，派遣先事業場での派遣労働者の団結活動への特別保護が必要であったと考えられる。当時，「これらの集団的関連の問題は法律で規定せず，裁判所の判断に委ねる」と立法にかかわった論者（高梨昌教授）からの指摘があった。これは一見「中立的な立場」を保っているかのように見えるかもしれないが，きわめて不均衡かつ不当な立法者の姿勢であった。実際には，派遣労働者は，雇用不安定で劣悪労働条件に置かれていて，団結権保障が一般の労働関係以上に，より切実に必要だからであった。

　労働者派遣法施行後31年を経過したが，この間，派遣労働者の団結活動はどのようになっているのか確認することが難しい。関連した政府の調査・統計は存在しない。派遣労働者の労働組合加入率は事実上，ほぼ皆無であると推測するしかない。2008年から2009年にかけてのリーマンショック時の「派遣切り」

に際して，雇用を失った派遣労働者の駆け込み的な訴えに応えて地域労組・ユニオンを中心にした取組みや争訟が集中的に生じた。この際にも，派遣先企業の正社員労組からの支援はほぼ皆無であった。その後も，派遣労働者自身が団結活動を展開したり，集団的労働関係を確立しているとは言えない。依然として，派遣労働者の組織率は今なお限りなく「ゼロ」に近いと推測できる。

　日本の労働者の中でもっとも雇用が不安定であり，劣悪な労働状況にある派遣労働者が「没団結」と言える状況にあることは，憲法との関連でも強い疑念を生むと言わざるをえない。筆者は，派遣労働者自身の団結権保障のために，現行の労働者派遣法を見直し，立法的に特別規制を加えるべきであると考える。以下，この視点から試論を述べることにしたい。

二　1985年法と派遣労働者の団結活動

　派遣労働者の組織化はきわめて困難である。その理由を整理すると，①派遣労働がきわめて雇用が不安定なこと，次に，②加入できる適当な労働組合が少ないことの2点を挙げることができる。

1　団結活動が困難な派遣労働者

　まず，派遣労働者の雇用は，きわめて不安定である。これまでに直接に聞いた派遣労働者らの異口同音の声は，「1年後，半年後，3ヵ月後，1か月後に，自分がどこでどう働いているかわからない」という訴えであった。定年までの長期雇用が前提となる正社員には，想像することさえできないほどの極端な不安定さである。

　この雇用不安は，契約期間が短いというだけでなく，実際には，いつ，派遣先から「差し替え」の要望が出されるかも知れないという不安から生じている。派遣先は，直接雇用の労働者であれば，解雇の責任を問われることになる。ところが，派遣労働者の場合には，「簡単に」「差し替え」を派遣元に求めることで，労働者を入れ替える。こうした「差し替え」には，労働者派遣契約に反する不当なものが少なくない。

「派遣先上司から，契約上の業務以外の作業を所定時間外にするように依頼
された。長時間かかりそうなので断ったら，次の週に別の人に差し替えられ
た」
「派遣先の男性正社員からセクハラ発言があり，派遣元を通じて苦情を伝え
たら，セクハラは止まったが，その月で仕事を辞めさせられた」

　派遣労働者が，こうした「差し替え」の不当性をめぐって派遣先を相手に争
うことは至難である。二者関係では，提供労働の実際の利用者である者が使用
者として，採用や解雇という雇用の責任を負う。ところが，労働者派遣の場合
には，派遣先は，実際には労働者を利用していて，その労働者を排除しても法
的には「解雇」の責任を負うことはない。実態は，指揮命令をして労働の提供
を受ける派遣先事業主であるが，労働者を「差し替え」によって排除しても
「解雇」とはならない。解雇の責任を負うのは，派遣先ではなく，派遣元事業
主となる。派遣先にとっては，実際に解雇をしても，法的には解雇にならな
い。労働力利用者（使用者）にとって，このうえもない「痛みを伴わない解
雇」「法的な負担のない解雇」が，労働者派遣という「適法な仕組み」によっ
て可能となるのである。
　それでは，派遣元は，労働者派遣の建前では自らに所属派遣労働者であるか
ら，派遣先の不当な差し替えについて闘ってくれるか？　派遣元が，雇用主と
しての実体があれば，そうした可能性があるかも知れないが，それは政府や派
遣法制定・改正を推進してきた学識経験者らの描く「虚構（フィクション）」
に過ぎない。派遣の場合，派遣先＞派遣元＞派遣労働者という大きな力関係の
格差があり，派遣元の多くはかなりの大手であっても顧客である派遣先に対し
てはきわめて弱い立場にあり，不当な派遣先の対応に対して労働者を擁護して
抵抗する例は皆無に近い。
　その結果，派遣労働者にとっては，納得できない理不尽きわまりない派遣先
の対応によって雇用を失っても，争うことによる時間的・経済的・精神的負担
の大きさや，将来の就職困難などの不利益を考えて「泣き寝入り」するしかな
い状況に置かれてしまう。このように，極端に雇用不安の状態にある派遣労働
者が，労働組合に加入して労働条件の改善のために活動する意欲を持つことは

きわめて困難である。

2 派遣労働者を組織する団結と団体交渉

日本の派遣労働者にとって，団結活動が困難である，もう１つの大きな理由は，加入や相談できる適当な労働組合が少ないことである。派遣労働者にとって，その労働時間のほとんどすべてを過ごす派遣先事業場で，労働組合と接触する機会があれば，派遣先での労働組合への加入が自然である。しかし，派遣先における労働組合の多くは，企業別に従業員だけを組織する場合が多く，同じ職場で同じように就労していても，別会社に付属する派遣労働者を代表する方針を持たないことがほとんどである。政府統計では，事業所に正社員以外の労働者がいる労働組合について，組合加入資格については，「パートタイム労働者」32.3％，「有期契約労働者」35.6％，「派遣労働者」11.1％，「嘱託労働者」30.7％であるが，「組合員がいる」では，「パートタイム労働者」22.0％，「有期契約労働者」24.3％，「派遣労働者」1.5％，「嘱託労働者」20.9％となっている[1]。非正規雇用が増えるなかで，正社員以外を組合員とする労働組合も一定の割合を占めているが，派遣労働者の組合員がいる例は1.5％と極端に少ないことがわかる。

労働者派遣法制定前に，事実上の派遣労働と言える，事業場内下請問題が，労働組合の取り組みで民間放送や民間航空など，多くの職場で問題となっていた。民放労連が，事業内下請について職業安定法違反の摘発も含めて積極的に問題を提起していた。現在でも，そうした民放労連の取組みの流れをしっかりと受け継いで活動しているのが，KBS京都放送労働組合である。同労働組合は，少人数であるが，派遣労働者だけでなく，有期雇用や請負の労働者であっても，非正規雇用や別会社所属を理由にすることなく，同じ職場，企業で就労する仲間として連帯し労働組合として問題を取り上げ，組合員化してきた。企業別組織であっても，労働組合の一貫した方針や意識があれば，派遣労働者を組織化できることを実例として示している[2]。また，ダイトーケミックス労組

1）「平成28年　労使間の交渉等に関する実態調査 結果の概況」参照。同調査では，組合員の実数は不明である。
2）民放労連京都放送労働組合『ＫＢＳ京都の格差是正の闘い　パートⅣ』，同『21年目に念

164　第4章　労働者派遣法の分析

（化学一般）は，同様に企業別組織であるが，派遣労働を含めて非正規労働者の問題に積極的に労働組合が関与して，会社側の濫用的な導入に協約を通じて規制を加えている[3]。

　日本全体を概観したとき，企業別組織のほとんどは派遣労働者の組織化に無関心かつ冷淡であり，KBS京都放送労働組合などは，派遣法施行30年間を振り返っても例外中の例外と言わざるをえない。その原因がどこにあるか，社会学的にまた運動論的に究明されなければならない。実際に派遣労働者から個別に労働相談を受け，問題解決をめざす活動をしている主体は，地域単位に組織された労働組合（地域ユニオン，地域労組，派遣ユニオン，青年ユニオンなど）である。相談者を組合員に受入れ，問題解決のために派遣元や派遣先に団体交渉を求めて争っている[4]。

　なお，派遣元での労働組合結成を論ずる議論があるかもしれない。たしかに，形式上，派遣労働者の「雇用主」とされる派遣元に注目し，その使用者責任を追及する可能性は存在する。ただ現実的には，派遣元事業場を中心に労働組合を結成し，そこに加入する可能性はほぼ皆無に近い。なぜなら，派遣元はその規模や実体から集団的な労働関係で実質的な対抗者となることは現実には限界がある。もし深刻なトラブルがあった時には，派遣会社担当者は，派遣労働者の力になることは稀で，むしろ，派遣先の要望を受けて労働者を別人に差し替えるなど，不当な解決で労働者の要望に背を向けることも少なくない。「何もない時は調子がいいが，何かあれば頼りない，文句を言えば牙を向く」と言うのが，「派遣110番の労働相談」で数多く寄せられた派遣労働者の派遣元に対する異口同音の実感である。このような派遣元を団体交渉の当事者としても，得られる問題解決には限界があり，結局は実質的な支配力を有する派遣先

　　願の社員化　松野君の闘争　パートⅤ』2015年10月等，参照。
3）堀谷昌彦「労働協約を締結し非正規雇用問題に取り組む」民主法律276号（2009年2月）
　　77頁以下参照。
4）欧州の労働組合は産別組織が支配的だが，未組織労働者を含めて労働者全体を代表する
　　指向を明確に持っている。イタリア，フランス，ドイツでは労働組合が派遣労働者を代表
　　して全国協約を締結している。労働組合に派遣労働者がいなくても，全国組織が派遣労働
　　者のための最低労働条件を設定している。また，イギリスではTUCが大手派遣会社である
　　アデコ社と派遣労働者の権利について協定を結ぶことで一定の基準を確立している。

を団交当事者とするしかない[5]。

三　派遣労働と事業場単位の過半数労組・代表者

1　36協定締結をめぐる派遣元・派遣先「重畳説」

労働者派遣法では，その44条2項で，派遣元と派遣先が使用者責任を配分することを定めているが，労働基準法36条については，派遣元事業主が使用者としての責任を負うとしている[6]。

この点については，派遣先で派遣労働者が相当数になる場合には，派遣先直用従業員と組織的統一性を保つために，派遣労働者もまた36協定の単位となる「事業場」内の「労働者」に含まれると解さなければならないことを根拠に，派遣元での36協定締結以外に，実際に就労する派遣先事業場単位の36協定締結を重畳的に行なう必要性を解釈論として主張する萬井隆令教授の説がある[7]。

筆者も上記の場合には，派遣先で就労する労働者集団の組織的統一性から，派遣元・派遣先で「重畳的」に36協定締結を必要とするという点で同説に賛同してきた。しかし，労働者派遣法施行30年の現実を振り返るとき，派遣元事業場を単位とする36協定締結が，実態としては過半数労働者代表選出が形骸的・脱法的ではないかという強い疑念を有するに至った。むしろ，派遣労働者は，各地に散在する多様な派遣先事業場で就労するのに，何ゆえに，わざわざ派遣元事業場を単位として36協定を締結するのかという根本的な疑問がある[8]。

本来，労働者が労働基準法が定める最低基準の法定労働時間を超えた長時間労働をすることは例外である。その例外を許容する36協定締結は厳格な民主的

5）ただし，派遣元事業主団体や，派遣元を監督する労働行政当局との交渉には現実的な意味がある。

6）派遣元事業場単位の労働者には各地の派遣先に派遣中の労働者と，それ以外の労働者（営業スタッフなど）の双方が含まれる（昭61.6.6基発333号）。

7）西谷敏・脇田滋編『派遣労働の法律と実務』（労働旬報社，1987年5月）148頁〜149頁【萬井隆令担当】。

8）萬井隆令『労働者派遣法論』（旬報社，2017年7月）は，36協定だけでなく，就業規則も派遣元で過半数代表の意見を聴取することを含めて，派遣法の関連問題点を的確に指摘している。「労働者の過半数代表，多くの派遣先に就労しており，お互いに名も顔も知らない者同士の中から具体的にどのように選出するのか，という技術的な問題に直面する」（同書38頁）。

手続きが不可欠である。しかし，派遣労働者の場合，派遣元単位とすることで協定締結が，労働者の意思を反映せず，極端に形骸化している現実がある。

まず，派遣先であれば直用労働者多数が加入する労働組合が存在する場合があり，協定締結の当事者として「過半数代表労働組合」が存在する場合も十分に考えられる。ところが，派遣元事業場を単位としたとき，派遣労働者の過半数を組織する労働組合が存在する場合は，現実的には考えることが難しい。派遣労働者は，労働組合を通じての協定締結の可能性さえ事実上失っていると言える。

次に，筆者が派遣労働者から直接のメール相談を通じて得た認識では，派遣労働者は，36協定締結主体である過半数労働者代表選出にも実質的な関与をまったくしていない。たとえば，M社の場合，派遣元は，各地に散在する労働者を一堂に集めて民主的な選挙で代表者を選出する手続きをとらずに，その代わりに過半数代表者の候補者を示してメールやFAXで知らせる方法をとっていた。そして，労働者が，その候補を信任しないのであれば，その意思をメールやFAXで返信することを求める方法であった。相談者は，「会社が示す候補者には1度も会ったことがなく，信任に値するか否かの判断根拠がない。自分には関係がないことと考えて，通知を無視していた」と書いていた。もし，不信任の返事をすれば，次の派遣先紹介がないなどの不利益も考えられるので，こうした信任投票方式そのものが労働者の自由意思の表明に反するものである。

行政通達では，36協定などの過半数代表者の要件として，「次のいずれの要件も満たすものであること。⑴法第41条第2号に規定する監督又は管理の地位にある者でないこと。⑵法に基づく労使協定の締結当事者，就業規則の作成・変更の際に使用者から意見を聴取される者等を選出することを明らかにして実施される投票，挙手等の方法による手続により選出された者であり，使用者の意向によって選出された者ではないこと」を求めている[9]。そして，代表選出手続きは，投票，挙手の他に，労働者の話し合いや持ち回り決議なども含まれるが，労働者の過半数がその人の選任を支持していることが明確になる民主的な手続きがとられていることが必要であるとされ，選出に当たっては，すべての労働者が手続きに参加できることが求められている。とくに，会社の代表者が

[9]「労働基準法の一部を改正する法律の施行について」（平11.1.29基発45号）。

特定の労働者を指名するなど，使用者の意向によって過半数代表者が選出された場合，その36協定は無効であることを強調している[10]。

2 「重畳説」を補充する新たな解釈

少なくとも，派遣元単位の36協定締結がどのように行なわれているかについて，派遣法施行30年間に，厚生労働省などの公表された実態調査は存在しない。厚労省は，36協定については民主的な代表選出を求めているが，派遣労働者からの相談では，実際には一堂に会する方式が派遣元にとって負担となることから，「信任投票方式」を黙認（実際には公認）しているのではないかと推測している。本末転倒である。派遣元単位の締結に固執するのであれば，派遣労働者を一堂に集めるなど，徹底した民主的選挙手続きという要件の遵守を派遣元に求めるべきである。それが難しいのであれば，派遣労働者の場合には，36協定締結を派遣先事業場単位に結ぶように法改正をするべきである。

前記の「重畳説」は，派遣先で「組織的統一性」が問題になる程度に派遣労働者が多数になっていることを前提にしているが，筆者は，さらに派遣元での36協定締結が「脱法的な信任方式」ではなく，実質的に民主的な手続きで代表選出をしていることを，派遣元事業主が証明できなければ，労基法所定の「36協定」は派遣元には存在しないと考える。つまり，派遣労働者が派遣先で相当数存在していなくても，派遣元・派遣先の双方で，36協定を民主的・実質的に締結することが，「重畳」的に行なわれることが必要であると解釈する[11]。

他方，派遣業務が原則自由化され，製造業など労災多発業種でも複雑な間接雇用が広がっている。その結果，重大災害も頻発するようになり，派遣労働者がそこに組み込まれて就労する，派遣先事業場を単位とした安全衛生が重要な課題になっている。

労働者派遣法は，派遣先事業主に，派遣労働者を含めた安全衛生管理体制の確立を求めている。したがって，派遣労働者を含めて常時使用する労働者数を

---

10) 各地の労働局ＨＰ，厚労省パンフレット等参照。
11) 筆者は，萬井・前掲注8)38頁で指摘された「技術的な問題」は，現在では，法解釈で補正すべき程度に深刻なものに達していると考える。そして本文のとおり，「重畳説」をさらに展開することにした。

算出し，それにより算定した事業場の規模等に応じて，①総括安全衛生管理者，安全管理者，衛生管理者，産業医等を選任し，派遣労働者の安全衛生に関する事項も含め，必要な職務を行なわせること，②安全衛生委員会等を設置し，派遣労働者の安全または衛生に関する事項も含め，必要な調査審議を行なうこと（安衛法10条，11条，12条，13条，17条，18条等）が求められる。注目すべきことは，「派遣労働者の安全衛生を確保するためには，派遣先事業者が，派遣労働者は一般的に経験年数が短いことに配慮し，派遣労働者の危険又は健康障害を防止するための措置等を現場の状況に即し適切に講ずることが重要であること」が指摘されている[12]。

　安全衛生管理で，派遣労働者を含めた派遣先事業場での労働者集団を捉えることは，より労働者保護に適合的であるとともに，派遣労働者の参加を認める点でより現実に即している。派遣労働者を含む安全衛生管理という要請は，派遣形式での労働力利用による派遣先の使用者責任回避よりも重視されていると考えられる。とくに，労働基準監督の視点からは，安全衛生管理で形式的な雇用主（派遣元）によって労働者が区分されるときには，監督そのものが実際的な困難に直面する。したがって，派遣先事業場で派遣労働者を含む安全衛生管理が要請されていると考えられる。また，派遣労働者自身が，生命・健康にかかわる重要な労働条件決定に参加することの積極的な意味も重視されている。

　こうした①労働者保護，②監督の必要性，③労働者の参加という要請に応える安全衛生における派遣先事業場単位の規制は，労働時間についても同様に要請されていると考えられる。安全衛生をめぐる現行法や行政運用からも，36協定締結主体の選出について，派遣労働者を派遣先労働者集団から排除する運用や解釈は適当ではない[13]。

---

12)「派遣労働者に係る労働条件及び安全衛生の確保について」（平21.3.31基発0331010号，平25.3.28改正基発0328第6号，平27.9.30改正基発0930第5号）参照。
13) 鎌田耕一・諏訪康雄編『労働者派遣法』（三省堂，2017年2月）は，36協定締結について問題提示すらせず，行政解釈に追随していると考えられる。

四　派遣先事業主の団交応諾義務

労働組合法7条2号が「雇用する労働者の代表者」という文言を用いているのは，団体交渉が，通常，労働者の雇用条件をめぐって行なわれるからであるに過ぎない。「雇用する労働者の代表者」の形式的では，不当解雇された被解雇者が結成した労働組合は「雇用する労働者」の代表者でないとして行なう団交拒否が不当労働行為でないとする不合理な結果からも明らかであり，不当労働行為制度の趣旨をふまえた独自の「使用者」概念として把握することが重要である。従来の学説や判例・命令は，「雇用する労働者」と契約関係にある者を「使用者」の典型とするが，現実の労使関係をふまえて「使用者概念の拡大」を図ってきた。そして，「被用者の労働関係上の諸利益に何らかの影響力を及ぼし得る地位にある一切の者は，使用者たる地位を有する[14]」とか，使用者を狭く労働契約当事者に限ることなく，「労働者の労働関係上の諸利益について，実質的に支配力を有する者」を指すとする見解[15]が支持されてきた。労働者の団結活動を実際に阻害することが不当労働行為であるから，直接の雇用関係がなくても親会社や銀行などを含めて，労働組合との団体交渉に応ずるべき「使用者」の範囲が問題となってきた。

そして，事業場内下請をめぐる朝日放送事件で，最高裁判所は1995（平成7）年2月28日，下請労働者の労働組合からの団交に応じなかった受入企業の団交拒否（労組法7条違反）をめぐる事件で注目すべき判決を下した。判決の要点は次のとおりであった。

「労働組合法7条にいう『使用者』の意義について検討するに，一般に使用者とは労働契約上の雇用主をいうものであるが，同条が団結権の侵害に当たる一定の行為を不当労働行為として排除，是正して正常な労使関係を回復することを目的としていることにかんがみると，雇用主以外の事業主であっても，雇用主から労働者の派遣を受けて自己の業務に従事させ，その労働者の基本的な

---

14) 岸井貞男「不当労働行為の法理論」（総合労働研究所，1978年）148頁。
15) 片岡曻著・村中孝史補訂『労働法(1)［第4版］』（有斐閣，2007年）134頁，西谷敏「労働組合法』（有斐閣，1998年）142頁。

170   第4章　労働者派遣法の分析

労働条件等について，雇用主と部分的とはいえ同視できる程度に現実的かつ具体的に支配，決定することができる地位にある場合には，その限りにおいて，右事業主は労働組合法7条の『使用者』に当たるものと解するのが相当である[16]。」

　この事件は，労働者派遣法施行以前の事例であったが，最高裁は労働者派遣を含む間接雇用での類似事例を意識した，一般的な判断を下したと解されてきた。実際，同判決を契機にして，派遣先の団交応諾責任について，学説と判例，労委命令が展開することになった。まず，同判決について，労働契約関係を基本として団交応諾義務を負う使用者を捉える立場の論者は，右判決の中で，「基本的な労働条件などについて」，「現実的かつ具体的に支配・決定できる地位」などの部分に注目する。そして，同判決が，労組法7条の使用者について，当事者間に労働契約関係に類似した関係性があることを認めたものと指摘する[17]。同判決は，「一般に使用者とは労働契約上の雇用主をいうものである」と指摘するが，その核心は，さら続けて「雇用主以外の事業主であっても」，同条の「使用者」にあたる場合があることを明確にし，労組法上の使用者が重畳的に存在しうるという点を認めた部分が重要な意義をもっている。それは，最高裁判所が労働関係上の支配力に相応して部分的使用者性を認める立場を受け入れたが，使用者の外縁を過度に拡大することを抑制する配慮から，「雇用主と部分的とはいえ同視できる程度に現実的かつ具体的に支配，決定することができる地位」という判断基準を提示したと解するべきである[18]。

　労働組合法7条は，「団結権の侵害に当たる一定の行為を不当労働行為として排除，是正して正常な労使関係を回復することを目的としていること」を重視している。たしかに，朝日放送事件・最高裁判決は，「重畳的使用者概念」を採用したとされ，派遣的な労働関係を念頭に置いて，その限りでは一般的な判断枠組みを与えている。しかし，その射程距離を過度に広く捉えるべきではない。朝日放送事件・最高裁判決は，受入企業の構内で複数の請負業者の労働

16）朝日放送事件（平成5年（行ツ）第17号）・最3小判平7.2.28民集49巻2号559頁。
17）菅野和夫教授が『労働法［初版］』（弘文堂，1985年）以降で主張している説が代表的である。
18）西谷敏『労働組合法［第3版］』（有斐閣，2012年）149頁以下。

者が派遣労働類似の就労を行なっていた労働関係のもとで，労働者らの組合からの団体交渉申し入れや支配介入をめぐって，受入企業である朝日放送の使用者性が問われた事例である。あくまでも，同一受入企業の労働組織に組み込まれた労働者が長年就労する「事業場内下請関係」という特殊性があった点に留意するべきである。

そして，同判決は，労働組合法7条の使用者の範囲について派遣労働関係全般についての一般的判断基準を示したものとは言えないにもかかわらず，その後の学説，とくに労委命令や判例には，最高裁・朝日放送事件判決の射程距離を不当に拡張して都合よく援用し，同判決の労働契約関係重視的側面を強調して，派遣先や受入企業の団体交渉応諾義務については否定的な傾向が強くなっていると思われる[19]。

朝日放送事件は，派遣労働関係のなかで特殊な場合であった。たしかに，団体交渉の当事者関係と労働契約の当事者関係を同視する見解は，高度経済成長期に形成された企業別単位の日本的労働慣行が支配的だった社会的歴史的事情を反映している。これは1つの企業ないし事業場で1つの事業主に雇われた従業員が労組を構成する企業別労使関係だけを，正常な典型的労使関係と見る見方と深く関連している[20]。

しかし，1990年代後半から，正社員をモデルにした雇用関係を大胆に修正し，多様な雇用形態（とくに，非正規雇用）を前面に主張する経営者団体の提言（日経連「新時代の『日本的経営』」1995年）があり，労働運動の中でも，非正規雇用・労働者が急増するなかで，企業別組織とは組織・運動方針が異なる地域労組・地域ユニオンなどが活動することになった。こうした新たな労働組合が，労働相談などを通じて組合員となった派遣労働者や下請労働者を組合員

---

19) 本節では，詳細に検討する紙幅がないが，福岡大和倉庫・日本ミルクコミュニティ事件・中労委命令平20.7.2，ショーワ事件・中労委命令平24.9.19，中国地方整備局・九州地方整備局事件・中労委命令平24.11.21など。こうした傾向への詳細な批判については，萬井・前掲注8)，緒方桂子「労働組合法における派遣先に企業の使用者性」和田肇・脇田滋・矢野昌浩編『労働者派遣と法』（日本評論社，2013年）参照。

20) その中心的な論者である菅野和夫教授の著作『新・雇用社会の法』（有斐閣，2002年7月）参照。なお，派遣労働者の団体交渉をめぐる日韓の学説と裁判例の鋭い分析については，尹愛林（ユン・エリム）「支配企業の団体交渉応諾義務に関連する韓国と日本の法理比較」労働法研究2016年下半期41号（ソウル大労働法学研究会）319頁〔原文は韓国語〕参照。

として，派遣先や受入企業を相手とする団体交渉が増えてきた[21]。

　企業別正社員関係の縮小，また，企業別労組の無力化・停滞のなかで，今後は，こうした地域労組による団体交渉や産業別交渉などが，企業単位を超えて多様に展開されることが展望される。重層下請関係や短期・日雇派遣という就労環境のなかで，労災多発や労働者の無権利など，多くの弊害が生じている。経済的に巨大な力を有し，現場の間接雇用・労働者の労働条件に支配的な影響力を持つ者として，元請業者や派遣先企業の責任を法的にも明確にしなければならない。労働契約当事者を前提にした団体交渉当事者を把握する議論は，多様な雇用形態が広がっている新たな現状を直視しないものであり，理論的な狭隘さが際立ってきている。憲法にもとづく団体交渉権保障の趣旨を新たな現実に対応して，派遣先企業，受入企業，元請事業者団体などの団交応諾責任を積極的に捉えること，実際に影響力を行使し労働提供を受けて実際に利益を受ける者に使用者責任をきちんと果たさせることこそ，労働法をめぐる焦眉の重要課題である[22]。

五　今後の課題

1　労働法・行政を通じた派遣労働者団結の助成

　1997年，国際労働機関（ILO）は，「民間職業仲介事業所条約（第181号）」を採択した。日本政府は，同条約を派遣労働拡大の99年法改正を正当化するものと宣伝し，99年7月に批准した。しかし，同条約4条は，「加盟国は，第1条に規定するサービスを提供する民間職業仲介事業所によって募集された労働者が結社の自由の権利及び団体交渉権を否定されないことを確保するための措置をとる。」と規定し，派遣労働者の団結権，団体交渉権確保のための特別な措

21）最近の間接雇用をめぐる事件の多くで，地域労組が団交当事者となる場合が支配的になっている。萬井・前掲注8）。

22）筆者自身，関連事案を検討して本文の思いを強くした。地域労組が女性派遣労働者の相談を受けて派遣先との団体交渉を争ったファミリーマート事件については，「派遣先事業主の団交応諾義務についての1考察」龍谷法学33巻3号（2000年12月）507頁以下，また，建設日雇労働者の組合である全港湾西成分会が，重層請負関係でゼネコン業界団体に団交を求めた事件について「日雇労働者と使用者・使用者団体の団交応諾責任」龍谷法学40巻2号（2007年9月）280頁以下参照。

第3節 「派遣労働と団結権」に関する再検討―日・韓・EUを比較して　173

【表】　国別の労働組合組織率と労働協約適用比率

	労働組合組織率（%）	労働協約適用比率（%）
オーストラリア	10-20	50-60%
韓国	10-20	10-20%
オーストリア	20-30	90%以上
フランス	5-10	90%以上
ドイツ	10-20	50-60%
イタリア	20-30	80-90%
オランダ	10-20	80-90%
スペイン	10-20	70-80%
スウェーデン	60-70	90%以上
イギリス	10-20	20-30%
アメリカ	5-10	10-20%
日本	10-20	10-20%

OECD, Employment Outlook 2016より筆者作成

置を各国に要請している。ところが，日本政府がこの特別な措置をとることはなかった。

　日本の特殊な企業別労働慣行，とくに企業別労組のもとでは，派遣労働は，劇的といえるほどの弊害は雇用社会にもたらすことになった。その弊害を要約すれば，①雇用不安定，②差別待遇，③複雑な雇用形態に見合う保護欠如，④労働者の孤立（団結困難と協約等の不適用）であった。労働者派遣法施行30年で，雇用社会を底抜けと言えるほどに劣化させた点で，同法を拡大した政府・与党の責任は大きい。また，労働行政，労働組合，法律家・研究者なども，こうした劣悪労働である労働者派遣の拡大推進に加担・傍観したこと，あるいは阻止できなかったことに責任があると考える[23]。

　日本の雇用社会の主体である労働者すべてが人間らしく働き暮らせるためには，もっとも無権利な派遣労働者の悲惨な現実を変えることが，労働側だけでなく，社会全体の課題にまで達している。現実を変えるためには，前記の

23）異論のある人は，ぜひ，実体験を基に日本の派遣労働の実態を訴える，中沢彰吾『中高年ブラック派遣　人材派遣業界の闇』（講談社，2015年4月）を読んでほしい。

ILO181号条約4条の趣旨をふまえた，積極的な法規制を導入するなど，派遣労働者自身が主体となって，団結権を行使できるように，法・政策のパラダイムを大転換する必要がある。

　将来的には，派遣労働について均等待遇を徹底したり，協約拡張適用慣行による労働組合の影響力を派遣労働者に及ぼすＥＵ諸国の派遣労働法制に近づけることが必要である（**表**参照）。

　しかし，当面は，類似の企業別雇用管理のもとで間接雇用の弊害克服に取り組んでいる隣国・韓国の動向が参考になる。韓国では，近年，国や自治体が先頭にたって，非正規雇用の縮小政策を進めている。2011年秋に就任した朴元淳・ソウル市長は，ソウル市関連の有期雇用・間接雇用・労働者約9000の正規職転換を実現した。また，青年，女性，外国人，零細企業などの「脆弱労働者」について，自治体としての労働支援を進めている。さらに，2017年6月に就任した文在寅大統領は，このソウル市の労働政策を政府レベルで受け入れる公約をかかげて，非正規労働者縮小を含む労働尊重社会実現政策を進めている。とくに，労働組合を重視して，政労使の対話を政策の基本に置いている。

　日本では，この30年間，非正規雇用が拡大したが，労働者派遣法制定・改正など，政府自身がその推進主体であった。非正規雇用の弊害をなくすためには，法律や政策を改める必要がある。派遣労働者について，法施行30年間に，団結をすることが困難な雇用形態ということが明らかになっている。憲法の団結権保障，ILOなど国際労働基準，ＥＵや韓国の動向をふまえて，国や自治体の公的な責任で，派遣労働者の団結を支援する措置が求められていると考える[24]。

2　派遣先事業主の団体交渉応諾義務

　派遣先事業主が，派遣労働者が所属する労働組合からの申し入れに対して団体交渉義務を負うことを法律上明文化する。

　労働組合法7条の「雇用する労働者の代表者」の文言について，①その中に，派遣先事業主にとっての派遣労働者の代表者が含まれることを明記し，派

24）脇田滋「韓国における雇用社会の危機と労働・社会保障の再生」矢野昌浩・脇田滋・木下秀雄『雇用社会の危機と労働・社会保障の展望』（日本評論社，2017年2月）177頁以下参照。

遣先事業主が団体交渉に応じる義務を負うことを確定する，また，②派遣だけでなく，事業場内下請，協力会社，親子会社，重層下請の関係においても，労働者の地位や労働条件に影響力を及ぼす者を広く団体交渉に応すべき使用者であると見なす規定を導入する，さらに，③「使用者が雇用する」という文言ではなく，団体交渉権保障の趣旨から，一定の労働者を代表する労働組合からの団体交渉申し入れについては，その労働者を雇用だけでなく，使用している，重層的関係において労働関係に影響力を与えている場合，原則的にその労働組合からの団体交渉応諾義務を負うとする文言に改めることが考えられる。

第5章
労働時間規制の現状と課題

第1節
勤労基準法上の勤労時間規制と勤労時間の実態

呉相昊 昌原大学校教授

翻訳 **脇田 滋** 龍谷大学名誉教授

一 序論

　勤労基準法（以下，「勤基法」）が1953年に制定された後，勤労時間制度は産業化が進展するとともに勤労者保護の強化と労働市場柔軟性の強化という2つの観点から変化の道を歩んできた[1]。すなわち，勤労時間規制は勤労者の安全と健康保護のための主導的役割をし，そして，企業の生産性向上のために勤労

※　日本語訳注：脇田滋

① 〔　〕は，日本語訳にあたって，著者の意図を推測して補った語句である。

② 　一部の語句は，無理に日本語に置き換えずに，韓国語（漢字語）をそのまま使った。
　　主なものは，つぎのとおりである（「韓国漢字語」〔＝日本語〕）。
　　「勤労」〔＝労働〕，「勤労時間」〔＝労働時間〕，「延長勤労」〔＝時間外労働〕，「産業災害」〔＝労働災害〕，「方案」〔＝方法，方策〕

③ 　なお，「制定勤基法」は，1953年に制定された勤基法，「環労委」は国会の環境労働委員会を指す。

④ 　200頁の＊印の箇所は，原文の重複箇所（延長勤労と休憩時間の限度）を省いて訳出した。

1）ハ・ガンネほか『勤労時間柔軟化制度設計研究』（雇用労働部，2009年）8頁。

時間の法規制を柔軟化することにもなった。実際に長時間勤労の短縮は勤労者の安全と健康を保護するが，その一方では勤労者の生産性を高めるので両面的特性を有する。それにもかかわらず，歴史的に見れば勤労者と使用者の関係は基本的に労働市場で「規制（衡平性）」と「自由（効率性）」という衝突する価値を内包しているので，常に緊張関係を高めさせる潜在的可能性が存在してきた。最近，政府の「非正規職総合対策」発表によって論議再燃が予想されている。〔同対策は〕人材運営の合理性向上による雇用創出を目的として「勤労時間の短縮」と「勤労時間の弾力的活用」を提案している。そこでの勤労時間短縮は2003年に導入された週40時間を縮小しようとするのではなく，休日勤労を延長勤労時間に含ませない既存の不合理な慣行を改善（要件）して勤労者の実際の勤労時間を縮小（効果）することを意味している。そして延長勤労が制限されない特例業種の範囲を大幅縮小する内容も含んでいる。他方，季節と生産需要変動により勤労時間を柔軟に活用できるように弾力的勤労時間制の単位期間も，就業規則の場合に現行2週から1ヵ月に，労使合意がある場合に現行3ヵ月から1年にまで拡大できるように制度整備を推進している。

　しかし，本論文は，政府が2014年12月29日発表した「非正規職総合対策」のなかの勤労時間と関連した個別的ケースについて法理的な問題提起をし，それについて別の解決方案を示すという目的に焦点を合わせるものではない。より根本的な立場から，勤労時間の規制（Regulation）と規制緩和（Deregulation）が，相互調和による比較衡量の観点で評価されるべき協力関係なのか，そうでなく選択の問題として2つのいずれか1つに優先性を与え，他の1つは放棄される対立関係であるのかを明らかにしようと思う。論文の順序は，最初に，勤基法上の勤労時間規制に関する法改正の沿革を検討する。歴史的に1週48時間→44時間→40時間へ勤労時間が短縮される過程を描き，合わせて勤労時間の法規制を補完するために選択された勤労時間規制緩和制度の導入背景と内容を中心に述べてみる。沿革的検討の後に，勤労時間の規制と規制緩和の効果として勤労者保護（勤労条件改善）と企業保護（生産性向上）という規範目的間の相関関係を，規制の正当性という観点から論証する（三）。最後に，勤労時間規制の目的にもとづいて，政府の「勤労時間総合対策」を含む勤労時間政策の実効性を確保しうる立法政策的方案と方向を簡略に提示する。

二　勤労時間規制の歴史

1　1953年制定勤基法（1日8時間，1週48時間原則）

　よく使う表現で「労働法の歴史は勤労時間短縮の歴史」と言う。産業革命が始まった後から19世紀末までは1日12時間以上の長時間労働が一般的であり，この労働時間は経済・社会的発展と共に持続的に短縮されてきた。たとえば，1802年英国の「徒弟の健康と風紀に関する条例」は徒弟の1日勤労時間を12時間に制限し，1839年ドイツの児童保護法は16歳未満児童の勤労時間を1日10時間に制限して，これら諸立法が発展過程に位置した。とくに，今日普遍化した1日8時間勤労の理論的背景は，1886年国際労働者協会で主張された1日3分法，すなわち「8時間勤労，8時間余暇，8時間睡眠」から始まる。さらに国際労働機関（ILO）も1919年第1回総会で「工業的企業における勤労時間を1日8時間，1週48時間に制限する条約」を1号条約として採択した。歴史的に勤労時間規制は1日12時間→10時間→8時間と短縮されてきたのである。

　勤基法が1953年に制定され，法42条で「1日8時間，1週48時間勤労制度」を法定基準の勤労時間として導入した。これはILO1号条約を受け入れて勤労条件の国際的基準に合わせる試みと評価され，勤労時間規制の目的は勤労者の勤労条件改善，すなわち勤労者の健康と生命を長時間勤労から保護することであった。

　ただし，このような硬直的構造にもとづいて一部柔軟性を加味するために社会部（現雇用労働部）の認可を得て延長勤労の上限規制を解除し（42条2項），さらに特定事業および業務の関連勤労者に勤労時間，休憩，休日に関する規定自体を適用しないとする除外規定を用意して，現在まで大きな内容の変化なく維持されている[2]。適用除外条項で言及される勤労者は，勤労関係における保護法適用の例外勤労者という地位を持つことになる。

2）現行勤基法63条は，特定事業と特定業務に関連する勤労者（1号農業勤労者，2号畜産および水産業勤労者，3号監視・断続的勤労者，4号管理・監督および機密取扱い勤労者）に勤労時間をはじめとする休憩，休日に関する規定の適用を除外する。いわゆる勤労時間除外制度規定である。

2　1980年第3次改正勤基法

制定勤基法42条但書き条項は,「当事者の合意で1週60時間を限度」に延長勤労を許容していたが,1980年改正法では「当事者の合意で1週12時間を限度」に超過勤労を可能にする,規定形式の変更があった。

そして勤基法42条2項で「労使合意で4週を単位にして1週勤労時間が平均48時間を超えない範囲内で特定日に8時間,特定週に48時間を超える勤労提供」が可能となるように弾力的勤労時間制が初めて導入された。立法趣旨は,経済事情の変化に対処するために現実妥当性がない事項の改正と,労働当事者の共同利益を図ることができる事項などを補完しつつ,事業場労務管理の合理化を期して勤労者保護と企業発展に寄与することを目的にしていた。すなわち,伝統的意味を有する勤労時間規制は予測可能な定形勤労を前提に,勤労時間の規制基準を1日もしくは1週単位に短縮する過程だったが,弾力的勤労時間制度は勤基法制定以来1週48時間原則はそのまま維持するものの,1日8時間原則の硬直性を緩和するために当事者の合意を要件に適用が可能となった。ただし,勤労時間の不合理な配分を通じて勤労者の健康や生活の不便さを最小化するために勤労時間総量(1週平均時間)のような実体的規制とともに,労使合意という手続き的規制を置くことになったのである。この意味で基準勤労時間規制を緩和して運営されるのが変形勤労時間制度であるが,1980年改正勤基法の勤労時間規制は企業の競争力確保に主な目的があったと確認することができる。

3　1989年第8次改正勤基法(1日8時間,1週44時間原則[3])

世界的に勤労時間短縮は,初めは「1日8時間」勤労制の定着を目標に議論されたが,これが1919年ILOが採択した1号条約で世界的標準になって以降は,週当たり勤労時間短縮が焦点となった[4]。勤基法制定以後,劣悪労働環境

---

3) 1953年制定勤基法の週48時間制が1989年になって業種別・規模別に短縮され始め,週46時間制を経て1991年10月に全面的に44時間制が施行されるに至った。

4) 労働法実務研究会『勤労基準法注解Ⅲ』(博英社,2012年)70頁,イ・スンウク「勤労基準法上書面合意の効力」労働法研究7号(ソウル大学校労働法研究会,1998年)89～90頁。

の克服と国際基準の観点から勤労時間短縮の圧力を不断に受け続けた。しかし1960年代からの政府主導型の成長優先政策は，その性格上「長時間勤労と低賃金」状態の解決には構造的な限界があった[5]。このような状況で「勤労者の勤労条件改善と生活向上を通じて勤労者の生産意欲を高め，さらに社会の安定と国家発展に寄与することを目的」に1989年改正法は週当たり勤労時間を「48時間」から「44時間」に短縮した。ただし，週当たり勤労時間短縮規定を過渡期間なく強行的に推進する場合，各企業が直接的に受ける影響は相当なものであり，これによって各企業が有する競争力が低下するならば究極的な勤労条件改善の目的まで達成できなくなる点を憂慮して，猶予期間を設定して漸次導入することになった[6]。

　重要な点は1980年改正法で導入された4週単位の弾力的勤労時間制を削除することになった点である。これは勤労者の勤労条件改善，すなわち勤労者の生活の質向上という目的が支配的に作用した結果と評価されている[7]。1日の最高勤労時間の限度がなく長時間勤労が許されるので，これによる健康障害と産業災害発生の懸念があり，労使合意を前提として手続きが厳格で，法定延長勤労手当を支給するので使用者に特別な実益がないという点が主な理由であった[8]。

　一方，改正法は年次有給休暇に関連して「皆勤した勤労者に対しては10日，9割以上出勤した者に対しては8日の有給休暇」を与えることができるように改正された。これは制定勤基法で皆勤の場合8日，9割以上の場合に3日支給するという原則に比べて，とくに皆勤できなかった勤労者の休暇付与日数を大幅に引き上げて調整した。何より実勤労時間短縮を促進するための政策的考慮から休暇制度を整備したのである。

　結果的に1980年改正法は，勤労時間短縮を通じて勤労者の健康保護という目的を志向し，さらに休暇制度改善を通じて余暇保障という目的を並行的に確保するための立法と評価される。

5）ユ・ソンジェほか『労働法60年史』（雇用労働部，2012年）127頁。
6）パク・ジョンヒ「勤労時間短縮議論の立法政策的方向と課題」安岩法学11号（セチャン出版社，2000年）360頁。
7）パク・ジョンヒ・前掲注6）348頁。
8）労働法実務研究会・前掲注4）84頁。

4 1997年再制定勤基法

　制定勤基法は何度かの改正を経て勤労条件水準を量的に高め補完してきたが，国家が勤労者を後見的保護対象とみなして規制中心の一方的な政策を推進するものとして産業社会の変化と需要に対応できないという経営界の意見が提起され続けてきたこともあり，労使双方の対立によって合意点を見出すことができなかった。しかし，1990年代後半から資本の国際移動が自由化されるなか，利潤最大化を実現するための企業のリストラ作業が先進国および競争国で広く展開され，内部的に労働市場の柔軟性を高めることができる方向で法改正が推進されることになる[9]。すなわち，労働法が経済発展，とくに労働市場の具体的状況と密接な関連があると認識されることになって，労働法の役割と機能についての構造的変革論が台頭することになる[10]。そして1997年新法制定の形式で全面改正され，現在施行されている勤基法が，従来の硬直した勤労時間規制を全面緩和し，現在の柔軟的勤労時間制度の基本的骨格が作られることになる。何より新規制定の理由が「産業構造の変化と雇用形態の多様化によって雇用関係を伸縮的に運営し硬直的な勤労時間制度を柔軟化するなど，雇用関係および勤労時間制度を現実に適合するように勤労基準制度を合理的に規制」するという点に鑑みれば，勤労時間法制の改善を通した労働市場の柔軟性確保が緊急な国家的課題であったことを示している。具体的には，2週および1ヵ月単位で運営される弾力的勤労時間制を用意し，選択的勤労時間制，みなし勤労時間制そして裁量勤労時間制も新設した。

　労働法の規制緩和のもう1つの現象形態は，全体的に勤労条件決定システムにおいて下位システムの比重が高まることである。すなわち，法的規制を緩和して団体協約や労使協定を通じての自主的決定によって勤労条件を決定する規範の分権化現象が現れている[11]。勤労時間の変形的運用の決定を使用者の一方的な決定権限に委ねることなく，勤労者側との合意を通じて施行できるように

9）ハ・ガンネほか・前掲注1）18〜19頁。

10）パク・ジスン「労働法規制改革の観点と方法」経営法律20集1号（韓国経営法律学会，2009年）74頁。

11）キム・インジェ「労働分野規制緩和対応方案摸索，労働部門『規制緩和』経済を活かす解決法か？」参与連帯労働社会委員会（2008年）11頁。

することで，勤労時間の配分および編成における勤労者の利害関係を適切かつ十分に調節することができるために勤労時間制度に初めて「勤労者代表との書面合議制度」を導入することになった[12]。1ヵ月単位の弾力的勤労時間制の場合（2週単位は就業規則），選択的勤労時間制，みなし勤労時間制そして勤労時間および休憩時間の特例制度の場合に適用された。

結果的に1980年代以後，グローバル競争が深刻化して企業間に生産性と効率性を向上させるための競争が激しくなる等，企業環境の変化を目的として労働法制の規制緩和要求が内外的圧力として作用したのである。したがって，1997年勤労時間改正は，既存の勤労時間制度が硬直化していたので新しい労働環境変化に弾力的に対処できない限界を克服するために，勤労時間規制の柔軟化が時代的背景であることを立法的に確認したものであり，勤労時間規制改革の目的は経済的効率性（生産性向上）と労使自治尊重（自己決定の原則）である。

5 2003年勤基法（1週40時間，1日8時間原則）

(1) 背景

2003年勤基法改正は，勤労時間制度改善のための目的で行なわれ，その中心は週40時間制度導入であった。改正理由を見れば，「勤労者の生活の質向上と企業の競争力強化に貢献するために法定勤労時間を短縮して勤労時間および休暇制度を国際基準に合わせて改善」しようとするところにある。改正理由をただ直観的に見れば，勤労者の生活の質向上は勤労時間短縮と連結されて企業の競争力強化は勤労時間および休暇制度を国際基準に合致させることである。結局，長時間勤労の規制を通した勤労条件改善と企業の競争力強化のために勤労時間規制の緩和という2種類の目的だけが今なお残っている。もちろん勤労時間と休暇制度の改善で余暇時間の確保，すなわち余暇保障も重要な目的として現れている。

しかしながら，立法的議論の出発は，1997年のIMF事態以後，急激な経済不況による大量失業および雇用不安定によって労働市場構造改善のために政府が

---

12) パク・ジョンヒ「勤労基準法上勤労者代表と使用者が締結した書面合意の効力」安岩法学8号（セチャン出版社，1999年）317頁，チョン・インソプ「勤労時間短縮を促進して支援する方法制度改善課題」韓国労総中央研究院（2007年）10頁。

勤労時間短縮についての議論を主導的に試み，ワーク・シェアに焦点を置いていた。何より法定勤労時間の短縮で，総勤労時間をより多くの勤労者たちに万遍なく分配する雇用効果を期待した。大きな枠では労使政委員会や労働界も補完立法の必要性に共感した[13]。しかし，このようなワーク・シェアが所期の目的を達成するためには，法定勤労時間短縮によって企業の競争力が過度に侵害されて雇用に対する企業の需要が縮小しないようにすることが必要であり，この問題意識のもとで法定勤労時間短縮についての議論では，既存の休暇・休日制度および勤労時間の運用（弾力的勤労時間制の柔軟化強化）を適切に調整する必要性が同時に現れたのである。

　したがって2003年勤労時間規制は，勤労者の健康保護と余暇保障，雇用保障そして企業の競争力強化までの多様な目的を考慮した立法的措置と評価することができる。

(2)　内容

　主な内容はおおむね，勤労時間短縮，弾力的勤労時間制度緩和，休暇制度の全面的改編である。まず，勤労時間を1週44時間から40時間に短縮して勤労者の生活の質の向上を図ろうとした。つぎに，弾力的勤労時間制の単位期間を1月から3月に拡大して勤労時間の効率的な活用を図ろうとした。最後に休暇制度と関連して①勤労者代表との書面合意の対象を拡大し，時間外勤労（延長，夜間，休日勤労）について賃金支給する代わりに休暇を付与できることにして選択の幅を拡大し（補償休暇制），②国際的立法例に従って月次有給休暇を廃止し女性の月1日の有給生理休暇を無給化して使用者の負担を軽減した。しかし，改正した年次有給休暇制度では，とくに勤続年数が1年にならない勤労者に1ヵ月間皆勤時に1日の有給休暇を与えることにし，月次休暇制度が年次有給休暇制度に統合されたとみることができる。③年次休暇制度が勤労者の健康で文化的な生活を実現するために，旧法と違って1年間8割以上出勤した者に対して一律15日の有給休暇を与え，2年ごとに1日の休暇を加算するが，休暇日数の上限を25日と定めることになる。④ただし，年次有給休暇の使用促進措置を導入して使用者が促進義務を履行したにもかかわらず勤労者が休暇を使用しない場合，その部分について休暇補償義務を免除することで勤労者の年次有

13）ユ・ソンジェほか・前掲注5）127頁。

図1　韓国の年間労働時間（OECD調査基準）

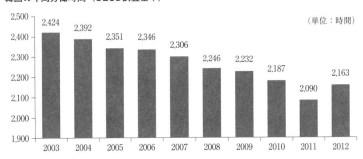

出所：OECD Factbook 2014

給休暇使用を促進する目的で導入された。

6　最近の議論

　勤基法は，2003年に1週40時間制を導入して勤労者の生活の質が改善できる重要な契機を用意した。当時，企業の衝撃を緩和するために2011年7月から全面施行される時まで，6段階の猶予期間を適用した。2003年法定勤労時間短縮の影響で図1のように年間勤労時間の減少幅が，緩やかだが絶え間なく鈍化し続けていることを確認できる。

　それにもかかわらず，相変わらずOECD加盟国のうち最高水準の長時間勤労が持続しており，①2010年9月30日経済社会発展労使政委員会（以下，「労委」）勤労時間・賃金制度改善委員会で労使政合意文を採択し，これをもとに雇用労働部は具体的な勤労時間業務推進計画を樹立した。②雇用政策の長期計画である「2020国家雇用戦略」では弾力的勤労時間制の単位期間拡大と，勤労時間貯蓄休暇制を導入し実労働時間を短縮して雇用を増やした企業に雇用創出支援金を支給する方案を提示したことがある。③そして，2013年7月17日環労委実労働時間短縮委員会公益委員勧告文が発表されたが，ここでも長時間勤労の問題，1週12時間の延長勤労上限未遵守，延長勤労限度と別に認定される休日勤労の濫用などによって勤労者の過重な負担が勤労者個人の健康を侵害するだけでなく，職場—家庭，仕事—生活両立を阻害して，また別の社会問題の原因になっていると指摘されたことがある。④最近2014年4月9日国会環境労働

委員会は傘下支援団が用意した法律案（勧告案）を土台に議題に関する公聴会を開催したことがある。改正案の主な内容は，①休日勤労を延長勤労に含めること，②弾力的勤労時間制の単位期間拡大，③勤労時間特例制度整備，④連続休息時間制導入などである。しかし，与野党と政府，経営界と労働界の立場の差による見解の相違が現れて，集中的な交渉にもかかわらず，最終妥結案を導き出すことができなくなって，法案通過について憂慮が生まれている。

　先に序論で言及した政府の勤労時間制度改善を含む「非正規職総合対策」は，前記の議論の結果と考えられる。とくに政府は，勤労時間短縮（分割）という手段で雇用創出という目的を達成しようとする意志を持っていて，雇用保障の目的が前面に登場している。具体的内容を見れば，休日勤労を延長勤労に含めて勤労時間を段階的に短縮するが，労使の負担を考慮して追加延長勤労を許容し，1週8時間，1ヵ月24時間，1年208時間単位に総量を規制する方式である。また，延長勤労が制限される特例業種の範囲を現在の26業種から10業種に縮小して勤労時間規制を拡大している。他方，勤労時間の総量範囲内で労使自律によって勤労時間運営の合理性を拡大することができるように，まず，弾力的勤労時間制の単位期間を2週単位は1ヵ月に，3ヵ月は1年単位に拡大し，2番目に裁量勤労の業務を追加し，3番目に仕事・家庭の両立と雇用安定のために勤労時間貯蓄口座制を導入することを提案している。

三　勤労時間規制の法理

1　勤労時間概念

　勤基法50条1項は「1週間の勤労時間は休憩時間を除いて40時間を超えることができない」，そして2項は「1日の勤労時間は休憩時間を除いて8時間を超えることができない」とだけ規定し，勤労時間の法的定義を別に置いていない[14]。このように勤労時間についてのもっとも基本的な労働法の規制は1週および1日について最長勤労時間を設定する形になっている。この時間が勤労時間の絶対的な上限ではなく，これを超える勤労を一定の要件下に許容し，弾力

14）参考にドイツ勤労時間法2条1項は「休憩時間を除いた業務の開始時間から終了時間までの時間」を勤労時間と定義する。

的勤労時間制などの基準になるという点で「基準」勤労時間ということができる[15]。法が基準勤労時間によって規制しようとする対象は，使用者が実際に勤労者を勤労させた時間（実労働時間）である。しかし，法には別に実労働時間についての定義がなく，法50条1項は「休憩時間を除いて」として勤労時間には休憩時間が除外される原則だけ提示している[16]。これと関連して大法院は，「基準勤労時間規定は1日もしくは1週間を単位にして過重な勤務時間を制限しようとする規定であるから，前記法条文の勤労時間は実労働時間を意味し，有給休日の勤労時間を含むものではない」という趣旨で判示し[17]，一方，実労働時間を「勤労者が使用者の指揮・監督のもと，勤労契約上の勤労を提供する時間」と定義している[18]。

2 規制概念

規制の概念は多様な学問領域で別々に理解され解釈されるので統一された定義はない。このように規制という概念は非常に論争的な概念であるが，一般的に公益の実現のために一定の主体に私的活動や経済活動を制約する政府の政策運用手段を規制と称する[19]。また，規制は政策執行の手段が立法に従うのか否かにより公式的規制と非公式的規制に区分され，通常立法による公式的規制を国家規制の核心と見ている。このような意味から規制概念に接近してみれば，資本主義市場経済で望ましい経済社会秩序の実現のためには，政府が市場に介入して企業と個人の行為を立法によって法律で制約を加えることである[20]。その結果，規制は違反行為と制裁を規定して個人と団体に一定の作為もしくは不作為を命じることができる。したがって使用者が勤労者に法定延長勤労上限に違反して労務を提供させた場合，免罰的効力が作用せず勤基法53条1項違反となり，それによって2年以下の懲役もしくは1000万ウォン以下の罰金に処せら

---

15) 労働法実務研究会・前掲注4）71頁。
16) 労働法実務研究会・前掲注4）76頁。
17) 大法院1992.10.9宣告91ダ14406判決。
18) 大法院1992.10.9宣告91ダ14406判決，大法院1993.5.27宣告92ダ24509判決。
19) チェ・ビョンソン『政府規制論』（法文社，1992年）18頁以下。
20) チェ・ビョンソン・前掲注19）18頁以下，キム・インジェ・前掲注11）6～7頁。

188 第5章 労働時間規制の現状と課題

れる[21]。

　また，規制は主体，手段，目的により分類されるが，規制の目的により区分すれば，経済的規制，社会的規制そして行政的規制に分類される。まず，行政的規制は行政の効率性向上のための手段の規制であるが，これは経済的な面と社会的な面に関連するという点から広義の経済的規制と社会的規制に区分できる[22]。一方，経済的規制は経済的目的達成のために企業の生産および営業活動に対する自由競争を妨害することで生産者保護が主な目的対象になる。反面，社会的規制は国民の健康，生命，差別，環境など社会的な基本条件を市場や社会の自律に任せる場合に発生しうる様々な社会的弊害を予防することを目的に，企業の社会的役割と責任を強制するための規制として，社会的価値である公益の達成のために生活の質を確保することや，社会的基本権の保障，そして経済および社会的公平性の確保などが主な目的対象になる[23]。

3　勤労時間規制と目的

（1）　勤労時間規制の意味

　現行勤基法は合計12の章と121の条文（116条）で構成されており，勤労時間を第4章「勤労時間および休息」編（50条から63条）で規定している。勤基法上，勤労時間の規制は，まず，勤労時間の原則的規制（基準勤労時間）と，2番目に基準勤労時間規制の緩和，3番目に基準勤労時間の上限を超える延長勤労時間と休憩時間変更のための事業範囲の規制（59条），4番目に勤労時間ならびに休憩および休日に関する規定の全面的適用除外事業もしくは勤労者の範囲（63条）規制などがある。このなかで勤労時間の原則的規制は単位別に区分して検討することができる。まず，日単位は1日8時間と8時間基準1時間の休憩時間で，週単位は1週40時間規制と週休日で，月単位以上は年次有給休暇制

21）法定最大勤労時間限度の52時間を超える勤労者が勤労者全体の12.2％に達するなど，勤労時間違反実態が確認される（ファン・ソンジャほか「労働時間実態と実労働時間短縮方案」韓国労総中央研究院（2012年）198頁）。

22）キム・ユファ「経済規制緩和における公法的対応」公法研究24集5号（韓国公法学会，1996年）140頁。

23）チェ・スンピル「規制緩和に対する法的考察」公法学研究12冊1号（韓国比較公法学会，2011年）320頁。

度を通じて規制される。すなわち継続勤労期間が1年未満の勤労者および1年間の出勤率80％未満の勤労者にも1ヵ月皆勤時に1日の有給休暇を付与できることにして，廃止された月次休暇制度の機能を年次休暇制度に反映させたと考えられるからである。

　もちろん，このような原則的規制は，一方では1週12時間まで超過勤労が許されることに緩和されたものであるが，労使合意という厳格な条件のもとに認めるので規制が再び発生する。他方で，弾力的かつ選択的な勤労時間制であるフレックスタイム形態の場合も勤労時間の長さや編成などに関する決定について，使用者もしくは労使の自由を開放的に許容するのではなく，一定の要件を充足して初めて勤労時間の分配を可能とするので同様に勤労時間の規制が発生する。すなわち勤基法における勤労時間の規制は規制緩和を包括するという意味で理解可能である。勤労時間についてのもっとも基本的な労働法規制は1週および1日の最長勤労時間を設定する形態である。この時間は超過勤労と変形勤労時間制などの基準になる勤労時間という意味を有している。つまり勤基法上，基準勤労時間は最長勤労時間を超える勤労を一定の要件のもとに許容する基準であり，勤労時間の長さについて例外を認めるという意味で基準勤労時間が勤労時間の原則的規制形態であるといえる[24]。

　(2)　勤労時間規制の目的

　　①　規制方法

　勤労時間の規制方法は各国の事例を通じて調べたとき，大きく3類型に分けることができる。第1に，実定法律による一律的規制である。これは法律に規定された基準勤労時間の短縮を通じて実労働時間の短縮を強制する方法であり，フランスや日本など多くの国が採る方法である。第2は労使による集団的決定を通じた規制である。これは勤労時間を労使間の自主交渉である団体協約を通じて個別的に短縮する方法である。ドイツの場合，1994年制定の勤労時間法で1日8時間の基本勤労時間だけ規定し，団体協約を通じて週当たり勤労時間を定めることができる[25]。第3はコスト圧力を通した規制である。代表的な

---

24)　キム・ジェフン「勤労時間短縮の法的争点と課題」労働法講義7冊（法文社，2004年）127頁。

25)　ドイツ・フォルクスワーゲン社で1993年締結された団体協約で職場共有〔ワーク・シェ

事例がアメリカの公正勤労基準法[26]であり，勤労時間の長さを直接規制するのではなく，一定時間を超える場合に高い比率の割増賃金を支給するように強制する方式である[27]。わが国の場合，勤労時間規制政策が1日8時間を原則に1週40時間を基準勤労時間と定め，比較法的に厳格な要件のもとに超過勤労やフレックスタイム時間制度を運営する方法を採っているので，第1の規制形態に該当する。

　②　規制目的

　国際的に見たとき，勤労時間規制は1970年代までは勤労条件改善の観点から扱われ，1980年に入ると勤労時間の弾力的運用を模索することに焦点が集中した。そして雇用保障の手段として勤労時間短縮を議論し始めたのは，1970年代の石油危機が最初であったが，その後1990年代に入ると積極的に考慮され施行されるようになった[28]。このパターンは，わが国立法の沿革でも類似した形で反復された。

　先に検討した勤労時間規制の沿革において勤基法が制定・改正される過程で，それぞれ異なる目的の観点があったことを確認できた。1953年制定法では，勤労時間規制は勤労者の健康保護という目的だけを有していた。つまり長時間勤労の規制で確保可能な第1の目的は，勤労者の健康保護であった。1980年改正法では，企業競争力確保の次元に目的が移ることになった。そして1989年改正法は，基準勤労時間を以前より4時間短縮して勤労者の勤労条件改善（健康保護）を主な目的とし，実労働時間短縮の成果の実質を担保するために休暇制度を改善し，余暇保障の目的も平行して確保することになった。つぎに1997年再制定法は，労働市場の柔軟性確保のために経済的効率性を積極的に推

　　ア〕次元で賃金カットを前提に週当たり勤労時間を28.8時間にまで短縮した事例が有名である。

26）アメリカ公正勤労基準法7条（a）(1)で勤労者に通常賃金率の1.5倍以上の割合で賃金を支給しない限り，週40時間を超えて勤労させることができないと規定している。公正労働基準法が定める最長勤労時間規制はこれだけである。

27）キム・ジェフン・前掲注24）125〜126頁，パク・ジョンヒ・前掲注6）350頁，イ・スンギル「勤労時間の政策と法制に関する小考」成均館法学21冊3号（成均館大学校比較法研究所，2009年）655頁，イ・ウォニ「勤労時間制に関する法的研究」博士学位論文（ソウル大学校大学院，1992年）57頁。

28）パク・ジョンヒ・前掲注6）347頁

進することと同時に，労使自治を尊重して自己決定原則を規制の目的とした。
1週40時間に基準勤労時間を短縮した2003年改正法は，経済的国家危機のもと
に雇用と失業の問題を勤労時間短縮という手段を通じて解消するための戦略に
集中した。それにもかかわらず，勤労時間短縮は，勤労条件の改善を通じて勤
労者の生活の質を向上させ，さらに休暇と休日制度を国際的水準に合致するよ
うに改善し，弾力的勤労時間制の単位期間を拡大した面まで考えれば，雇用保
障，余暇保障と人事管理の柔軟性および経済的効率性という目的まで含んでい
ることを確認できた。最後に，2014年度の勤労時間立法政策でも，雇用保障，
健康保護，余暇保障，経済的効率性保障そして自己決定保障という5つの目的
がすべて提示されている。

　このような内容を総合してみれば，勤労時間規制の目的は，勤労者の健康保
護，余暇保障，雇用保障そして企業の保護と労使自治保障まで多様である。た
だし，2003年勤基法改正理由書で「勤労者の生活の質向上と企業の競争力強化」
と提案しているが，生活の質向上，すなわち勤労条件改善のもとに勤労者の健
康保護，余暇保障そして雇用保障まで含まれると見ることができる。他方，勤
労時間の柔軟化政策は，労働現場で実効性を確保するとともに，正当性要件と
して自己決定権が保障されるものと理解することができる。このように勤労時
間規制政策は本質的に多様な目標設定を含んでおり，労使関係当事者間に利害
関係を発生させる。それなら勤労条件改善（勤労者の健康保護）と企業の競争
力確保という異なる性質の価値を，いかなる規制法理を根拠に接近して評価す
れば，究極的に勤労時間規制が追求する目的と合致するのか，以下で検討する
ことにする。

4　勤労時間規制と規制緩和間の衝突と調和

(1)　勤労時間規制の労働法的正当性

　産業革命以後，社会的分業とともに市場経済体制が成立し，個人と企業は自
由と競争が保障されることになる。自由意思を媒介に自由競争が行なわれ，自
由経済体制において契約による法律関係の形成が完全に自由に委ねられること
で，契約自由の原則は形式的平等を前提としていた。しかし，労働市場で労使
の力の不均衡により勤労者と使用者の法律関係を契約自由の原則に放任するこ

とによって勤労者に経済的不平等を招くことになった。したがって，労働法は雇用関係において契約自由による社会的副作用が現れることになり，その結果，純粋な市民法原理を修正することによって独自の法領域を形成することになる[29]。すなわち，雇用関係で勤労者の社会的保護のために市民法上の自由統制，すなわち使用者の決定構造に対する規制を通じて勤労者の実質的平等を確保することができるようになった。このような側面で労働法の本質は規制法ということができる。その結果，国家が労働法を通じて労働市場に積極的に介入して年少勤労者と女性勤労者の勤労時間を短縮した労働法の歴史は労働保護法で始まり，勤労時間短縮は賃金と共にもっとも重要な勤労条件改善の対象であり本質的要素となる[30]。

　労働保護法による勤労時間規制の理念は生存権保障理念にある。勤労者における生存権理念の実現，すなわち勤労者の人間らしい価値がある生活の実現は，適正な賃金の保障と共に適正な勤労時間規制によって初めて可能になりうる。すなわち慢性的な低賃金のもと，特別な規制なしに契約自由という名目のもとで，また，労使間の自律的合意によって長時間勤労が許されれば，一方では勤労者の肉体的，精神的疲労が累積して勤労者の健康を害するだけでなく，他方では余暇時間がなくなって，結果的に社会的・文化的生活を否定することになる。このような状況で勤労者の健康を守って，余暇時間を確保し，勤労者の人間らしい生活を実現しようとすることに労働保護法による勤労時間規制の意義を求めることができる[31]。イ・フンジェ教授は，労働柔軟化でもたらされた勤労者階層の二重構造の深化と，これによる社会分裂を防止する社会統合と人間らしい労働の保障が，今後，労働法が志向しなければならない基本目標として設定されるべきである〔と述べる〕。とくに，労働法が志向するべき価値目標の１つとして労働生命の保護が重要であり，先端技術の導入など，勤労環境の変化と勤労時間柔軟化などによる生活リズムの変化，そして少数精鋭主義による業務過大とストレス増加に鑑みる時，もっとも優先的に考慮されるべき

---

29) パク・ジョンヒ「勤労基準法上の勤労者概念」労働法学16号（韓国労働法学会，2003年）77頁。

30) パク・ジョンヒ・前掲注6）347頁。

31) イ・ウォニ・前掲注27）1〜2頁。

目標として勤労者の健康保護を提示する[32]。勤労時間規制の目的は，労働保護法としての労働法の理念と目標など，存在論的価値を理解するところから始めることを強調している。ただし，労働市場での競争原理や自由労働市場秩序を完全に排除する形態で労働法上の勤労者保護原則を貫徹することはできないので，勤労時間の内容をいかなる方法で規制するのかに関連して憲法的正当性を議論しなければならないという課題が発生する。

(2) 勤労時間規制の憲法的根拠

労働法は，憲法の原理と理念を具体化する立法として，経済活動についての労働法規制の憲法的正当性根拠が何であるかを検討しなければならない。労働秩序の側面で，憲法10条の人間尊厳性をはじめとして，憲法32条1項の勤労権，3項の勤労条件法定主義および憲法33条1項の労働三権など，社会権的基本権を通じて認められる。そして，経済秩序に関連しては，社会的市場経済秩序を採択した憲法119条で確認される[33]。1項で企業の経済上の自由を尊重しながらも，2項によって経済に関する規制を可能にする根拠規定を置いている。

まず，憲法32条3項は「勤労条件の基準は人間の尊厳性を保障するように法律で定める」として，少なくとも勤労者の人間尊厳性を確保するのに必要な最低限の勤労条件の基準を法律で定めるように規定している。このように憲法が勤労条件の基準を法律で定めることとしたのは，人間の尊厳に相応しい勤労条件に関する基準の確保が，使用者に比べて経済的社会的に劣等な地位にある個別勤労者の人間尊厳性の実現に重要な事項であるだけでなく，勤労者とその使用者の間に利害関係が尖鋭に対立しうる事項であるので社会的平和のためにも民主的に正当性がある立法者がこれを法律で定める必要性があり，人間の尊厳性に関する判断基準も社会経済的状況によって変化する相対的性格を帯びているだけに，それに相応する勤労条件に関する基準も時代状況に合うように弾力

32）労働柔軟化以後日増しに増加する青壮年急死症候群と過労死がこれを反証する事実という（イ・フンジェ「21世紀の労働法的課題と新しいパラダイムの摸索」外法論集19集（韓国外国語大学校法学研究所，2005年）149～150頁）。

33）憲法119条①　大韓民国の経済秩序は個人と企業の経済上の自由と創意を尊重することを基本とする。

②　国家は均衡ある国民経済の成長および安定と適正な所得の分配を維持して，市場の支配と経済力の濫用を防止して，経済主体間の調和を通した経済の民主化のために経済に関する規制と調整ができる。

194 第5章 労働時間規制の現状と課題

的に具体化するように法律に留保したのである[34]。

つぎに，憲法33条1項は「勤労者が勤労条件の向上のために自主的な団結権，団体交渉権および団体行動権を持つ」と定めている。勤労者の勤労条件は基本的に勤労者と使用者間の自由な契約によって決めるという契約自由の原則をその土台にはするものの，勤労者の人間らしい尊厳を保障できるように契約基準の最低限度を法定化してこれを守るように強制する一方，使用者に比べて経済的に弱い地位にある勤労者に，使用者と対等な地位を備えさせるために労働三権を付与して，勤労者がこれを武器にして使用者に対抗してその生存権を保障して勤労条件を改善させる制度を保障することによって私的自治の原則を補完しようとしたのである[35]。すなわち，契約自由が法経済理念の変遷によって機能変化が要請され，規制立法としての労働法が独自の法領域を形成することになって，以後，勤労者の利益と地位の改善のために武器対等の理念をもとに集団的自治原理を保障されることになる。したがって国家の強行法律はそれが労使自治の踏み台となる最低基準を提供するかもしくは例外的に労使自治が作動しない部分に限って，また，労使自治を実現する基本枠組みを作るためという限度で制定・通用することができるに過ぎない。この時の集団的自治は，私的自治がまともに維持されない場合に限って補充的に作動することを本質的機能とする[36]。

最後に，憲法は個人の経済上の自由と創意を経済秩序の基本として資本主義経済の高度化現象にともなう生産と分配体系の矛盾を除去して，すべての国民に生活の基本的需要を満たす社会正義の実現と均衡ある国民経済の発展のために必要な範囲内での経済に対する規制と調整を理念としている[37]。憲法裁判所は「憲法の経済秩序は私有財産および私的自治を保障して，個人と企業の経済上の自由と創意を尊重する自由市場経済秩序を基本としながらも，社会福祉や社会正義を実現するために国家的規制と調整を容認する社会国家原理を受け入

---

34) 憲法裁判所1996.8.29宣告95憲バ36決定。

35) 憲法裁判所1991.7.22宣告89憲ガ106決定。

36) パク・ジョンヒ・前掲注6）353～354頁。

37) イ・ジュホン「契約自由の憲法的意味」民事判例研究13集（民事判例研究会, 1991年）410頁。

れている」と決定した[38]。したがって国民経済の均衡的発展と経済民主化を実現するために，経済に関する規制と調整ができる憲法119条2項が労働法の規制根拠であると言える。

(3) 勤労時間規制の法理的調整

労働法は，勤労者の困難な経済的・社会的状況を考慮して，勤労者の地位から発生する各種不利益と危険から法的手段を通じて保護しようとする努力の一環として発展してきた。勤労者は，使用者に対して従属的地位で労働力を提供するので，構造的に不平等関係にあり，そのために勤労者の勤労条件は主に使用者による一方的決定によって現実化した。したがって，国家の介入もしくは集団的協約自治を通じて一定水準の勤労条件を確保することで使用者の一方的決定構造を規制する労働法の目的がある[39]。この意味で，社会的弱者である勤労者のための保護思想は歴史的に労働法の核心理念と認識されてきた。このように，労働法が形成された過程は資本主義社会が招来した労働問題を規制するためのものと把握されるので，労働法は規制法とする認識が支配的であった。しかし，労働分野の環境変化によって，勤労者の「相」が変わったという事実，1960年に経済開発5ヵ年計画を始めた当時とは違って開放化・国際化による競争の水準が高まったという事実，これにともない，労働法と経営的思考は不可分的関係に立つことになったという事実，労働力の生産性確保なしには勤労条件の改善が不可能だという事実，このような与件の変化による労働法の構造調整方法として労働法規制の柔軟化が必然的であるという事実である[40]。結局，グローバル競争化が促進されるなか，企業の生産性と効率性を追求する政策が，規制中心の公平性と公正性に接近して，規制緩和と規制の間の公平性に立脚した政策の推進が，規制改革のための重点的議論の対象になって，何よりも政府の役割と機能が重要とされることになった。

もしそうなら，経済の世界化と産業構造の変化など労働法の柔軟化と規制緩和の必要性があるとしても，いまだ勤労者と使用者の間には不平等関係が存在

---

38) 憲法裁判所1996.4.25宣告92憲バ47決定，憲法裁判所1998.5.28宣告96憲ガ4等の決定。

39) パク・ジスン・前掲注10) 73頁。

40) 金享培（キム・ヒョンベ）「韓国の産業化過程と労働法制の変化」労働法学8号（韓国労働法学会，1998年）32頁。

して勤労関係保護と公正な労使関係秩序を確保するための労働法の生成および存在意義（従属労働）が継続していることを否認することはできない。ただし，ある程度の変化が避けられないと認める時，どの程度の柔軟化と規制緩和が労働法の存在意義に合致するのかが問題になる[41]。したがって，経済的不平等を解消することで達成される分配的正義と，経済的効率性間の相反関係をどのように調和させて調整して進むのか，すなわち，勤労者とその家族の人間らしい生活の保護という基本目標を持つ労働法の領域で，労働法がどのように柔軟化に対処するのか，もしくは少なくとも柔軟化傾向にいかなる制御装置を置くのかの問題に帰結する[42]。この場合，勤労時間の規制緩和が，勤労者の生存権（健康権）を侵害したり不当に制約する結果をもたらす時には，このような規制緩和の正当性は喪失することになるのであり，企業経営の活性化のための規制緩和は勤労者の健康権との衝突について，どのように対処するかによって，その正当性が認定されることになる[43]。

四　勤労時間規制の実効性確保

1　方向

　歴史的に見ても週当たり勤労時間が短縮施行される場合，企業側の負担を緩和させるために弾力的勤労時間制が導入される場合が一般的である[44]。そして，勤労時間と関連した個々の諸規定（延長勤労制限，休日，休暇制度改善）との調和がとれた解釈と適用を通じても勤労条件改善という目的を確保することができるし，勤労時間の規制緩和の場合，猶予期間の設定，労使合意を通じた自律的判断の活用などで補完することができる。勤労時間制の導入は他の関連要素と合わせて考慮されることが普通であるので，単独的な判断よりは関連する他の勤労条件の諸要素と合わせて比較することが必要である[45]。したがっ

41）キム・インジェ・前掲注11）20頁。
42）キム・ソヨンほか「労働市場法制改善方案」（韓国労働研究院，2001年）22頁，158頁。
43）キム・インジェ・前掲注11）20頁。
44）キム・ジェフン「週40時間勤労制関連勤労基準法改正とその施行による法律問題」労働法研究17号（ソウル大学校労働法研究会，2004年）65頁。
45）パク・ジョンヒ・前掲注12）317頁。

て勤労時間の法的規制と規制緩和の場合，衡平性と効率性の関係を合理的に解釈することになるが，勤労者と使用者間の不公正な勢力関係を修正または補完することによって社会的正義と衡平を図るために登場したのが労働法の歴史であるという点，おおよそ社会的規制領域に労働法を分類することができ，労働保護や雇用保障は本質的に規制強化の対象であるという点などを考慮するならば，衡平性（規制）に，勤労時間規制の目的として，より優先的な価値を与えるべきである。

2 勤労条件の改善

(1) 勤労者の健康保護

勤労時間法の根本的な保護目的は，勤労時間が成立する時，勤労者の安全と健康保護を保障することである。勤労者の安全と健康保護のための具体的な規範として1週40時間，1日8時間勤労原則と1週12時間までの超過勤労制限原則を定めている。このような保護規範を通じて勤労者は自身の健康が勤労時間の上限超過によって脅かされる危険から保護されることになる。しかしながら，1週40時間の短縮勤労が定着したにもかかわらず依然としてOECD加盟国のうち〔韓国は〕最高水準の長時間勤労が持続している。2012年基準現在，2163時間に達しているが，これはOECD加盟国平均より394時間も長い数値であり，OECD加盟国のうち年間勤労時間がメキシコに次いで韓国がもっとも長い（**図2参照**）。国別に勤労時間測定方式に差があり，短時間勤労者の比率など勤労形態等が違うので，勤労時間を単純比較するには問題があるが，全般的にわが国の勤労時間が主要国に比べて長時間であることは明らかである。

したがって長時間勤労から勤労者の健康を保護するためには，休日勤労を延長勤労に含むこと，年次休暇活用率の向上，特例業種の緩和などの措置がとられなければならない。このような過重な勤労は勤労者個人の健康を害するだけでなく，職場と家庭生活の両立を阻害して，また別の社会問題の原因になっている[46]。

---

46) 経済社会発展労使政委員会実労働時間短縮委員会「実労働時間短縮のための公益委員勧告文」(2013年) 1頁。

図2　OECD年間勤労時間（2012年）

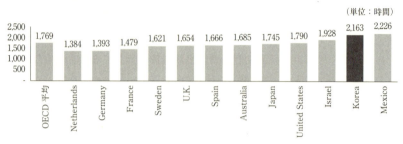

出所：OECD Factbook 2014

(2) 休日勤労

週休日制度は，勤労者の疲労を回復させることで労働〔力〕の再生産を試み生産性を維持するために精神的・肉体的休息を取ることだけでなく，さらに勤労者に勤労提供義務を免じ，事業場以外の場所で自由な時間をもたせることにその趣旨がある[47]。週休日制度は宗教的かつ社会政策的な必要性によって普遍化したのであるが[48]，わが国では有給で運営される点が特徴である。勤基法50条1項は1週間の勤労時間は40時間を超えることができないとするだけであって，1週間の勤労時間を算定して休日勤労時間を除けという趣旨と見ることは難しい。したがって休日勤労がある場合，休日以外の勤労時間と合わせて週当たり40時間を超える場合にはその限度で延長勤労になり，休日勤労を含んだ延長勤労時間が1週に12時間を超えてはならない。休日外の日の勤労時間が1週に40時間を超えた場合，休日に行なった勤労時間はすべて休日勤労時間と同時に延長勤労時間に該当し，その勤労時間についてはすべて休日勤労手当と延長勤労手当を重複的に支給しなければならない[49]。今まで休日勤労を延長勤労に含まない慣行によって長時間勤労が可能となる勤務体系が形成されていた[50]。

---

47) 大法院2004.6.25宣告2002ドゥ2857判決。
48) Zmarzlik, "Zur Zulassigkeit industrieller Sonntagsarbeit", RdA 1988,257 f.ドイツの場合，法的な側面で週休日保護は1794年プロイセン一般ラント法でも確認される。とくに，日曜日は休日としてワイマール憲法139条とドイツ基本法140条を通じて憲法的に保護されてきた。このような憲法上の条項が日曜日を休日として制度的保障を可能にしたのである。
49) 労働法実務研究会・前掲注4) 140頁以下，大邱地方法院2012.1.20宣告2011ガ合3576判決。
50) 雇用労働部行政解釈（勤基68207～2855, 2000.9.19）によれば，土・日曜日それぞれ8

図3　年次休暇活用状況（2011年基準）

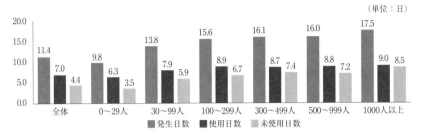

出所：雇用労働部「勤労時間実態調査結果分析」（2011.9.19）3～4頁。

実労働時間短縮のために週40時間を超える休日勤労は延長勤労に含ませることが週休日制度を置いた趣旨とも合致し，延長勤労を制限しようとする趣旨とも合致するのである。

(3)　年次休暇活用率向上

実労働時間の効果的短縮のために，また別の方法で年次休暇制度の積極的な活用が必要である。わが国の勤労時間が長く現れるのには延長勤労による原因以外にも勤労者が法定化された有給休暇をまともに活用できないことによって実際に勤労時間から除外される時間が勤労時間に算入される点も指摘できる[51]。2011年雇用・労働部勤労時間実態調査結果分析によれば，わが国勤労者の年次休暇活用現況は図3のとおりである。それによれば，わが国勤労者1人当たりの年次有給休暇発生日は平均11.4日であるが，このなかで実際使用した日数は7.0日，未使用日数は4.4日と集計されている。前記調査によれば，年次休暇活用率は61.4％である。何より労働〔力〕再生産の維持と文化的生活の確保という年次有給休暇制度の本来の趣旨を考えてみる時，わが国の勤労者の年次休暇使用率はより高める必要がある。したがって年次休暇使用を促進するために導入された年次有給休暇の使用促進制度が，その趣旨のとおりに活用されるように広報と行政監督が忠実に行なわれなければならない。

時間ずつの休日勤労に，延長勤労1週12時間までで，週当たり合計40＋16＋12＝68時間まで可能になる。
51）パク・ジョンヒ・前掲注6）363頁。

図4　全産業対比勤労時間特例業種雇用比重

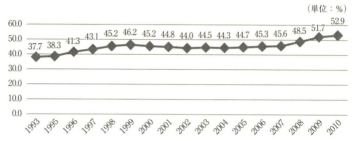

出所：雇用労働部（1993～2011）「雇用形態別勤労実態調査」（旧賃金構造基本統計調査）の産業中分類別統計。

(4) 特例業種

　勤労時間特例制度は，業種の特性上，勤基法に定めた規制適用の例外を認めて，延長勤労と休憩時間の限度を除外する制度である。問題は，この制度が導入された1961年以後，過去54年間，ほとんど改正なしに産業化過程，産業のリストラと高度化過程など産業構造の根本的な改編にもかかわらず維持されてきたという点である（＊）。現在12業種であって，小業種では26にもなるほど広範囲である[52]。

　勤労時間特例業種の雇用比重（図4）を見れば，1993年には37.7％に過ぎなかったが，産業構造の変化により2010年には52.9％にまで増加したのを見ることができる。勤労時間特例業種が，成長するサービス産業に集中していたので，このように雇用全体のなかに占める比重が非常に高くなった。勤労者全体の過半数が勤労時間特例業種に属するという事実は，勤労時間特例業種がすでに特例業種でなく一般化した業種になっていて，延長勤労時間規制が勤労者全体の53％に近い勤労者に適用されていないことを意味する。ここに雇用・労働部行政解釈によって休日勤労時間が延長勤労時間に含まれるならば，週平均52時間以上勤務する，勤労者全体の9.8％ほどが影響を受けることになって，わが国の週12時間延長勤労制限規定は，勤労者全体の最大62.7％にまで適用され

---

52) ペ・キュシク「勤労時間特例制度改善を通した勤労時間短縮を！」月刊労働レビュー2012年3月号（韓国労働研究院）92頁。

ない例外的な規定ということになる[53]。この問題を解消するために，政府は延長勤労制限が緩和される特例業種の範囲を26業種，328万人から10業種，147万人に縮小する予定であるので，部分的だが勤労者の勤労条件改善を通じて健康保護を実現することになるだろう。

3　企業の競争力確保

⑴　弾力的勤労時間制の単位期間拡大

　勤労時間関連政策は，勤労者の文化的な生活を大切にするだけでなく，企業側には生産性向上を通じてわが国の経済規模に適合した効率的な企業活動を可能にする仕組みとして作用する。勤労時間を1週および1日単位で規制する法定勤労時間は，勤労者が毎週5～6日ずつ出勤して8時間またはそれに近く勤労する規則的な勤労形態を前提としている。しかし，産業のサービス化など条件変化と勤労者個々人の多様な必要に対応して集中的に勤労して集中的に休む，不規則的な勤労形態が広がっている。このような勤労形態については，勤労時間を1週および1日単位で規制する代わりに，一定期間の平均的な勤労時間で柔軟に規制することが今日の世界的な立法趨勢である[54]。

　現行弾力的勤労時間制の場合，2週および3ヵ月を単位期間にしているが，業務量の変化周期が2週より長い場合と，季節的要因等で分期別に業務量の変動がある場合には，活用が難しく弾力的勤労時間制の活用度が落ちる問題点を根拠に，政府は弾力的勤労時間制の単位期間をそれぞれ1ヵ月および1年に拡大しようとしている。弾力的勤労時間制のもとでは，所定勤労時間について勤労義務があるので，単位期間中の特定日には継続して長時間勤労をすることが避けられなくなる。もちろん法定勤労時間の枠組みのなかでの所定勤労なので，他の日には勤労時間が短くなるとしても，一定時間以上長時間勤労が続く場合には回復しにくい疲労の蓄積がもたらされる。とくに，同じ業務量をより短い時間に集中的に処理しなければならないので，労働密度という側面で見る

---

53) ペ・キュシク・前掲注52) 94頁。

54) イム・ジョンニュル『労働法（第11版）』（博英社，2013年）412頁，キム・ジェフン「弾力的勤労時間制および裁量勤労制改善方案」労働政策研究7冊2号（韓国労働研究院，2007年）136頁。

202 第5章 労働時間規制の現状と課題

とき，弾力的勤労時間制をとらない場合に比較すると，勤労条件が低下すると
いう点は否定し難い[55]。

　しかし，弾力的勤労時間の導入が，勤労者に必ず義務を賦課するものであ
り，不利なだけと判断することはできない。なぜなら，この勤労時間制導入
は，他の関連要素とともに考慮されることが普通なので，単独的判断よりは，
関連するその他の勤労条件の諸要素と合わせて比較することが必要だからであ
る[56]。したがって，弾力的勤労時間制度を通じて勤労時間と休日を計画的に柔
軟に使用することができるという勤労者側の利点と，超過勤労手当を支給しな
いで事業体の特性に合わせて勤労時間を効率的に管理することができるという
使用者側の長所を調和させる次元での接近〔アプローチ〕が必要である。少な
くとも勤労時間の柔軟化は，勤労時間短縮と連係して考慮してみることができ
る[57]。

　それなら勤労時間規制の柔軟性を保障するために，勤労時間制度はどのよう
に整備されるのが望ましいのか，この問題に関連して連続休息時間制の導入と
労使自治の合理的運用（書面合議制度）の改善を可能とするような立法的努力
が必要であると思う。

(2)　連続休息時間制導入

　勤労時間規制の場合，単純に勤労時間の長短に限定した政策は実効性を得る
のが難しい。たとえば，休憩，休日そして休暇のような勤労時間の周辺制度が
総合的に考慮されるか，または延長勤労時間の上限を規制する方法も考慮され
なければならない。とくに，後者の場合が長時間勤労を短縮する一番効果的な
方案になることや，1週12時間の延長勤労上限の遵守が労使双方の利害関係に
よって規制効果が微小である。

　すなわち，企業は，超過需要に対応するために新規人材採用よりは既存人材
の延長勤労を好み，勤労者も延長勤労による実質賃金の増大を好む慣行によっ
て長時間勤労が依然として維持されることである。とくに，業種や勤務形態に

---

55)　イ・スンウク「勤労基準法上の書面合意の効力」労働法研究7号（ソウル大学校労働法
　　研究会，1998年）110頁。

56)　パク・ジョンヒ・前掲注12) 317頁。

57)　オ・ムンワン「労働柔軟性を生かす労働法制の摸索」労働法学11号（韓国労働法学会，
　　2000年）212～217頁。

図 5　超過勤労時間

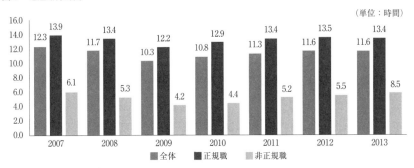

出所：雇用労働統計（統計DB）。

よって超過勤労時間格差がよりいっそう大きくなるのである。

　また，このような延長勤労上限基準は，日，月ないし年単位の最高限度が設定されていないので，長時間勤労を遮断できる効果的な装置が用意されていないのが実情である。このような事情に照らしてみる時，1日最低無労働時間を設定する方法が実効的な方案になりうる。連続休息時間は勤労時間終了からつぎの勤労時間開始時まで保障されなければならない最小限の休息時間を意味するが，勤労時間の途中に保障される中間休息制度（休憩）とは区別される制度として最小限の勤労停止時間規定をいう。環境労働委員会で用意された法律案には，時間保障範囲を「11時間以上」と明確に提示したことがあるが，昨年12月政府の勤労時間対策のなかには連続休息時間自体が含まれていない。

　政府は勤労時間の総量範囲内で労使自律で弾力的勤労時間制を柔軟に活用する目的で，単位期間を1年まで拡大しようとしており，単位期間1年の適正性問題はあったとしても，勤労者の健康保護と余暇保障のためには，業務または勤務形態の特性を考慮して持続的に連続休息時間を付与するのが難しい特別な理由を除外するなど，立法的配慮のもとに連続休息時間制が導入されなければならない。参考にわが国の立法で休息時間制度を置いている法規範として船員法がある。船員法2条17号によれば，休息時間は勤労時間以外の時間（勤労中の暫時の休み時間は除く）を言う。このような休息時間の定義は，ILO条約180号に初めて規定され，海事労働条約で継受されたのである。船内での休息時間は勤労時間に含まれず，休憩時間は休息時間に入らないだけでなく（〔2006年

海事労働条約A2.3基準〕第1(b)号),勤労時間にも含まれない[58]。ILOは,船員労働基準について国際的統一化を求めようと,2006年海事労働条約を採択したが,船員法は2006年海事労働条約の国際発効と協約批准のために,国内施行に必要な船員の勤労および生活基準などを定める必要があるが,これにともなって,勤労時間および休息時間の概念の定義を用意することになる[59]。

(3) 手続き的規制補完

労使間書面合議制度という異質な方式が勤労時間制度の領域に導入された理由は,書面合意による規制事項は原則的に当該事業場のすべての勤労者に適用されるので,組合員に対する適用だけを予定している団体協約に任せることはできないという性格があり,また同時に,その規制事項が勤労時間という勤労条件の核心的内容を含んでいるゆえに,使用者の一方的作成を内容とする就業規則に任せることには困難な面があるからである。さらに,書面合意は,勤労時間規制について各個別事業や事業場の性格によって柔軟に適用されうるという,いわば労働の柔軟性向上という面も考慮して導入されたと考えられる[60]。このように個別的勤労関係法は,勤労者代表[61]に使用者との書面合意によって様々な重大な権限を与えている[62]。したがって多様な雇用と就業形態の勤労者を代表できる勤労者代表制度の導入は,この理由からも非常に重要な政策課題であるといわざるをえない[63]。だが,このような様々な権限が与えられているにもかかわらず,勤労者代表に関して現行法上,詳細な選出手続き,代表権限の範囲,活動保障規定など制度的基盤が用意されていないために実務上,たと

---

58) チョン・ヨンウ「2006年海事労働条約の船員勤労および休憩時間に関する研究」海事法研究20冊2号(韓国海事法学会,2008年)43頁。

59) 海事労働条約基準A.2.3.1(a)で勤労時間を"船舶のために船員が勤労するように要求する時間"で,海事労働条約基準A.2.3.1(b)で休息時間を"勤労時間以外の時間をいい,休憩時間は含まない。"と規定している。

60) イ・スンウク・前掲注55)97~98頁。

61) 勤基法24条3項で,当該事業もしくは事業場に勤労者の過半数で組織された労働組合がある場合にはその労働組合,勤労者の過半数で組織された労働組合がない場合には勤労者の過半数を代表する者を「勤労者代表」とする。

62) 勤基法上,勤労時間制度のほかにも,経営解雇の場合,解雇回避努力ないし解雇対象者選定基準で,派遣勤労者保護等に関する法律上で,勤労者派遣時のさまざまな措置について同意ないし協議権限を,そして産業安全保健法上,同意ないし協議,監視権限などが付与されている。

63) パク・ジスン・前掲注10)99頁。

図6　労働組織率の変化推移

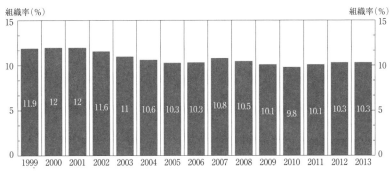

出所：雇用労働部「全国労働組合組織現況」。

えば，勤労者の意思を効果的に反映するのに限界が見られるなど様々な不合理な問題が発生している。とくに，現在の労働組合は，組織率が図6で見るように継続して低下しているという関係で，当該事業（場）の過半数を代表する労働組合の場合より，当該事業（場）勤労者の過半数を代表する勤労者の地位に関する解釈や制度的改善策が急がれているのが実情である[64]。

五　結論

　勤労時間規制を通じて考慮される5つの目的を確認した。すなわち，まず勤労者の健康保護，2番目に余暇保障，3番目に雇用保障，4番目に生産性向上，5番目に労使自治保障である。このように勤労時間政策は，多様な規範目的と，それにともなう目標設定を有しているので5つの目的の関係を一般化することは難しい。それでも，これらの関係を単純に把握すれば，前の3つの目的は勤労時間の短縮，すなわち規制を要請するのに反して，後の2つは勤労時間規制の緩和を要請する。しかし，勤労者の健康保護，余暇保障そして雇用保障はその方法によっては勤労者の士気を増進させて効率性を向上させる場合もあ

64）キム・ジェフン「個別的勤労関係法上勤労者代表制の法的考察」労働法学24号（韓国労働法学会，2007年）171～173頁。

206　第5章　労働時間規制の現状と課題

る[65]。したがって，これらの規準を統一した観点による勤労時間規制の目的が存在すると理解するのは難しく，様々な観点の競合と弁証法的統合によって多様な利害関係が成り立ちうる。

　勤労時間規制の憲法的正当性と関連しては，勤労時間短縮という手段で追求される直接的目的が勤労条件向上や勤労者の生活の質の向上という人間尊厳性の保障に置かれている場合，勤基法の強行法的な性格と最低勤労条件の設定（憲法32条3項），さらに私的自治を補充するために集団的自由主義に発展した労使自治の基本原則（憲法33条1項）に鑑みて勤労時間規制の目的と〔憲法的正当性が〕一致することができる[66]。しかし，勤労者の幸福追求権と人間らしい生活の保障のために国家の社会的経済的条件を無視して勤労時間関連政策を画一的に適用するのは不可能である。今日の国家の任務が国民（勤労者）の生存権基礎を積極的に保障して実現する方向に転換されたにもかかわらず，国家の経済領域への介入が制限なしに無条件で正当化できるわけではない。なぜなら国家の任務が拡大してもそれはあくまでも経済活動に関する憲法の基本的土台を遵守するという条件のうえで行なわれうるからである（憲法119条）[67]。

　1週40時間，1日8時間の「基準」勤労時間は労働法が保護しようとする最低勤労条件として勤労関係で発生するものである。通常，勤労関係は勤労契約を根拠に生成するが，勤労関係の内容は勤労契約を含む多様な労働法的規範を通じて決定され変更されるうる対象である。実際に「条件」や「関係」という用語は状態的な意味を内包しているので労働環境や経済状況の変化によって新しい勤労関係が形成される場合，勤労条件の内容は必然的に変更されるほかはない。このような意味で，変形勤労時間導入が勤労者に必ず義務を課し不利なことであるだけだと判断することはできない。変形勤労時間導入自体を，不利な条件での変更または勤労者が負担する義務の観点から判断する余地が多いが，このような勤労時間制導入は他の関連要素とともに考慮されることが普通であるので，単独的な判断よりは関連するその他勤労条件の諸要素と合わせて

65）イ・スンギル・前掲注27）654頁。
66）パク・ジョンヒ・前掲注6）359頁。
67）パク・ジョンヒ・前掲注6）352頁。

比較することが必要である[68]。それにもかかわらず，勤労時間規制が長時間勤労による勤労者の健康損傷を予防し，これを実効的に運営するために公法的労働保護形態で体系化された存在論的目的を考慮して勤労者保護（必要性）理念に焦点を置いたまま，他の目的とより協力的に調整していくことが望ましい。

---

68) パク・ジョンヒ・前掲注12) 317頁。

第2節
時間外勤労と休日勤労

金湘鎬 慶尚大学校教授

翻訳 **脇田 滋** 龍谷大学名誉教授

一 議論の前提と背景──時間外勤労がなぜ問題になるのか？

韓国では現在の長時間勤労慣行を脱却しようと，多角的に勤労時間短縮の努力をしている。勤労時間短縮は，勤労者の生活の質向上に本来の目的があることを否定できないが，さらに失業が今なお残る現実のなかで雇用問題を解決しようとする雇用政策，すなわちジョブ・シェアリング（job sharing）と関連している。先行した外国の例として，フランスも，1週40時間制を導入した1936年にワーク・シェアを目標にしたことがあり[1]，1970年代のオイル・ショック以後，高失業状態のなかで1週39時間に短縮した1982年の改革[2]と，1週35時間に短縮した1998年および2000年当時も，時間短縮はジョブ・シェアリングと連係して推進された[3]。韓国の場合，1週40時間制を導入した2003年当

※ 日本語訳注：脇田滋
① 〔 〕は，日本語訳にあたって，著者の意図を推測して補った語句である。
② 一部の語句は，韓国語（漢字語）をそのまま使った。
主なものは，つぎのとおりである（「韓国漢字語」〔＝日本語〕）。
「勤労」〔＝労働〕，「勤労時間」〔＝労働時間〕，「延長勤労」〔＝時間外労働〕，「方案」〔＝方法，方策〕

1) フランスは1929年経済恐慌以後，失業打開のために1936年6月21日法律で勤労時間を1週48時間から40時間に短縮した。ただし，同法は1939年第2次世界大戦勃発以後，まともに施行されることはなかった。
2) Rivero/Savatier, Droit du travail, 1993, p.546.は，1982年度法令（ordonnance du 16Janvier 1982）は，ジョブ・シェアリングが失業を防ぐための闘争の効果的手段という思想によってインスピレーションを得たものと叙述した。宋剛直（ソン・ガンジク）訳（片岡曻著）『労働法』（1995年）496頁の国際的動向でも，このような内容を伝えている。
3) 1998年法では1週35時間以下の集団的勤労時間を目標に最小限10％の時間短縮に合意し

時，時間短縮の目的は，勤労者の生活の質向上であったが[4]，2010年6月以後，経済社会発展労使政委員会を中心にした時間短縮の議論では，2020年以内に全産業勤労者の年平均勤労時間を1800時間台に短縮して雇用創出基盤を拡大しようとした[5]。また，2011年から政府によって施行されている「職場共有〔ジョブ・シェアリング〕」支援制度では，勤労時間を短縮して職場を創り出す企業に，新規雇用人件費および賃金減少勤労者の賃金保全費を支援している[6]。したがって，2015年に展開される勤労時間短縮の議論も雇用創出のためのジョブ・シェアリングと関連するものと思われる。

　ところで，韓国での勤労時間短縮は，さらに「良い職場（decent work）」の分かち合い〔ジョブ・シェア〕と関連する必要がある。なぜなら，良くない職場，たとえば法定最低賃金[7]だけを支払うか，または業務が一時的であるために雇用不安定な職場は，簡単に発生するので容易に確保することができ，あえてジョブ・シェアリングの必要がないからである。たとえば，コンビニの短時間アルバイトや中小企業の単純労務の職場は，求人難と言えるほどであって，簡単に手に入れることができる[8]。しかし，公正な賃金[9]が支払われて雇

て最小6％の雇用創出をするか，または雇用を維持した企業には1種の補助措置が与えられた。15％の時間短縮に合意して9％の雇用創出ないし雇用維持をした企業には，より手厚い特別補助が与えられた。

4）2011年7月1日以後，1週40時間制が5人以上の全事業に適用されている。ただし，その適用の例外として，勤労基準法63条に一定の農林事業，畜産事業および水産事業などが挙げられている。

5）一方，日本は2002年度に1800時間台に進入した。

6）2014年現在，中小企業など優先支援対象の製造業分野の場合，勤労者を追加雇用すれば最大2年間1人当たり2160万ウォンが支援される（以上，「ニュース1」ハン・ジョンス記者，2014.12.04.18：32：36送稿）。

7）2015年基準で，時間給5580ウォン，月給116万6220ウォン（209時間適用）が法定最低賃金である。

8）2013年10月末基準，就業資格で滞在している外国人の数は54万9032人で，その大部分はE-9滞在資格の非専門就業とH-2滞在資格の単純技能同胞訪問就業である。彼らは内国人の雇用がない場合に初めて就職することになるが，3K業種など中小零細業者などに低賃金労働力を提供して韓国経済に寄与している。

9）雇用・労働統計によれば，2014年10月基準，韓国全産業全規模平均，常用定額給与は265万2498ウォンで超過給与と特別給与を含んだ常用賃金総額は330万7277ウォンである（http://laborstat.molab.go.kr）。

用が安定している良い職場は[10]，新しく創り出すことが容易ではなく，今日の
ように低成長の時期には，良い職場の創出はよりいっそう難しい。したがっ
て，良い職場の創出は，既存の勤労者と使用者の間で決定されるワーク・シェ
アを通じて推進されることが適正である。万一，大企業が確保している良い職
場が分かちあわれるならば，何よりも高い失業率の青年層[11] の求職者に希望を
与えることができるであろう[12]。

　このような時間短縮によるジョブ・シェアリングの発想が可能になるのは，
韓国がOECD加盟国家のなかで最長勤労時間の国家群に該当し，勤労者が年間
2163時間（2013年基準）という長時間労働をしているからである[13]。これは大
企業職員のように良い職場に従事する勤労者たちも例外ではなく[14]，このよう
な長時間労働は，1週40時間という法定勤労時間を超えて行なう時間外勤労に
原因がある[15]。

　根本的には，時間外勤労慣行と，こうした慣行を生み出す法制度は，失業難

10）「ILOによれば，良い職場とは生産的ながらも公正な賃金，職場の安定性，家庭のための
　　福利厚生，能力開発および社会への統合のための展望，表現の自由，勤労生活決定に関す
　　る組織ないし参加の自由および性平等が保障された職場とする。」（http://en.wikipedia.
　　org/wiki/Decent_work）
11）統計庁によれば，2014年11月基準で青年失業率7.9％である。一方，2012年基準で15〜29
　　歳の青年雇用率は韓国は40.4％であり，日本は53.7％でOECD平均50.9％である（Chosun
　　Biz 2015.1.11.ソン・トコ記者）。
12）一方，青年層に生ずる職場とのミスマッチ（mismatching）も解決しなければならない課
　　題だと考える。先に述べたとおり，中小企業主は求人難で苦しんでいて外国人雇用を申請
　　するからである。
13）当時，メキシコ（2237時間）が1位で韓国（2163時間）が2位である。日本は16位
　　（1735時間）で，OECD加盟国の平均勤労時間は1770時間である（以上，MBNニュース
　　2014.08.28記事入力）。
14）前記の雇用・労働統計によれば，300人以上事業の勤労者の場合，全産業平均，所定勤労
　　時間に対する常用定額給与は328万4300ウォンである。追加して時間外勤労として月16.6
　　時間勤労し，これに対応した超過給与34万7960ウォンを受け取るので，〔合計で〕363万
　　2260ウォンを受け取ったが，この勤労者たちは週当たり4時間程度の時間外勤労をしてい
　　ることになる。一方，韓国の大企業事務職勤労者の場合，勤労時間の正確な調査が行なわ
　　れていないと知られているが，おそらく成果給制賃金適用の範囲が拡大したことに原因が
　　あると思われる。
15）ピョン・ドイン「長時間勤労改善政策方向」月刊労働レビュー2012年3月号6頁。「とく
　　に社会的責任を度外視した大企業と正規職労組中心に談合構造が形成され，長時間勤労が
　　『働く機会の不足』と『仕事をする人々間の格差』という労働市場の核心問題の主要な原
　　因として作用している。」

解消および非正規職縮小を目標にする雇用政策的観点から見ると，肯定的に評価することはできない。良い職場の不足を深刻だと認識し，正規職と非正規職間の勤労条件格差が強く体感される現時点では，勤労時間短縮が必要であると思う。とくに，良い職場を持つ勤労者が長時間勤労を行なうことは厳格に制限して，必要な場合に限って許容することにしなければならない。勤労への従事を所得機会の確保と見ると，既存の就業者が所得をさらに得るために勤労に従事するより，失業者や不安定雇用層に勤労による所得機会を与えることが，労働市場という面からは妥当と思われる[16]。

　伝統的に，勤労に従事するか否かは労使間の自由な決定領域，すなわち私的自治の領域だと見られてきたが，非正規職の増加・少子化・高齢化や青年失業に要約される現在の社会経済状況のもとで，雇用は，社会的連帯性の観点から考慮され，勤労に従事するか否かは，当事者の決定の他に強行的な法的枠組みのなかで管理されるべきである。したがって法定勤労時間を超える時間外勤労への従事も，個別的な労使間の決定に全面的に委ねられるのではなく，他の失業者の救済を考慮する法的規律に合致させることも必要である。労使当事者に，第三者の働く機会を考慮するように要請しなければならない。

　一方，ワーク・シェアのための時間短縮制度は労使当事者の協力を得なければならない。長時間勤労に従事している者の勤労時間を減らすことは，その勤労所得を減らすことと同じであるからであり，勤労者たちが生計困難を理由に反発するだろう。換言すれば，ワーク・シェアを志向する時間短縮は理解と協調を求める自発的な次元で実施しなければならない。具体的には，当事者の同意や勤労者代表の同意を得る労使合意の方法を採らなければならないだろう。

　また，このような自発的なワーク・シェアを誘導するには，法的に充分で多

16）雇用労働部「非正規職総合対策（案）関連」（2014年12月29日）36頁。政府が志向する労働市場構造改革の核心には「労働市場で非正規職使用に対する誘引を減らし，正規職採用余力を拡大できるように労働市場の古い制度と慣行を改善して人材運営の効率性を高める方法」を含んでいる。同資料9頁で紹介された，韓国労働市場の問題点に関する韓国雇用労使関係学会全国成人男女1000人対象のアンケート調査結果（2014年11月27～28日）によれば，職場不足（43.1％）と賃金および勤労条件格差問題（41.6％）が一番深刻な労働市場問題と指摘された。そして勤労時間短縮必要の有無に関して，必要が73.8％，不必要が26.2％という回答があり，勤労時間短縮時に賃金減少受け入れの是非で，受け入れるが89％，受け入れないが10％であった。

様な補償措置がともなわなければならない。この自発性を導くには，雇用増大の政策に寄与する勤労者と使用者すべてが経済的な利益を得るようにすることが必要である。たとえば，良い職場を用意するために時間短縮を試みた勤労者には，定年後，それに見合う再就職機会が与えられるなど，意味のあるインセンティブ（incentive）がなければならない。雇用増大に寄与した企業には，その雇用増加による固定費用上昇を抑えることできるように政府から支援金を支給する必要がある[17]。このように良い職場を持つ勤労者たちが長時間の勤労を自制することで発生する新規の職場は，良い職場を求める青年層，女性層，高齢層などに与えることができる。

　それで，このような長時間勤労短縮の必要性を認識したうえで，韓国で生じている時間外労働と休日勤労に関連した主な争点を以下で考察する。ただし，この主要争点に入る前に，韓国の時間外労働制度と休日勤労について特徴を概略的に検討することにする。

二　時間外労働制度の特徴

　韓国で延長勤労（時間外勤労[18]）は，勤労基準法（以下，「勤基法」）53条１項の「当事者間で合意すれば１週に12時間を限度に第50条の勤労時間を延長することができる」にもとづいている。そして勤基法50条は，１項で「１週の勤労時間は休憩時間を除いて40時間を超えることができない」と規定し，２項で「１日の勤労時間は休憩時間を除いて８時間を超えることができない」とする。したがって，時間外勤労は50条の法定勤労時間を超えて行なう勤労であり，１週に12時間を限度とする[19]。

17）現在施行されている政府の「職場共有」事業で支援金が与えられているが，いっそう持続するべきであり，大幅拡大する必要がある。

18）韓国の勤基法では延長勤労という法律用語が使われている。これは日本の時間外勤労に該当する。本論文では日本語に翻訳されるにあたり，便宜のためにできるだけ延長勤労の代わりに時間外勤労と表現する。

19）韓国には勤労時間柔軟化制度が勤基法51条（弾力的勤労時間制）および52条（選択的勤労時間制）で用意されていて，このような柔軟化制度下で再び時間外勤労の実行が１週12時間限度で可能である（53条２項および３項参考）。これについては内容伝達の複雑性を避け，明瞭さを得るために省略する。

そして時間外勤労に対する補償規定である勤基法56条は「使用者は延長勤労（第53条などにより延長された時間の勤労）と夜間勤労もしくは休日勤労については通常賃金の100分の50以上を加算して支給しなければならない」と規定する。

ここでの主な争点は，法律要件として求められる「当事者間の合意」の意味である。概して，個別的な勤労者の合意だけでも充分だと見ているが[20]，団体協約のような集団的な合意と解釈しなければならないという少数意見[21] もあった。

一方，このような時間外勤労を超えることができる2つの例外がある。1つは勤労者の同意と雇用・労働部長官の認可を得て行なうことができる「特別な事情による時間外勤労」（53条3項）であり他の1つは，運輸業，物品販売業など17の業種についての勤労時間特例制度（59条）である。深刻な点は，後者の場合に時間外勤労の上限がないということである[22]。

このような環境で，製造業は連続2組2交替や3組3交替勤務を選択できることになる。3組3交替の場合を仮定してみれば，1日24時間を3組に分けて編成することになるが，各組は7時間勤労に1時間の休憩がある方式で，4日勤めて（合計28時間の勤労），2日間は他の組の休日のために10.5時間ずつ勤労して1.5時間ずつの休憩があり（合計21時間の勤労），残りの1日は週休日として休むと見ることができる。この時，各勤労者は1週49時間勤労することになるのである[23]。

---

20) イム・ジョンニュル『労働法』（2014年）426頁，ハ・ガンネ『勤労基準法』（2014年）261頁，金亨培（キム・ヒョンベ）『労働法』（2014年）450頁，大法院1993.12.21宣告93ヌ5796判決「ここで当事者間の合意というのは原則的に使用者と勤労者との個別的合意を意味して，個別勤労者の延長勤労に関する合意権を剥奪するか，または制限しない範囲では団体協約による合意も可能である。」

21) イ・ジョンボク『私法関係と自律』（1993年）389頁では，当事者は交渉上対等性を保有する労働組合を意味すると解釈して，417頁では「団体交渉当事者の合意」に改正されなければならないと主張した。

22) 59条による17の特例事業場では無制限に時間外勤労が当事者間の合意だけあれば許される。さらに，これに加えて年次休暇期間に休暇未使用時に追加的賃金支給を前提とする休暇勤労が許されるので，過度に時間外勤労を野放しにしていると指摘することができる。

23) このような長時間勤労体制を脱却できる4組3交替への転換は，現在の交替制全体の30%程度，実現していると伝えられている。

214 第5章 労働時間規制の現状と課題

したがって総合的に見る時，韓国の時間外勤労法制は，使用者が既存勤労者を通じて必要な人材をいくらでも確保できるようにする静態的で非開放的な雇用志向を後押ししていると思われる[24]。しかし，今日のように経済成長率が3％ラインに留まっていて正規職と非正規職の間に顕著な賃金格差[25] が存在して，青年をはじめとする多数の長期失業者が存在する局面では，社会的連帯性にもとづいた雇用増進政策に合致する時間外労働制度にならなければならない。低成長・少子化・高齢化・青年失業社会に相応しい新たな制度が必要である[26]。

ここで，フランスが施行している時間外勤労年間総量限度制（contingent annuel d'heures supplementaires）を意味深いものと見る必要がある。1年に220時間という時間外勤労制限を基準線として提示しているが，これは勤労者の健康保護目的からさらに，他の失業者を配慮するジョブ・シェアリングの思想にもとづいたもので，失業解消のための強力な措置の発露だと思われる[27]。日本でも1989年に時間外労働協定で定める時間外勤労について年間450時間の上限基準が設定されたことがあり，また，1993年からはこの年間基準が360時間に短縮されたという。このような年間総量限度は，韓国の1週12時間を1年間

---

24) ここで法定勤労時間1週40時間の他に1週12時間の時間外勤労が可能だということは，すなわち勤労者が法定勤労時間の30％をさらに勤労する可能性があることを意味する。そして，この場合，補償として1.5倍の比率が適用されるということは当該勤労者が月法定勤労遂行時に発生する月通常賃金の他に，その賃金の45％まで追加的所得の機会が与えられていることを意味する。このような法制下で，使用者が時間外勤労を提案する場合，所得を目的に勤労に臨む勤労者は，このような機会を拒む理由がないであろう。

25) 2014月8月基準で，賃金勤労者全体1877万6000人のなかで非正規職（一時的勤労者もしくは期間制勤労者，短時間勤労者，派遣・用役・呼び出し）は607万7000人で，比重は32.4％であり，正規職の月平均賃金は260万4000ウォンであるのに比べて非正規職の月平均賃金は145万3000ウォンである（統計庁勤労形態別付加調査結果）。

26) すなわち，既存の勤労者，とくに良い職場を保有する大企業勤労者が法定勤労時間によって予定される所得機会より37.5％を，さらに所得を得て従事させるのではなく，この37.5％の追加所得の機会を失業者や不安定雇用層に分かちあうように導ける制度が実施されなければならない。

27) フランス労働法典L（法律loiの略字）3121-11条およびD（法令decretの略字）3121-14-1条。1週39時間制のもとでは年間総量限度は130時間であった。一方，2008年8月20日基準，年間総量限度を超える団体協約の締結が可能で，ここで補償休息に代替する義務を自律的に決められることにしている（これについては，Marclis/Roset/Tholy, Le code du travail annote, 2014, p.1122)。

合算して出てくる数字である600余時間より桁外れに短いのである。韓国も1年単位で総量の限度を設定して，多すぎる勤労による様々な副作用を減らしていかなければならない。

三　週休日制度と休日勤労の特徴

　勤基法55条では「使用者は勤労者に1週に平均1回以上の有給休日を与えなければならない」とする。1953年勤基法制定当時には休日を与えなければならないとしていたが，1961年勤基法改正で「有給休日」に変わった。したがって週休日保障では使用者の有給休日手当保障が核心になったのである。それで使用者は1週に1日，24時間を休日として勤労者を勤労から免れさせて勤務日と同様に有給で処理すれば良い[28]。

　ところで使用者は勤労者との合意がある場合には，週休日に勤労をさせることができ，このような週休日勤労は法的に禁止されていない。さらに勤基法56条では「休日勤労」という用語を使用するので，休日の勤労従事は当事者の任意により行なうことができると解釈される[29]。この点は日本とも共通する部分ではないかと思う。そして休日勤労については勤基法56条によって通常賃金の50％を割増して支給することになっている。

　しかし，このような休日勤労を制限なしに許容する韓国の立法と違って，ヨーロッパの諸国は休日勤労自体を禁止する規律を置いている。代表的であるのは，フランスが週休日保障に関する特別な歴史的経験のなかで[30]，事業主に対して週休日勤労要求の禁止を規定し，例外的に公益的理由もしくは緊迫した作業時の休日勤労が許される事例を列挙している[31]。違反時には，一定の処罰

28）通常8時間の有給処理を意味する。短時間勤労者の場合には比例的に有給処理される。
29）同旨，ハ・ガンネ・前掲注20）355頁，イム・ジョンニュル・前掲注20）441頁。
30）フランスでは1906年3月10日に発生した6万人の大規模ストライキ，「クリエール炭鉱の大惨事　Catastrophe de Courrieres」で，1000人を超える死者が出て以後，週休日は法律によって義務的に強制された。
31）フランス労働法典L.3132-4条〜11条では緊迫した作業，原料の腐敗，荷役作業，季節勤労，国防，公共行政，清掃作業などに限定して許容し，ドイツは10条で，フランスと似たように許容する。一方，同種業者間の公正な競争秩序を維持させるために使用者団体が特定企業に対して休業要求をする場合，これにともない命令を下すこともできるという

を加え，さらに行政官庁は，勤労者が休息を取れるように該当休日に事業所の門を閉めるように命令を下すこともできる[32]。ドイツも，勤労時間法9条で週休日勤労を禁止して，10条で許される業種を定めている[33]。したがって，勤労〔者〕が労使合意で就業可能な日は6日というわけである[34]。1993年のEU指針（directive 93/104/CE）5条も実際に休息を取る休日（weekly rest period）の保障を確立している。このような点を考慮するとき，韓国の休日勤労の許容方式については，必要最小限にとどまるように立法的補完が必要と思われる[35]。

　つぎに，1週40時間制の導入が2004年7月以後，段階的に実施された後，提起された疑問があった。「土曜日を有給休日と見るのか」である。原則的に土曜日は55条の週休日と関係がない休業日，すなわち勤労時間の編成結果，勤労が要求されない日と見るか[36]，または無給の休日と説明される[37]。ただし，当事者間の合意で土曜日をいわゆる約定休日に指定するか，または割増賃金の根拠を用意することができる。したがって土曜日に勤労する場合に，特約がない限り，56条の休日勤労についての割増賃金規定は適用されない[38]。

　最後に，休日勤労を行なうことに関連して，その時間を1週の時間外勤労12時間の限度（53条1項）に算入するべきか否かという解釈上の問題がある。この部分は，労働法上の主要争点の1つであり，相反する多数の判例と学説が

（以上，Rivero/Savatier, Droit du travail, 1993, p.562）。

32）L.3132-1条は「同じ勤労者を1週に6日を超えて勤労させることを禁止する」と規定し，L.3132-2条は「週休日24時間とその前1日の休息時間11時間を合わせて合計35時間が休息時間として保障される」と規定している。このような規律は公法的性格を帯びるものとして勤労者の健康と安全のためという目的を持っており，これに違反する場合には1500ユーロの罰金が付随し，累犯の時には1年以下の懲役に処する（R.3135-2条）

33）ドイツ勤労時間法9条（日曜日および公休日休息）(1)勤労者は，日曜日および法定公休日に0時から24時まで使用されることができない。以下省略。10条（日曜日および公休日就業）(1)勤労が勤労日になされることができない場合に限って，第9条と別に勤労者は日曜日および公休日に次の各号の目的で就職されることができる。1．消防署と同じように緊急業務および構造業務，以下省略。

34）Hanou/Adomeit,Arbeitsrecht, 13. Aufl., 2005, Rdnr. 663によればドイツで土曜日は法的に勤労可能な日（Werktag）という。

35）同旨，ハ・ガンネ・前掲注20）355頁。これに関する立法論的見解は後半部で扱う。

36）金享培（キム・ヒョンベ）・前掲注20）472頁では，勤労免除である，非番である，休業日であると説明する。

37）ハ・ガンネ・前掲注20）355頁。

38）金享培（キム・ヒョンベ）・前掲注20）472頁，ハ・ガンネ・前掲注20）359頁。

あって，また，立法論的次元でも活発に意見が出ているので，項を改めて検討
することにする。

四　休日勤労時間の時間外勤労算入の是非に関する論争

1　休日勤労時間を時間外勤労へ算入することの是非

　休日勤労の解釈と関連して，一定の勤労が休日勤労である場合に，〔休日勤
労が〕同時に時間外勤労とも見るのかという争点がある。休日勤労，要するに，日曜日の勤労が1週40時間を超える41時間，42時間目の勤労に該当すると見れば，時間外勤労ではないかという疑問が生じるからである。

　これについて，多数の下級審判例は「休日勤労時間が1週40時間を超えた場合，休日に行った勤労時間はすべてが休日勤労時間と同時に時間外勤労時間に該当する」として，休日勤労手当と時間外勤労手当の重複割増を適用した[39]。そして，このような判例を支持する多数の見解が存在する[40]。

　反対に，1週を勤労義務日と休日に区分して，勤労義務日における勤労だけを時間外勤労時間に算入して，休日勤労は原則的に時間外勤労に算入しないという少数の判例があり[41]，これを支持する学説上の見解が存在する[42]。長い間，勤労義務日と休日を区分して休日勤労時間を時間外勤労時間に算入して来な

---

39) 大邱地方法院2012.1.20宣告2011ガ合3576判決，ソウル高等法院2012.11.9宣告2010ナ
　　50290判決（この判決では休日勤労時間が1週40時間を超えた時間に該当すれば延長・休
　　日割増が重複することをきわめて詳細に説明した）。議政府地方法院2013.4.19宣告2012
　　ガ合50704，大邱地方法院2013.9.4宣告2012ナ61504。
40) 労働法実務研究会『勤労基準法注解Ⅲ』（2010年）106～107頁。キム・ソンス「長時間労
　　働の制度的問題点と労働時間短縮のための改善方向」韓国労総（2012年5月10日）政策討
　　論会「長時間労働の制度的要因と実態，改善方向」38頁，キム・ホンヨン「休日勤労の週
　　時間外勤労算入の可否」労働法律2012年5月号74頁。カン・ソンヒ「週40時間を超える休
　　日勤労時の休日勤労手当と時間外勤労手当の重複支給」労働レビュー2013年12月号102頁，
　　パク・ウンジョン「時間外勤労と休日勤労」『勤労時間短縮の現況と争点』（労働法理論実
　　務学会第27回定期学術大会2014.9.20資料集）16頁，ハ・ガンネ・前掲注20) 357頁。
41) ソウル高等法院2012.2.3宣告2010ナ23410判決。
42) 代表的なものとしてキム・ヒソン「時間外勤労と休日勤労の関係—勤労時間短縮と関連
　　して」労働法論叢30集（2014年4月）93頁，チョ・ヨンキル，チョン・ヒソン「休日勤労
　　に対する時間外勤労の重複割増の是非についての判例考察」『勤労時間短縮の現況と争
　　点』・前掲注40) 資料集39頁。

218 第5章 労働時間規制の現状と課題

かった行政解釈と監督慣行[43] を考慮した立場である。

　興味深いのは，互いに相反した判例と学説がその根拠として1991年大法院判決を援用しているという点と，同判決についての理解がやはり違っているという点である。したがってこの判決を一緒に考察してみよう。

2　1991年大法院判決

　大法院1991．3．22宣告90ダ6545判決は，「休日勤労と時間外勤労が重複する場合において，休日勤労に対する割増賃金と時間外勤労に対する割増賃金をそれぞれ加算して算定しなければならない」という要旨を提示した。ところで，この判決で言う時間外勤労は，1日8時間を超える勤労を言い，休日勤労の場合にも，たとえば10時間仕事をする時，8時間を超える2時間分が時間外勤労という意味であった。理解を助けるために，該当事案と原審の判決を簡略に紹介する。

　原告勤労者たちは，被告江原産業株式会社内のサムピョ・レミコン事業所輸送部に勤務する勤労者として1985年4月から1988年1月まで正常勤労日に8時間の昼間作業をして，引き続き一定の時間外勤労を行なった。また，原告は毎月2ないし3日の休日にも通常勤労日と同一に昼間作業と時間外勤労を行なった。すなわち，勤労をする日ならいつも1日8時間を超える時間外勤労をするのであった。

　被告会社は時間外勤労時間を正確に算定できない事情のもとで，1985年4月から1988年1月まで，平均1日1時間ずつ時間外勤労をすると見て，合算して毎月，時間外勤労手当を支給した。

　原告はこのような時間外勤労手当支給が勤労基準法による時間外勤労手当と休日勤労手当に達しないと主張してその差額の支給を求めた。

　第1審判決（ソウル民事地方法院1989.11.7宣告ガ合13132）および第2審判決（ソウル高等法院1990．8．22宣告90ナ2736）では1985年4月から1988年1月まで，時間外勤労手当と休日勤労手当を区分して計算した。

　時間外勤労手当については，原告たちが勤務日1日について1時間ずつ時間外勤労をしたものと認定して，正常勤労日数と休日勤労日数を合わせた全体の

43）雇用労働部の行政解釈（2000．9．19勤基68207 - 2855，2002.10.28勤基68207 - 3125）。

時間外勤労時間を毎月25時間と見て，これについて時間給通常賃金の150％を適用して算定した。

そして（毎月2ないし3回行なわれた）休日勤労に対する手当は，該当休日の所定勤労8時間に対する時間給通常賃金の150％で計算し，この8時間を超える休日兼時間外勤労時間について時間給通常賃金の50％を再び割増加算する方式で計算して算定した。

そして使用者に，算定された未支給分を支給するように命じた[44]。

原告は原審判決の結果に満足できず上告した。大法院は，上告を一部認めて1985年4月から1987年7月までの期間と，それ以後1988年1月までの期間を区分して，後者の期間については，採証上の誤りを理由に原審決定を破棄，差戻した[45]。ただし，原審の時間外勤労手当と休日勤労手当を区分して計算する算定方式については，そのまま尊重して「休日勤労と時間外勤労が重複する場合において，休日勤労に対する割増賃金と時間外勤労に対する割増賃金をそれぞれ加算して算定しなければならない」と判示したのである。

結局，休日勤労のなかで8時間については休日勤労としてのみ見て通常賃金50％だけを割増するが，休日勤労のなかで8時間を超える部分は，時間外勤労時間に算入されて，重複割増，すなわち通常賃金100％の割増を適用するとい

---

44) 1審および2審ではこのように計算された金銭から既支給の金銭を差引いて残った残余金として，原告Aに時間外勤労手当として36万2958ウォン，休日勤労手当として1555万5110ウォン，合計金191万8060ウォン，原告Bに時間外勤労手当26万6680ウォン，休日勤労手当123万8189ウォン，合計金150万4869ウォンを追加して支給することを被告会社に命じた。

45) すなわち，時間外勤労手当の部分で一部原告勝訴の下記の判決をした。「原審が採択した証拠（とくにに第1号証の29ないし34および乙第2号証の29ないし34の各記載）によれば，被告会社は1987年7月までは，原審認定のとおり勤労者らが平均1日1時間ずつ時間外勤労をすると見て，毎月25時間の時間外勤労手当を支給してきたが，1987年8月からは時間外勤労時間数を従来より1日1時間ずつ増やして平均1日2時間ずつ時間外勤労をすると見たけれども，毎月25時間に対する時間外勤労手当を支給し始め，原告が退職した1988年1月まで，これをそのまま維持してきた事実を知ることができるところ，原審の前記事実認定は1987年7月までの期間においては正当であるが，1987年8月から1988年1月までの期間については正当と見ることができず，この期間については勤務日1日について2時間ずつの時間外勤労を認めて，それに相応する時間外勤労手当と休日勤労手当を算定しなければならなかったのである。この部分に関する原審判決は，採証法則に背反し，判決の結果に影響を及ぼしたことになり，論旨はこの範囲内で理由がある。」この部分を大法院は破棄して原審裁判所に差戻を命じたのである。

うことである。

このような結論は，最近の論争の種である「休日勤労は時間外勤労に算入されるのか」という疑問に関連して，前記の一説のように休日勤労を時間外勤労に算入する新しい観点を提示した判決と見ることもでき，別の一説のように基本的に休日勤労8時間の部分については時間外勤労に算入しなかった先例と言うこともできる。したがって，学説が互いに主張の根拠としてこの判決を援用したことを誤りと指摘することはできない。

ただし，重要だと考えなければならない部分は，1991年当時の時間外勤労は1日8時間制のもとで8時間を超える勤労を意味していたという点であるが，この部分をもう少し深く検討することにする。

3　1日単位8時間制から1週単位40時間制への転換

(1)　勤基法制定以後—1997年勤基法改正前までの1日8時間制

前記1991年大法院判決当時，勤労時間法制は1日単位8時間という基本原則を持っていた。当時，勤基法42条は「勤労時間は休憩時間を除いて1日に8時間，1週に48時間を超えることができない。ただし，当事者間の合意によって1週に12時間の限度で延長勤労をすることができる」と規定していた。この内容は，法定勤労時間は「1日を単位」にして8時間を超えてはならないということであった。ここで1週に48時間の意味は，単純に週休日（主に日曜日）を除いて残った6日の勤務日に1日単位8時間をかけて出てくる計算上の単純結果であるに過ぎず，新しい「1週単位」としての意味はなかった。

時間外勤労の概念は，1日の勤労時間8時間を超える勤労を意味していて，このような時間外勤労の1週12時間限度も，毎日の時間外勤労を合算する時，12時間を超えることができないという意味であった。

当時の多数の労働法教材を見ても，法定勤労時間は「8時間勤労制」という表題のもとで説明されていたし[46]，時間外勤労はこのような1日の勤労時間が

---

46) 代表的なものとして，金享培（キム・ヒョンベ）『労働法』（1986年）257頁では，8時間勤労の原則と基準勤労時間という表題のもとに法制が説明されている。シム・テシク『労働法概論』（1991年）363頁では「8時間労働制」が実行されて国民の文化生活に貢献するべきであると強調している。

8時間を超えることであった。

　繰り返しであるが，時間外勤労を判断する単位は「１日単位」であったということである[47]。大法院1991年判決当時にも，勤労時間制は「１日８時間制」であったのである。また，大法院の別の判例でも，時間外勤労は１日８時間を超える勤労と理解されていた[48]。

　このような前提で1991年大法院判決を振り返れば，勤労日の昼間作業８時間を超えて勤労した１時間内ないし２時間の勤労がまさに時間外勤労と把握されたのである[49]。休日勤労は，８時間までの勤労についてだけ休日勤労と把握されるが[50]，８時間を超えた１時間ないし２時間分は休日勤労であり，同時に時間外勤労であった[51]。１日８時間制のもとでは，１日１日を区別をすることになって，その日が勤務日か，そうでなければ休日かは重要な前提であった。休日に勤労する場合，８時間を超えて初めて時間外勤労に含まれうるのであった。

　すでに１日８時間制によって時間外勤労が把握されて，これにともなって割増賃金が適用されたから，当時，１週を単位に48時間を超えた49時間目から時間外勤労になるという認識や，このような49時間目からの勤労が週休日に行なわれる場合，その全部が時間外勤労であり，同時に休日勤労と把握されるという問題認識は基本的にありえなかったのである。

　１週40時間を超えた41時間目の勤労が法定勤労時間を超えた時間外勤労なのか否かや，それが休日に行なわれる場合，休日勤労兼時間外勤労と認定されるのかという質問は，１日８時間制でない「１週単位勤労時間制」が定着した後

---

47) 金裕盛（キム・ユソン），イ・フンジェ『労働法Ⅰ』（1995年）228頁でも「８時間勤労制」の表題のもとで説明がなされて，１週に12時間限度の時間外勤労の意味を１日に２時間を限度にして12時間を超えることができないという有権解釈（法務811 - 14768, 1980. 6 .20）を引用して説明している。

48) 参考。大法院1993.12.21宣告93ヌ5796判決。「勤労基準法第42条第１項は『勤労時間は休憩時間を除いて１日に８時間，１週に44時間を超えることができない。ただし，当事者間の合意によって１週に12時間の限度で延長勤務することができる』と規定して，いわゆる８時間勤労制による基準勤労時間を規定しつつ，合わせて８時間勤労制に対する例外の１つとして当事者の合意による延長勤労を許容しているところ……」。

49) ここでは，正常〔平日〕勤労日であるのか休日であるか詰めなかった。

50) 通常賃金50％割増。

51) 通常賃金100％割増。

222 第5章 労働時間規制の現状と課題

に提起することができる質問である[52]。

(2) 1997年3月13日勤基法改正以後—1週単位40時間制

韓国の労働法全般で全面的に改正が行なわれた1997年3月13日当時，勤基法の勤労時間制でも，とてつもなく大きな変化があった。すなわち「1日単位8時間制」から脱皮して「1週単位」の勤労時間制に変わったのである。当時，49条1項では「1週の勤労時間は休憩時間を除いて44時間を超えることができない」と規定し，2項では「1日の勤労時間は休憩時間を除いて8時間を超えることができない」と規定したのである。「新しい勤労時間の基本原則は1週44時間であり，1日8時間制はこのような基本原則に付随して行なわれる[53]」規制に過ぎなかった。

以後，2003年9月15日になって勤労時間を1週44時間から40時間に短縮する場合にも，付則3条2項では施行3年間，40時間を超える時間外勤労の最初の4時間については25％の割増を適用するとして，明確に時間外勤労を1週単位として40時間を超えて勤労する時間と見なければならないことを示した。そして，当時，勤基法52条1項の「1週に12時間」の時間外勤労の限度は，1週40時間に12時間を合わせた1週52時間の上限を意味することになったのである。

したがって，週休日（たとえば日曜日）に勤労する休日勤労の時間を前記の時間外勤労（時間外勤労）に算入させなければならないのか否かという問題は，このように「1週単位の勤労時間制」が確立された前提で初めて重要な争点になるのである。

---

52) したがって1日8時間勤労制のもとで出された1991年大法院判決が，休日勤労を時間外勤労に算入せず，休日勤労としてだけ判断した先例であると主張する見解は，1日8時間勤労制のもとで，初めから認識が可能でない部分（「1週単位」の観点）を可能だろうと仮定した点で，私は〔この見解に〕従わない。むしろ，先の事件で，1審から上告審までが示している箇所，「正常勤労日数と休日勤労日数を通したすべての時間外勤労時間」について毎月25時間と見て，これに対して時間給通常賃金の150％を適用して算定したことを認定した部分は，1日単位8時間制下での休日勤労の一部時間が時間外勤労時間に算入できることを示してくれたのである。

53) 金享培（キム・ヒョンベ）『労働法』（1998年）308頁，イム・ジョンニュル『労働法』（2000年）390頁。

4 現行1週単位勤労時間原則下における休日勤労の時間外勤労時間への算入

(1) 解釈論

1週単位40時間制のもとで，まず，1週の意味は暦の上で7日と理解されている。すなわち，月，火，水，木，金，土，日を意味することもでき，日，月，火，水，木，金，土を意味することもできる。勤基法50条1項，53条，55条の1週はまさにこのような暦日7日である。したがって，ある日に実際に行なう勤労は1週40時間に算入されるので，それを超えれば，これは時間外勤労時間に算入されるのである。だから，週休日（たとえば日曜日）の勤労によって1週の40時間を超えれば休日勤労であり，時間外勤労が発生するのである。この1週の時間算定単位を考慮するならば，このように判断した多数の下級審判例の決定が妥当といえるだろう。とくに，ソウル高等法院2012.11.9宣告2010ナ50290判決が「休日勤労時間が1週40時間を超えた時間に該当すれば，延長・休日割増が重複しなければならない」と強調したのは十分に納得できる。

このような点は比較法的にも確認される。まず，フランスも1週35時間制を法定勤労時間としながら，1週の概念を「月曜日0時から日曜日24時で終了する歴週（semaine civile）」としている[54]。先に述べたように，週休日勤労の禁止が原則であるが，例外的に許される原料腐敗もしくは緊迫作業を扱う産業の場合「1月に2回まで」勤労が可能で，このように週休日に行なわれた勤労時間は，時間外勤労と認定され，その時間は勤労時間規定の施行命令で定めた時間外勤労時間の限度に算入する」と明示している[55]。これ以外に，ヨーロッパ〔連合〕指針（directive 93/104/CE）でも6条（週最大勤労時間）は，加盟国が勤労者の安全と保健のために強行的作用で必要な措置を取ることとして，2項で「毎7日間平均した勤労時間は，時間外勤労時間を含んで48時間を超えない」とし，7日に休日を除外せずに通算することを示している。

韓国はこのような明確な立法がないので，1週の概念や休日勤労と時間外勤

---

54) フランス労働法典L.3122-1条。

55) L.3132-5条。一方，フランスの団体協約では一般的に週休日勤労に対して100％の割増率を定めている（ex. Entreprise du Negoce et de l'industrie des produits du sol,engrais et produits connexie, 1980.7.2団体協約49条）。一般割増率が25％であることを考慮すれば画期的である。

労との関係において混線が生み出されたと思われる。したがって，立法的にすっきり解決しなければならないが，現行制度の1週単位のもとでは，1週を常識的に7日と見て休日勤労時間を時間外勤労時間に算入した多数判決と学説の立場は尊重される必要があるだろう[56]。

(2) 立法論

雇用労働部は，2014年12月，非正規職総合対策を発表して，「労働市場の公正性と活力向上」編で「人力〔＝労働力〕運営の合理性向上を通した正規職採用余力拡大」という題名のもとに，勤労時間短縮部門を置いて，そこで「休日勤労を延長勤労に含めて，勤労時間を段階的に短縮すること」にする立場を表明した。非正規職総合対策の枠組みのなかで，この部分を扱うことは時間短縮と雇用政策を連係させることを直接的に表明したのである。具体的な方案〔＝方法〕としては，従来，実際に行なってきた休日勤労を尊重して「労使の負担加重を避けるように『追加延長勤労』を1週8時間限度，月24時間の限度，または年208時間の限度内で労使合意でできるように」する方案を提示した[57]。

一方，これに先立ち，休日勤労を延長勤労に含めることについては，大同小異の内容で国会議員発議案もあった[58]。

このように見る時，韓国では休日勤労を時間外勤労に含める方向の基本原則が確立されていくと展望される。私見は，このような立法について基本的に賛同し，ただし，追加延長勤労8時間の許容は5年間だけ一時的に運営することを明らかにして，このような追加延長勤労許容が新しい問題を引き起こさないようにしなければならないという意見である。

---

56) わが国も遠い将来には，ヨーロッパ諸国（フランスの他にドイツ勤労時間法9条）のように「週休日勤労禁止」原則を確立しなければならないと考える。その場合，週休日勤労が避けられない場合に認める「例外的許容」を定めなければならないだろう。

57) 雇用労働部「非正規職総合対策（案）関連」（2014年12月29日）20頁は，続けてつぎのとおり敷衍して説明した。「現行：週当たり勤労時間（68）＝法定勤労（40）＋延長勤労(12)＋休日勤労（16），変更：週当たり勤労時間（52＋8）＝法定勤労（40）＋延長勤労(12)＋追加延長可能(8)」。

58) キム・ソンテ議員発議案「1週は休日含む7日，規模別段階的適用（2016年から3段階)」，ハン・ジョンエ議員発議案「1週は休日含む7日」，イ・ワンヨン議員発議案「1週は休日含む7日規模別段階的適用（2020年まで5段階)」。

5 1週単位の勤労時間原則下での1日8時間規制の意味

しかし問題は依然として残っている。2014年現在，勤基法50条1項では1週単位40時間原則を明言しながらも2項では1日8時間規制を依然として置いているからである。それなら1日8時間の規制はどんな意味と見るべきか？　また，1日8時間を超えた9時間目の勤労は時間外勤労として割増賃金を与える必要があるのかということである。

学説の反応を調べてみれば，50条2項は1週単位40時間制と並行して作用する規制であり，したがって1日勤労時間8時間を超える行為については通常賃金の50％割増が適用されるのである[59]。たとえば，月曜日に9時間，火曜日に7時間勤務して，残りの水，木，金曜日に8時間勤務した場合，1週40時間以内の勤労であるが，月曜日に8時間を超えた1時間の勤労は50条2項の8時間限度を超えた時間外勤労であるから通常賃金の50％割増が適用されるということである。

難解な部分は，1週40時間を超えて時間外勤労に該当して同時に1日8時間を超えて時間外勤労になる場合に，どのように時間外勤労時間を算定し，どのように割増賃金を適用しなければならないのかという点である。たとえば，先の事例で月曜日に9時間勤務して火曜日から金曜日まで各8時間勤務して1週41時間勤務になった場合，41時間目の勤労と月曜日の9時間目の勤労すべてを通常賃金50％割増適用とするのかという問題である。

先の事例との一貫性を維持するには，月曜日に9時間勤務したことに割増適用をし，また，1週40時間を超えたことに割増適用を別途しなければならないと見ることもできる。

しかし，発表された学説の大部分はこのようなことを不合理な重複割増と見て，これを避けるために，いずれか1つだけにすることができると考えている[60]。さらに，「1週基準として計算する時の時間外勤労時間数と，1日基準として計算する時の時間外勤労時間数がそれぞれ違う時には多いほうで算定す

---

59) 代表的にイム・ジョンニュル・前掲注20) 442頁。

60) イム・ジョンニュル・前掲注20) 443頁。ハ・ガンネ・前掲注20) 265頁。パク・ジョンヒ（2014年9月20日）労働法理論学会の定期学術大会での意見。

226　第5章　労働時間規制の現状と課題

る」という意見もある[61]。すなわち，「一般勤労者が，ある週に3日間10時間ずつ，2日間6時間ずつ合計42時間勤労した場合」，時間外勤労時間は1週40時間を超えた2時間でなく，3日間10時間ずつ勤労して生じた6時間である。

　考えるに，1つの時間外勤労について重複割増は認めてはいけないと思う。このような重複割増の原因は，新しい1週単位40時間制下で再び過去の1日単位による時間規制を残存させたことに原因があると思われる。したがって，このような混乱を生まないように立法論的に問題の規定を修正して，1週単位の勤労時間制を完結させる必要がある。つまり，時間外勤労は1週単位で40時間を超えた時間を意味すると明確にするのである。

　こういう場合，先の例である「勤労者が，ある週に3日間10時間ずつ，2日間6時間ずつ合計42時間勤労した場合」，時間外勤労時間は6時間でなく，42時間から40時間を引いた2時間だけが時間外勤労時間になり，そうすることで1週単位採択の趣旨が生きかえると思う。1週単位を勤労時間算定の基礎とした趣旨は，1週内では時間編成において柔軟性を確保しようとすることである。従来の「1日単位8時間」を時間外勤労に結びつければ，勤労時間制に内在した硬直性をそのまま残存させることになる。

　比較法的考察からフランスの場合を見れば，時間外勤労に対する割増は「L.3121‐10条で定める週当たり法定勤労時間（35時間）を超えた場合」にだけ適用されると規定して（L.3121‐22条），1日の勤労時間を超える時，これを理由に割増をする規定がない。1日の勤労時間上限は10時間になっているが（L.3121‐34条），これは割増と関係がなく，勤労者の健康保護のための勤労禁止方式をとった公法〔的〕性格の規制であって違反時の処罰と連係している。

　韓国の場合，立法改正方法としては，時間外勤労の根拠規定である53条1項で「第50条」を「第50条第1項」（1週40時間）と明確に指摘して1週単位による時間外勤労概念をより確かなものにすることである。すなわち「当事者間で合意すれば1週に12時間を限度に第50条第1項の勤労時間を延長することができる」とするのである。そして1日の勤労時間8時間（50条2項）は別個の条項として時間外勤労と無関係に，勤労者の健康保護のための「1日最大勤労

61）イム・ジョンニュル・前掲注20）443頁。ハ・ガンネ・前掲注20）265頁も同じ立場をとる。

時間」として，ヨーロッパ一般の例によって1日10時間と定めるが，その例外を置くことができるとするのである。

五　結び

　長時間勤労慣行のある韓国で休日勤労を許容することは，個人の生命と健康，そして人格権が強調され，とくに家庭生活の時間を保護することによって家庭破綻を予防して家庭内での子どもの教育の必要性を考慮しなければならない現局面では，副作用が多い[62]。また，先に何度も言及したように，時間短縮を通じてワーク・シェアを早く実行することが必要な雇用状況では，優先的に休日勤労がターゲット（target）になっている。したがって，休日勤労の遂行については，より厳格に規制される必要がある。すなわち，事業主は，休日に労働力が必要でも既存の勤労者でない追加雇用を通じて，事業的要求を充足するように導いて，そうならない場合に初めて既存勤労者を使うようにする制度的転換が要請されるのである。したがって，休日勤労を時間外勤労に含めようとする政府の立法政策について基本的に賛同する。このようにして，週休日勤労の規制が確立されるならば，ある勤労者が1週に6日を超えて勤労して健康を害するか，または，家庭を粗末にして起きる社会問題は減らせるだろう。また，企業の良い職場分かち合いの効果が発生することを希望する。

　一方，勤労時間の算定と関連して，算定の「単位」が1日であるのか，そうでなければ1週であるのかを明らかにする必要がある。韓国は1953年勤基法制定以後，1997年以前まで1日単位の8時間法制下にあったが，1997年以後現在では，1週単位40時間法制であるので，その限りでは，休日，勤労日を区分する必要がなく実際に遂行した勤労時間はすべて40時間に算定されなければならず，これを超えれば時間外勤労として割増賃金が与えられなければならない。反面，1日8時間制のもとで作用した1日8時間を超える勤労について時間外

---

62) ピョン・ドイン・前掲注15) 6頁。「ある就業ポータルの調査によれば，頻繁な夜勤によって体験する家庭被害（複数応答）について家族間摩擦増加（64.9％），睡眠で送る週末（52.7％），家族間対話急減（50.5％）等を挙げている。すなわち，長時間勤労は，仕事・家庭の両立と健康な家族形成を阻害して，さらに『食卓を囲む教育』も難しくして学校暴力などの社会問題にも連結する。」

228 第5章 労働時間規制の現状と課題

勤労と構成する観点は，使用者に重複割増による多すぎる負担を意味するものとして修正される必要がある。

第6章
個別労働紛争の解決

第1節
韓国における労働委員会の不当解雇救済手続き

朴洪圭　嶺南大学校名誉教授
翻訳　脇田　滋　龍谷大学名誉教授

一　はじめに

　韓国の不当解雇の救済手続きには，裁判所による司法的救済手続きと労働委員会による行政的救済手続きがある。司法的救済手続きは，伝統的な救済方法として多くの国で採用されているが，民事訴訟を通した救済は時間が長くかかり，多くの費用がかかって手続きが厳格なために勤労者が利用するのが難しいので，勤労者がより簡単に救済を受けるようにした[1] 韓国特有の制度が労働委員会による不当解雇救済手続きである[2]。

　1953年に制定された韓国の勤労基準法は，解雇に関して特殊な場合の解雇制

---

1 ）大法院1992.11.13宣告92ヌ11114判決。
2 ）労働紛争を，労働委員会を置いて担当させる国家は多くないが，韓国のように労働委員会を置く米国と日本でも労働委員会は不当解雇救済を担当していない。英国のAdvisory Conciliation and Arbitration Serviceは，集団的労使紛争と共に不当解雇のような個別的労使紛争も担当するが，その組織や機能などさまざまな面で韓国の労働委員会とは異なっている。

230　第6章　個別労働紛争の解決

限と解雇予告制だけを規定し，解雇制限理由に関する具体的な規定を欠いていたが，この基本構造は今でも同じである。正当な理由がない解雇に対して，勤労者は解雇無効を前提に勤労者の地位の確認を求める訴えおよび未払い賃金の支払いを請求する訴えを裁判所に提起して不当解雇に対する司法上の救済手続きを踏むことが今までと同様に認められているが，1980年から労働事件が急増したので，1989年勤労基準法の改正時に，勤労者は労働委員会に不当解雇に対する救済申請ができることにして，その救済申請と審査手続きについては当時の労働組合法上の不当労働行為規定を準用することにした。

　ところで不当解雇の救済措置を受けたとしても使用者が拒否するか，履行を遅滞するとき，それを強制できる執行方法がなかった。また，勤労基準法33条では労組法89条（罰則）の準用を除外していて，労働委員会の救済命令に違反しても使用者が拒否できるので，救済命令が確定判決と同じ効力を持つことができるかという問題点が指摘されてきた。それで2007年勤労基準法の改正時に，不当解雇救済申請手続きを新しく規定し（28〜32条），勤労者に金銭補償制の選択権を付与して（30条3項），不当解雇に対する罰則条項を削除する代わりに，その代替制度として労働委員会の救済命令不履行時に履行強制金を賦課することにして（33条），確定した救済命令を履行しない者に対する処罰規定を導入した[3]。また，労働委員会で受理される事件数の増加と審査の遅延により労働委員会法を改正して委員の定員を拡大して[4]公益委員を部門別，委員会別に細分して専門性を強化し，調査官を置いて調査手続きの実効性を確保した。

　このような立法の推移は，労働委員会の審判事件処理推移と関連していた。1978年，不当労働行為受付件数は75件だったが，1988年には1439件に急増した。これは1987年労働大闘争以後の労働組合組織の急上昇に関連しており，1987年の522件に比べて3倍にも増えた。しかし，不当労働行為受付件数は1989年に1721件に増加したが，減少を続け1990年代には500件前後であった。

3）その他に解雇の手続き的効力要件として書面通知制度が導入され（27条），経営上の解雇の時，事前通知期間が60日から50日に短縮され，経営上の解雇後3年以内に解雇された勤労者と同一業務に勤労者を採用しようと思う場合，解雇された勤労者を優先再雇用する使用者の義務が規定された（25条）。
4）労働委員会法6条。従来の労使委員10〜30人，公益委員10〜50人をそれぞれ10〜50，10〜70人に拡大した。

これは労働組合の組織および機能が急激に弱まったことと関連していた。その反面，不当解雇受付件数は施行初年である1989年に706件で不当労働行為受付件数の半分にも達しなかったが，1990年，２つの件数が同一になった後，継続して不当解雇件数が不当労働行為件数を超えて，2014年１月現在では10倍を超えている。それで労働委員会の主たる審判業務が不当労働行為処理でなく，不当解雇の処理となっている。

　これは，1987年前後に頂点に達した韓国労働運動がその後継続して弱まってきて，同時に企業の労使関係が悪化して不当解雇が増えたことを物語っている。すなわち，労働運動が弱まれば不当労働行為がだんだん減っていき，これが労使関係の悪化を招いて不当解雇を増加させるのである。その処理においては，2013年９月現在の受付件数8555件のなかで和解が3120件，すなわち37％と圧倒的であり，全部認定と一部認定は901件で10％程度に過ぎない。このような労働委員会による不当解雇の処理についてはさまざまな評価[5]が出ているが，申請件数が継続して増えているのは明らかな事実である。労働委員会による不当解雇救済手続きは今まで25年間施行されてきた[6]。

二　労働委員会

1　構成

　労働委員会には中央労働委員会と地方労働委員会があって，その他に特別労働委員会がある。中央労働委員会は労働部に，地方労働委員会は各市・道に設置されている。労働委員会は労働者・使用者および公益を代表する第三者で構成されている。労使側委員はそれぞれ労働組合および使用者団体が推薦した者のなかで労働部長官が委嘱する。公益委員は法定資格基準により当該労働委員会委員長，労使団体がそれぞれ推薦した者のなかで労使団体が次々と排除して残った者を委嘱対象公益委員にすることになっている。これは従来，労使政が

5）とくに李明博政府の反労働政策はもちろん，労働委員会構成と運営の問題点などにより，不当労働行為と不当解雇認定率が大きく低下した。

6）労働委員会は90％以上の紛争解決率を維持してきた。最近の紛争解決率は2006年93.7％，2007年93.3％，2008年96.5％，2010年97.2％であった。しかし，その内容を見れば必ずしも満足できるものではない。

推薦した者のなかで労使委員の投票で選出したものを，2007年労使のどちらか
の側に立った人を排除するという趣旨で変えたのであるが，専門性は低下する
ことになったという批判もある[7]。各委員会には，委員長1人と副委員長1
人，そして事務局がある。労働委員会がすることは大きく分けて2種類であ
る。1つは，労働争議を円滑に解決するために斡旋・調停・仲裁などの争議調
整を行なう機能であり，もう1つは，主に不当労働行為と不当解雇の救済申請
を処理する判定的機能である。判定的機能は，公益委員だけで構成された公益
委員会が行使して，労働組合側委員や使用者側委員は単に決定を下す前の審問
過程にだけ参加する。

2 判定的権限の処理問題

従来，労働委員会に判定的権限を付与することは，理論的にも現実的にも不
当であるので，それを労働裁判所に付与しようという主張が提起された。すな
わち，行政委員会に司法的判断と強制執行に準ずる救済命令を許容するという
ことは権力分立の原則と調和しにくく，不当解雇は個別勤労者の問題としてそ
の救済は厳格な法の解釈と適用および執行を通じて実現されるのに反して，労
働組合法上の不当労働行為としての解雇の救済は，労働組合の保護のためのも
のである点でその趣旨が相異なっている。したがって，それぞれ裁判所（労働
裁判所）と労働委員会に担当させなければならないという批判であった[8]。

これはまったく不当な見解というわけではないが，労働裁判所をどのように
設置するかの問題がある。すなわち，労使が裁判官として参加するドイツ式労
働裁判所ではなく，韓国の現行裁判所のように専門裁判官だけで構成される場

7）2007年を前後に比較してみれば2005年6月時点の全国の審判担当公益委員182人のなかで
　大学教授が51.7%（94人），弁護士および公認労務士が32.9%（60人），その他公務員および
　労働関係者が15.4%（28人）であって，半数以上を占めた教授のうちで法学専攻者は3分
　の1にもならない31人に過ぎず，労働法専攻の教授はよりいっそう少なかった。そして
　2008年6月時点の中央労働委員会審判担当公益委員46人のなかで教授が63%（29人），判事，
　弁護士および公認労務士が21.8%（10人），その他公務員および労働関係者が15.2%（7人）
　であって，半数以上を占めた教授のうち法学の教授は15人で半分を越えていた。労働委員
　会に対する不信が大きくなったのは，審判機能が強化されなければならないのに，労働法
　学者が公益委員から退出して，代わりに経営学や経済学の教授が大挙入ってきたことと関
　連がないとは言えない。労働法専門家らが消えて専門性が弱くなったと見ることができる。
8）金亨培（キム・ヒョンベ）『労働法（新版4版）』（博英社，2007年）612～613頁。

合，労働委員会を設置するべきとされた理由が没却される状態に戻ることを意味して，かえって問題がよりいっそう大きくなる可能性がある。そういう形態の労働裁判所よりはむしろ今の労働委員会形態が望ましいと考える。

新しい労働裁判所としては，よくドイツ式の労働裁判所が言及されるが，それと現在の労働委員会制度を比較する場合，前者が必ず優秀だと見る根拠もない。現在の三者構成労働委員会が持つ調整的機能と判定的機能の並存には健全な労使関係の形成という点で裁判所には見られない長所がある。したがって，判定的権限を労働委員会に付与すること自体を問題にするのでなく，判定的権限を充分に行使できる法制度運用の摸索が必要である[9]。

3　不当解雇救済全体の5審制ないし8審制構造の問題

現行法上の不当解雇救済手続きは労働委員会による1，2審手続きと行政法院，高等法院，大法院の3審手続きを合わせて5審制構造になっている。しかし，当事者が従わず，再び民事訴訟を提起すれば8審制まで可能である。実際にもそういう事例が多数ある。ここで不当解雇の司法的救済が解雇の有効・無効を審査する民事訴訟によらず，中央労働委員会による救済処分の取消しを求める行政訴訟によることが妥当かという問題がある。さらに，被告が中央労働委員会委員長であり，実質的当事者である勤労者と使用者は補助参加人として訴訟に参加することになって不便である。したがって現行の行政法院による司法審査を認めることが正しいのか疑問である。労働委員会命令を司法審査する場合，前者の事実認定が裁判所を拘束するようにする，いわゆる「実質的証拠」の法則を明文化する必要がある。

4　労働委員会による不当解雇救済の2審制構造の問題

現在の地方労働委員会—中央労働委員会という2審制のもとでは地方労働委

9）朴洪圭（パク・ホンギュ）『労働法2　労働団体法（第2版）』（サミョン社，2002年）508頁。筆者は2008年から導入した陪審制（国民参加裁判）を刑事事件はもちろん民事事件にも適用しようと主張してきたが，刑事裁判の一部に対してだけ認める現行制度下でそうなる可能性はないように思われる。朴洪圭（パク・ホンギュ）『司法の民主化』（歴史批評社，1994年），同『市民が裁判を』（サラムセンガク，2000年），同『国民参加裁判』（アルマ，2014年）参照。

234 第6章 個別労働紛争の解決

員会命令の相当部分が再審査されるので，この場合，中央労働委員会は地方労働委員会の命令に従うことを使用者に勧告することができる。しかし，それに強制力がともなわないので事実上救済の効果はないという弱点がある。したがって，現在の2審制を1審制にしようという主張がありえる。しかし，再審は命令確定を遅延させて救済の実効化を阻害する側面を持つが，それを廃止することだけでは問題を解決することができず，むしろ再審の方式や初審命令に実効性を付与する方法を検討しなければならない。たとえば，再審を法律的判断にだけ限定することなどを摸索することができる。

5 労働委員会の中立性問題

労働委員会法4条は，労働委員会の独立性を保障すると規定しているが，実際には労働部長官が労働部所属公務員を労働委員会に配置して中央労働委員会委員長は職員に職務を付与する程度に終わっていて，予算編成も労働部を通じて行なわれて労働部からの独立性を保証されていると見ることは難しい。すなわち，中央労働委員会や地方労働委員会は予算と人材の政府従属性がとても強い。中央労働委員会や地方労働委員会委員長の大多数が労働部官僚出身であることは言うまでもなく，労働委員会の調査官もほとんどが労働部出身である。予算も労働部に編入されている。これでは労働問題についての準司法機構としての独立性を期待することが難しい。労働委員会内の独自機構を通じて労使政の多方面で委員と調査官を育成しようとする努力が必要である。

とくに韓国の労働委員会にはアメリカや日本の場合とは違って常任委員が設置されている。常任委員は，当該労働委員会の公益委員資格を持つ者のなかで中央労働委員会委員長の推薦と労働部長官の推薦により大統領が任命する[10]。常任委員は公益委員になって，審判事件と調整事件を担当することができる[11]。その数と職級は大統領令で定める（11条3項）。

このような常任委員制については重大な疑問がある。労使の推薦と投票なしに中央労働委員会委員長の推薦と労働部長官の推薦で大統領が任命し，各労働委員会の特殊性がまったく考慮されないで政治的に任命される恐れがある。

---

10) 労働委員会法11条1項。
11) 労働委員会法11条2項。

労働委員会の労使委員がそれぞれ利益代表者的な立場を過度に守るとき，公益委員はその意見調節に関心を持つことになる。したがって委員会は迅速で公正な業務処理が不可能になりがちだと考える指摘があるが，制度的に労使政三者構成は最善の方式であり，各自は公正な立場で速かに業務を処理するように努力しなければならない。

6 事件過多による手続きの遅延問題

労働委員会による不当解雇救済手続きは 3 ヵ月以内の解決を原則としているが，申請件数の持続的増加によって実際には平均 6 ヵ月に達している。すなわち，2006年に60日以内に処理された事件が地方労働委員会58.7%，中央労働委員会7.7%に過ぎず，61日以上90日以内に処理された事件が地方労働委員会，中央労働委員会それぞれ29.9%， 4 %であり，法定期間内に処理されたのは，それぞれ88.6%，11.7%である[12]。中央労働委員会では150日以上が76%に達する。

7 事務局の専門化問題

審査機能を持つ事務局職員は一般行政職でなく労働問題を専攻した特別行政職で補充されなければならない。事務局にアメリカのNLRBのような訴追的権限を付与することも検討されるが，現行法制度の範疇内では問題が多い。

三 不当解雇救済の手続き

勤労基準法23条 1 項は「使用者は勤労者に正当な理由なく解雇，休職，停職，転職，減給，その他の懲罰をすることができない」と規定している。これにともない，不当解雇にあった勤労者のためには勤労基準法28条で「使用者が勤労者に不当解雇などをするとき，勤労者は労働委員会に救済を申請することができる」と規定して不当解雇救済手続きを用意している。

1 申請手続き

不当解雇に遭った勤労者は，解雇があった日から 3 ヵ月以内に管轄地方労働

---

12) チョン・ジンギョン『不当解雇の救済』（京仁文化社，2009年）557頁。

委員会（事業場所在地広域市管轄）に救済申請をしなければならない。救済申請が受け付けられれば担当調査官は必要事項を調査して審問会議に回付して公益委員３人の判定を通じて不当解雇の有無を判定することになる。

救済申請期間を除斥期間とする理由は，期間の経過により事実関係の証明と救済命令の実効性確保が難しくなるためである。これも労使関係の安定と労働委員会の負担を緩和しようとする政策的考慮も反映しているのである。行政審判法には，正当な事由がある場合，行政審判請求期間が経過しても行政審判請求ができることになっているが，不当解雇救済申請は，その法的性格がまったく異なるので類推適用することはできない[13]。

不当解雇救済期間を３ヵ月にするのは，本来，十分な検討期間を与えるためという趣旨で作られたわけであるが，これは再審申請期間が10日で，行政訴訟を提起できる期間が15日である点に比べて過度に長いと見ることもできる。したがって１ヵ月程度に短縮しても関係ない。

2　申請対象

勤労基準法23条１項は，不当解雇の他にも「休職，停職，転職，減給，その他の懲罰」も救済申請の対象として規定する。その他転出，転職，休職者の復職拒否なども含まれる。さらに勤労基準法23条２項の解雇の時期と手続きの制限規定に違反した解雇，24条の経営解雇に違反した解雇[14]，団体協約や就業規則に定めた解雇手続きに違反した解雇[15] も当然含まれる。

3　申請人および被申請人

申請人は不利益処分を受けた勤労者に限定され，労働組合は除外される[16]。被申請人は，事業主である使用者であって，実際に不当解雇などを行なった者ではない[17]。救済手続きの進行中，使用者側に事業承継や合併などの理由が発生すれば当事者の地位は継承されるが，被申請人が死亡した場合，勤労者とし

---

13) 大法院1997. 2 .14宣告96ヌ5926判決。
14) 大法院2002. 6 .14宣告2001ドゥ11076判決。
15) 大法院1991.11.26宣告91ヌ4171判決，大法院1995. 3 .10宣告94ダ33552判決。
16) 大法院1992.11.13宣告92ヌ11114判決，大法院1993. 5 .25.宣告92ヌ12452判決。
17) 大法院2006. 2 .24宣告2005ドゥ5673判決。

ての地位は一身専属的であり，不当解雇救済申請の救済命令の基本が復職とバックペイ支給であるので問題になる。これについて学説は分かれるが[18]，バックペイ支給については相続人に継承されると見ることができる。これは労働委員会規則91条で地方労働委員会の不当解雇金銭補償命令に対する再審申請後，再審被申請人である勤労者が死亡した場合，その相続人が再審被申請人の地位継承を中央労働委員会に申請できることにしたのと同趣旨である。

4　審査と判定および和解

　不当解雇救済申請は，審判担当公益委員のうち委員長が指名する3人で構成された審判委員会で処理する。また，救済申請書が受け付けられれば，委員長は調査官を指定して調査を担当させる。調査は民事訴訟の準備手続きと似ているが，職権で事実を調査して証拠を収集する点で民事訴訟とは差があると見る見解があるが[19]，労働委員会では裁判所と同じ弁論主義を採択しており，その他に救済申請趣旨の範囲内で職権主義を加味していると見るのが正しい。

　審査手続きの進行中，判定以前に，円満で迅速な紛争解決と救済措置の履行および紛争予防のための早期解決方法の1つとして和解が望ましい。審判委員会は調査過程や審問会議進行中に当事者の申請または職権によって当事者の和解を勧告するか，和解案を提示することができる[20]。

5　救済命令

　不当解雇救済を申請した勤労者が労働委員会で救済を受けようとするならば，命令を下す当時，救済と関連した利益である救済利益がなければならず，そのような救済利益がなければ救済命令を下すことなく救済申請を却下しなければならない。労働委員会規則は，申請期間を徒過して申請した場合[21]などに

---

18) 否定する見解はチョン・ジンギョン・前掲注12) 370頁。ミン・ジュンギ「不当労働行為に対する行政的救済手続き」（大法院労働法実務研究会，2008年6月13日発表文）（未公刊），25頁では，日本で不当労働行為救済申請の場合，勤労者が死亡すれば労働組合が継承するとみなすことを根拠として認めるが，韓国の不当解雇はそれと趣旨が違う。

19) チョン・ジンギョン・前掲注12) 387頁，ミン・ジュンギ・前掲注18) 54頁。

20) 労働委員会法16条の2，労働委員会規則69条。

21) ソウル行判2002. 5 .9宣告2002ク合1137判決。

ついて却下を認める。申請人が2回以上出席通知書を受けても応じないか，住所不明などで2回以上出席通知書が返送されるか，それ以外の理由で申請意思を放棄したと認められる場合にも却下される[22]。救済手続き進行中に勤労者が別に使用者を相手に提起した解雇無効確認訴訟で敗訴判決を宣告されて確定した場合にも救済の利益がない[23]。また，不当解雇をした会社が廃業した場合[24]，期間制勤労者が契約期間中に不当解雇に遭ったが，判定以前にその期間が満了して使用者がその契約を更新しなかったと推定される場合にも救済利益がない。

　地方労働委員会で不当解雇認容決定が下されれば，原職復職と勤労者が解雇期間の間勤労を提供したならば受けることができた賃金相当額を支給せよとの救済命令，すなわちバックペイ命令（back-pay）を使用者に下すことになる。勤労者が原職復職を望まない場合には賃金相当額以上の金銭補償に代えることができる[25]。問題は，不当解雇で受けた精神的苦痛に対する精神的損害賠償請求権（慰謝料請求権）を認めるべきかどうかということと，中間収入控除の問題である。不当解雇による精神的苦痛は十分に認めることができるので，慰謝料請求権も当然認められてよいが[26]，これを否定する判決[27]もある。中間収入控除については賛否議論があるが[28]，勤労者保護の見地から控除しないことが妥当である。

6　書面解雇要件を欠いたときの却下判断

　書面解雇の要件を満たせない解雇は，解雇が無効であり，不当ということではないので，それを理由とする不当解雇申請については却下決定を下すことが妥当である。判例は，電子メールによる解雇通知を書面解雇通知とみなしていないが[29]，電子メールが日常化している現実では再考されなければならない。

22）大法院1990.2.27宣告89ヌ7337判決。
23）大法院1992.7.28宣告92ヌ6099判決。
24）大法院1991.12.24宣告91ヌ2762判決。
25）勤労基準法30条3項。
26）釜山地判1986.7.15，85ガ合2502。
27）ソウル高判1990.2.6，89ナ3818。
28）賛成の例としては金裕盛（キム・ユソン）『労働法2』（法文社, 1996年）366～367頁。反対の例としては金亨培（キム・ヒョンベ）・前掲注8）612～613頁。
29）ソウル行法2010.6.18ソウル行法2010グ合11269。

解雇に対する書面要求とは違い，辞職については書面を要求しない点も，口頭で，勤労関係解約を合意した後，勤労者がその合意を否認して不当解雇を申請する場合，立証を困難にしている。したがって辞職にも書面を要求して，電子メールによる辞職も書面によるものと認めることが正しい。

7 中央労働委員会救済手続き

地方労働委員会の決定に従わない当事者は，決定通知を受けた日から10日以内に中央労働委員会（ソウル）に再審を請求することができる[30]。地方労働委員会と同じように審問会議を経て公益委員の判定を受けることになる。

8 行政訴訟

中央労働委員会決定に従わない当事者は，決定通知を受けた後15日以内に行政訴訟を提起して従わないことができる[31]。

使用者が中央労働委員会に再審を請求するか，行政訴訟を提起しても救済命令や再審判定の効力は停止しない[32]。

勤労基準法には履行命令に関する規定を置いていないので，行政訴訟を提起して救済命令を履行しなければ労働委員会が救済命令を受けた後，履行期限まで救済命令を履行しない使用者に2000万ウォン以下の履行強制金を賦課することができる[33]。

四 金銭補償制

1 意義

2007年1月に勤労基準法が改正される前は，不当解雇の救済は原職復職とバックペイの支給だけであった。これは勤労関係の持続を客観的に期待できるかどうかを考慮しないので実効的でなかった。すなわち，そのような期待がな

---

30) 勤労基準法31条1項。
31) 勤労基準法31条2項。
32) 勤労基準法32条。
33) 勤労基準法33条。

240 第6章 個別労働紛争の解決

い場合にも一律的に勤労関係の存続を認める結果を招いた。また，復職を強制
することもできなかった。それで金銭補償によって勤労関係を終了させる制度
が導入された。このような制度はILOの1982年雇用終了条約によっても認めら
れたし，英国，フランス，ドイツなどでも認められた。日本でも類似の制度の
導入が議論されたが採用されなかった。

　韓国の金銭補償制は労働委員会の救済命令の１つとして公法上の救済措置で
あるから，勤労者と使用者間の私法上の権利義務関係に直接影響を及ぼさな
い[34]。したがって使用者が補償金支給命令を履行しない場合，勤労者が直接執
行することはできない。

2　要件

　金銭補償は労働委員会が不当解雇成立を判定して，勤労者が原職復帰を望ま
ないときに初めて認められる。したがって不当解雇以外の休職，停職，転職，
減給などの場合には該当しない。これは外国の場合に幅広く認めていることよ
りは狭いが，復職回避手段として悪用される余地を防ぐためである。金銭補償
制の悪用を防ぐために原職復職代替の金銭補償の資格を最小限２年以上勤めた
者に認めようという主張[35]があるが，これは勤労基準法上の均等処遇原則に外
れて申請資格を極度に制限するので不当である。しかし，勤労基準法35条で解
雇予告（同法26条）の例外と認定した６ヵ月以上勤めた月給勤労者などの場合
に準じて申請資格を制限する方案を考慮することはできる。

3　補償金額

　補償金額について，勤労基準法30条３項は「勤労者が，解雇期間の間，勤労
を提供したならば受けることができた賃金相当額以上の金品」とだけ規定する
だけである。これは判定機関が個別事案によって適切に決めることができるよ
うにするために最低基準を提示したものであり，金銭補償制の悪用を防ぐため
には解雇者などが企業に寄与した功労，企業に勤めた期間，使用者の帰責程

34）大法院1996. 4 .23宣告95ダ53102判決。
35）チョ・ソンヘ「不当解雇救済申請制度の濫用と改善法案」労働法学36号（2010年12月）
　599～600頁。

度，解雇者の再就職の可能性と暮らし向き，精神的衝撃，扶養家族の存否，障害程度，解雇の性格などが補償金に総合的に反映されなければならず，その総合的判断によって支給することが望ましい。さらに立法論としては上限線を規定することが望ましい。もちろん，その前に労働委員会独自の基準を設定することも望ましい。

4 勤労関係解消の時点

勤労者の申請で金銭補償が行なわれる場合，勤労関係はいつ終了するのかが不明確で理論的な争いが生じた。これについて，勤労者の金銭補償申請を合意解約の申込み，使用者の金銭補償履行を承諾とみなして使用者が金銭補償命令を履行すれば勤労関係が終了すると見る見解がある[36]。しかし，このような見解によれば金銭補償履行以前まで勤労関係が有効に存続することになる。したがって金銭補償と共に勤労関係が終了するという点を明示する立法が必要である[37]。

5 実際の命令の問題点

2011年1月〜2013年10月の間に労働委員会が不当解雇者の意思で金銭補償申請を受け入れて金銭補償を命令した比率が8.73％に止まっている。すなわち金銭補償申請1465件のなかで128件（8.73％）に対してだけ補償金支給命令が下された。解雇者などに支払われる補償金額も非常に少ない。同じ期間に不当解雇と認定された解雇者などが請求した金額は合計19億1219万1883ウォン（1人平均1092万6810ウォン）であるが，このなかで労働委員会が支給を命令した補償金規模は11億394万4888ウォン（1人平均641万8284ウォン）に過ぎなかった。その結果，賃金相当額以上の金額を補償金で支給するという制度の趣旨が色あせている。

---

36) 趙翔均（ジョ・サンギョン）「不当解雇と金銭補償制度」労働政策研究7巻2号（2007年）15頁。
37) 金洪永（キム・ホンヨン）「不当解雇救済手続きにおける金銭補償制度および履行強制金制度」労働法学25号（2007年12月）49頁。

242　第6章　個別労働紛争の解決

6　濫用の問題点

　2007年勤労基準法改正によって金銭補償制と解雇の書面通知要件が導入されて不当解雇救済申請の濫用問題が台頭した。すなわち，初めから長期勤務の意思がなく原職復職の代わりに金銭補償だけを狙う一部勤労者たちが，口頭解雇の慣行による不当解雇判定を悪用するのである。不当解雇申請期間が3ヵ月という点も悪用されて，不当解雇救済申請を解雇後3ヵ月に近い時点でさせてバックペイの価額を増大させ，和解による合意金額を引き上げさせる要因になる。

五　履行強制金

1　意義

　履行強制金は，不当解雇救済命令確定の有無を問わず，適法に取消しになる前までは使用者の履行義務を認めて，労働委員会が，労使当事者から救済命令の履行状態を把握して，履行しない使用者に対して早く任意履行するように積極的に行政指導および監督をするが，使用者の履行拒否については救済命令違反としてただちに履行強制金を賦課して制裁することによって救済命令の実効性を確保しようとするのである。これについては，解雇無効が確定しない段階で履行強制金を賦課するということは国民権益の衝突を考慮しない行政便宜的な発想で，違憲的要素があるという批判が提起されてきたが，裁判所はつぎのような理由で合憲だとみなした[38]。

　まず，財産権侵害の有無について，勤労基準法33条は，労働委員会救済命令の実効性を確保するための規定であるから，その立法目的の正当性と手段の適合性を認めることができ，履行強制金の賦課金額の上限内で事案によって適当な金額を定めるようにしているだけでなく，履行強制金賦課の回数と期間も毎年2回，2年以内に制限していて大統領令で定めた返還手続きを通じて事後に履行強制金を返還される道も開けているので，侵害の最小性，法益の均衡性も認められる。

38）仁川地法2013.5.9宣告2012グ合5682判決。

2番目，裁判請求権侵害の有無について，勤労基準法33条は，救済命令の実効性を確保するために救済命令を履行しない使用者に履行強制金を賦課・徴収するように規定しているだけで，使用者が救済命令に対し行政訴訟を提起することを制限していない。

3番目，法治主義違反の有無について，労働委員会の救済命令は行政処分に該当して公定力が認められるので，それが当然無効なかぎり中央労働委員会の再審や裁判所の判決によって取消になる時まで，その効力を否定することができない。

4番目，二重処罰禁止の原則違反の有無について，履行強制金は一定の期限まで義務を履行しない時には一定の金銭的負担を課する意向をあらかじめ戒告することによって，将来にその義務を履行するようにしようとする行政上の間接的な強制執行手段の1つであるに過ぎず，犯罪に対して国家が刑罰権を実行する科罰に該当しないので，憲法13条1項が宣言した二重処罰禁止の原則が適用される余地がない。

5番目，明確性の原則違反の有無について，各規定の体裁，文言などに照らしてみるとき，1項に定めた2000万ウォンが賦課1回当たりの上限金額であることは容易にわかるので，この事件の法律条項が明確性の原則に反すると考えることはできない。

2　救済命令

労働委員会は30日以内の履行期間を定めて当事者に救済命令を通知する[39]。勤労者は使用者がその履行期限まで救済命令を履行しなかった場合に履行期限が経過した時から15日以内にその事実を労働委員会に教えることができる[40]。労働委員会は履行期限が過ぎた後，救済命令が履行されたか否かを確認することができる。

3　賦課の手続き

救済命令が履行されないとき，労働委員会は履行強制金を賦課する30日前ま

39）勤労基準法施行令11条。
40）勤労基準法33条8項。

244 第6章 個別労働紛争の解決

で履行強制金を賦課・徴収するという意思を使用者に文書で示さなければならない[41]。この時，労働委員会は使用者に10日以上の期間を定めて口述または書面（電子文書を含む）により，意見陳述の機会を与えなければならない[42]。

予告期間が過ぎれば納付期限を定めて履行強制金を賦課する。履行強制金を賦課する時には，賦課金額，賦課理由，納付期限，収納機関，異議申出方法および異議申出機関などを明示した書面を使用者に15日以内の期限を定めて告知しなければならない[43]。

納付期限が過ぎれば，督促など必要な手順を踏んだ後，差押・売却・清算で行なわれる国税滞納処分の例により強制徴収をする[44]。労働委員会は，再審申請や行政訴訟が提起されても履行強制金賦課手続きを進めることができる。

労働委員会は，中央労働委員会の決定か，裁判所の確定判決によって労働委員会の救済命令が取消されれば，新しい履行強制金の賦課をただちに中止して使用者の申請もしくは職権によってすでに徴収した履行強制金に対して「納付日から払い戻し日まで」労働部令で定めた利率を乗じた金額を加算して返還しなければならない[45]。

使用者の履行努力にもかかわらず，勤労者が所在不明になったとか，天災・事変その他のやむをえない事由が発生して救済命令を履行することが難しい場合には，職権もしくは使用者の申請で，その理由がなくなった後，15日の納付期間を定めて履行強制金を賦課することができる[46]。

4 救済命令不履行に対する処罰

「除斥期間の間に再審申請や行政訴訟を提起せずに確定した救済命令」か，「行政訴訟を提起して確定した救済命令もしくは救済命令を内容にする再審判定」を履行しない者は，1年以下の懲役もしくは1000万ウォン以下の罰金に処

---

41) 勤労基準法33条2項。
42) 勤労基準法施行令12条3項。
43) 勤労基準法33条3項，勤労基準法施行令12条1項。
44) 勤労基準法33条7項。
45) 勤労基準法施行令15条。
46) 勤労基準法施行令14条。

することができる[47]。このような「救済命令不履行罪」は，労働委員会の告発があって初めて公訴を提起できるし，検事は違反行為を労働委員会に通知して告発を要請することができる[48]。

六　結び

　最近，韓国で不当解雇救済と関連した事件で社会的に問題になったのは，現代自動車社内下請解雇者チェ・ビョンスン氏の事件だった。チェ氏は，2002年，現代自動車蔚山工場の社内下請業者に入社して正規職化闘争を行なって2005年解雇された。同年5月から現代自動車と下請業者を相手に地方労働委員会，中央労働委員会，ソウル行政法院，ソウル高等法院などに不当解雇および不当労働行為救済の訴えを提起してきた。しかし地方労働委員会は下請業者の解雇を正当な解雇とし，元請については使用者性を認めず却下の判定を下した[49]。中央労働委員会は地方労働委員会の判定をそのまま認めた[50]。チェ氏は下請業者でなく実質的雇い主である現代自動車が不当解雇をしたとし，行政訴訟を起こしたところソウル行政法院[51]とソウル高等法院[52]は再審判定を認めた。2010年7月22日，大法院は現代自動車の直接雇用を認め[53]，ソウル高等法院の破棄控訴審[54]を経て大法院は2011年2月，「下請業者に雇用されたが，現代自動車の事業場に派遣されて直接労務指揮を受ける派遣勤労者」としてチェ氏の勝訴を確定した[55]。また，2010年11月12日ソウル高等法院は大法院の判旨を拡大適用する判決を下した[56]。

　この事案をはじめとして，多くの類似の事案が不当解雇された勤労者たち

47）勤労基準法111条。
48）勤労基準法112条。
49）釜山地労委決定釜山2005不解57，67，84併合。
50）中労委決定2005不解704。
51）ソウル行法2007.7.10宣告2006ク合28055。
52）ソウル高法2008.2.12宣告2007ヌ20418。
53）大法院2010.7.22宣告2008ドゥ4367判決。
54）ソウル高法2011.2.10宣告2010ヌ23752。
55）大法院2011.3.16宣告2011ドゥ7076判決。
56）ソウル高裁2010.11.12宣告2007ナ56977判決。

246　第6章　個別労働紛争の解決

に，労働委員会よりは裁判所を信頼する傾向を産んでいる。労働運動の核心的
象徴のようにみなされたチェ氏事件は，民主労総など労働組合だけでなく進歩
勢力が総動員した現代自動車労働組合運動でチェ氏が鉄塔座り込み等を通して
非正規職の正規職化などのために長期間闘争して正規職として発令を受けた。
しかし，多くの派遣非正規職がこうむる不当解雇は一般的に労働委員会の救済
対象から外されるが，その原因を提供しているのが裁判所の判例でもある。す
なわち派遣業者の独自性を認めた大法院判例によって[57]労働委員会の決定が下
された。

　中央労働委員会によれば，2013年1月から8月までに終結した事件のなか
で，中央労働委員会が却下決定を下した事件は28件で，そのうち10件は契約期
間満了を理由に却下された。労働委員会規則によれば「申請救済の内容が法令
上・事実上実現できないか，申請の利益がないということが明白な場合」却下
理由となる。そのような却下決定が下される事件は，申請者が非正規職や零細
事業場労働者である場合が大部分である。労働委員会は，勤労基準法上勤労者
に該当しないか，勤労基準法が適用されない5人未満事業場の労働者である場
合には申請資格がないという理由で却下処分を下す。勤労契約が終了した非正
規職には戻る職場がなくなっていて救済利益がないという理由で却下する。不
当解雇救済制度が社会的に保護されなければならない非正規職にはむしろ
「穴」になっているのである。こうした理由で，最近10年間の不当解雇判定推
移を見れば認定率は半分程度に，却下率は2倍に増えた。

　勤労関係が終了すれば，労働者の権利救済の利益も消滅するという裁判所の
判例が変わらなければ，法を変えてでも非正規職を保護しなければならないと
いう要求が高まるほかはない。裁判所の判例は，中央労働委員会の行政処分は
民事上の執行力を有しないということを理由にしているが，2007年，履行強制
金制度が導入されただけで，少なくとも未支給賃金支給と関連しては裁判所が
行政的救済手続きに対する立法意図を考慮して賃金支給を認めなければならな
いのに，これを拒否しているのである。

　以上検討したとおり，韓国の労働委員会による不当解雇救済手続きには多く
の問題点がある。そこで盧武鉉政権がスタートする前，業務引継ぎ委員会では

57）大法院2004.4.16宣告2004ドゥ1728。

労働裁判所を設置するという政策を構想したが実行できなかった。最近まで，その主張が学界と実務界の一部で続いているが，実現可能性は低いと思われる。勤労者が不当解雇救済手続きを悪用する事例も多いが，使用者が救済手続きの申請があれば勤労者を復職させて救済利益がないようにする事例もある。現在は，労働委員会による不当解雇救済手続きを補完して実施することがもっとも現実的と思われる。

第2節
韓国における労働委員会の差別是正制度の状況と法的争点

李承吉　亜洲大学校教授

一　問題の所在

　1998年のIMF通貨危機以後，韓国の労働市場の二極化による問題として賃金格差の拡大や相対的な不平等の深化が注目されてきた。そのなかでも正規職と非正規職間の「賃金」格差の問題が挙げられる。したがって，非正規職の働き方の質的改善（労働条件の改善と雇用安定性の向上）が課題とされる。現場における非正規職の正規職化や差別撤廃などの要求は，社会的な問題となり，毎年，大きな政治，経済，社会的な争点ともなる。

　現行の非正規職の差別是正制度は，期間制，短時間，派遣労働者[1]（以下「非正規労働者」または「非正規職」）が，同種・類似の業務を担当する正規職労働者に比べて，非正規職であることを理由として差別的な処遇を受けた場合，これを労働委員会の是正命令により救済する制度である。すなわち，当事者の申請主義を基礎に個別的，事後的に差別を是正する構造となっている。2007年7月に非正規職の差別是正制度が施行されてから6年半，その適用が5人以上の事業場に拡大されてからも4年半が経過した。同制度が導入されれば，労働委員会に対し，多くの差別是正申請事件が提起され，正規職と非正規職間の差別は緩和されるだろうと予想されていた。

　しかし，労働委員会における非正規職に関する差別是正の件数は減少する趨

1）韓国では，労働者を勤労者，労働時間を勤労時間，労働条件を勤労条件と呼んでいる。本稿では，日本語で作成されたため，労働者，労働時間，労働条件に統一して使用することにする。

勢にあり，実際起きた差別が緩和ないし解消されることもなかった。そこで，差別解消の実効性（役割や活動）に関する疑問も提起されており，非正規職の処遇改善のために現行の差別是正制度の実効性を検討してみる必要がある。

　本稿における議論の順番は，まず，現行の非正規職の差別是正制度の導入背景と運営状況を考察する（二）。続いて，労働委員会による非正規職の差別是正手続を概観する（三）。そのうえで，差別是正制度の実効性を向上させるレベルで，差別是正の判断段階別の法的争点を検討する[2]（四）。

二　差別是正制度の導入過程および運営と状況

1　差別是正制度の導入過程

　1997年末のIMF通貨危機以後，非正規職の問題は社会・経済・政治的な争点として浮上してきた。非正規職の規模は徐々に増えて全体賃金労働者の3分の1を超えて591万人（2012年8月）を占めるようになり，非正規職と正規職間における賃金等労働条件における不合理な差別の拡大や非正規職の雇用不安が常にあることが問題となった。そこで，非正規職であることを理由とする不合理な差別を受けないように，政策的，制度的保護の必要性が唱えられた。実効性のある非正規職の差別解消策は，直接的には賃金等労働条件の向上に，間接的には非正規職の濫用抑制に，社会的には労働市場の二極化問題の解決に寄与することと期待された[3]。

　そこで，大統領所属の経済社会発展労使政委員会（以下，「労使政委員会」）は，2001年7月に非正規職労働者対策特別委員会を構成して制度改善方法を議論したが[4]，労使間の意見はまとまらず合意に失敗して，それまでの議論の結

2）日本に紹介されている従来の研究では，李羅炅（イ・ナギョン）「韓国の非正規職勤労者に対する差別是正制度の現状と課題—差別是正手続の問題を中心に—」労働法律旬報1762号（2012年）38～52頁，鄭永薫（チョン・ヨンフン）「非正規労働者の差別是正制度の争点」労働法律旬報1767号（2012年）7～16頁，李鋌（イ・ジョン）「韓国における非正規労働者の差別禁止の争点と課題」菅野和夫先生古稀記念論集『労働法学の展望』（有斐閣，2013年）221～235頁などがある

3）朱相哲（チュ・サンチョル）＋李承吉（イ・スンギル）「雇用差別禁止と差別是正制度の法的争点に関する小考」中小企業と法（亜洲大学法学研究所）5巻2号（2014年2月）10～12頁参照。

4）2年間，100回以上の会議，討論会，実態調査等を経て議論した。

250　第6章　個別労働紛争の解決

果，労使委員案，公益委員案が政府に移送されることとなった（2003年7月）。政府は，労使政委員会の議論の結果をもとに意見収斂過程（立法予告，公聴会など）を経て，非正規職の差別是正と雇用安定のための非正規職の保護に関わる3法案，すなわち，「期間制及び短時間労働者の保護などに関する法律」（以下，「期間制法」）の制定案と，「派遣労働者の保護などに関する法律」（以下，「派遣法」）（以下，両法律を合わせて「非正規職法」）および労働委員会法の改正案を国会に提出した（2004年11月8日）。その後，国会における2年あまりの論難のなかで，2006年11月30日，国会本会議において，職権上程（国会議事が職権で本会議に案件を直接上程する処理）により議決され，2006年12月21日，非正規職の保護に関わる法案が制定・改正されたのである（施行時期は2007年7月1日に調整，差別是正に関わる規定は企業規模別で段階的に施行[5]）。これにより，非正規労働者は，非正規職法によって保護を受けられるようになった。

　差別是正制度と関連して，2006年12月21日の労働委員会法の改正により，労働委員会内に差別是正委員会が設置された。このような積極的な行政手続または準司法手続を設けたのは，非正規労働者が費用負担なく，迅速な権利救済を受けることができるようにするためである。労働委員会は，非正規職法が2007年7月1日から施行されることによって，期間制，短時間，派遣労働者に対する差別是正にかかわる業務を担当するようになった。差別是正制度は，差別を受けた労働者が労働委員会にその是正を申請した場合に，当該労働者に対する差別如何を判断して，事後的に救済するシステムである。しかし，現行の差別是正制度は，労働者が契約更新の拒絶などの不利益を恐れて是正申請をしない場合，その保護を受けることは難しい。また，差別と認められた場合であっても，その効力は事業場内の他の労働者には及ばないために，事業（場）内の差別を一括的に解消するのも困難である。さらに，是正制度の保護範囲が制限的であり，反復的な法違反に対する処罰も弱い水準である。

　その後，2011年10月に政府の非正規職総合対策と関連して，期間制法，派遣

5）適用対象事業（場）　中小企業の負担を勘案して，事業所の規模別で段階的に適用された。2009年7月1日からは常時5人以上の労働者を使用するすべての事業（場）に適用されている（期間制法3条1項，派遣法21条4項）。

法などいくつかの法律の改正案が国会で議論された後，2012月2月1日，期間制法と派遣法が改正された。政府が，積極的に差別を解消することができるように，非正規職労働者の保護のための多様な制度改善方法が含まれた。その主要内容としては，非正規職の差別是正制度を強化するために，労働者からの申請がなくても，勤労監督官[6]が事業場の指導・監督，陳情事件の調査などを通じて非正規労働者に対する差別が認められる場合にその差別に対する是正を求めることができるなど，勤労監督業務に差別是正監督の業務も含める「差別是正の指導及び通報制度[7]」を新たに導入，施行（2012年8月2日）したことである。これは，労働委員会による差別是正制度のほかに，行政官庁による積極的，予防的，常時的な差別是正を目的としたものである。しかし，差別是正制度を活性化して，予防的機能を強化しようとしたものの，差別是正制度は活性化されなかった。その他にも，違法派遣の摘発時，当該労働者を使用した期間に関係なく，ただちに直接雇用しなければならない義務を負わせることや，期間制労働者の差別是正の申請期間を差別的処遇があった日から3ヵ月から6ヵ月に拡大するなど，非正規職労働者の保護のために制度を大幅に強化した（施行2012年8月2日）。

　2013年に期間制法と派遣法の改正を行ない，差別が禁止される領域を「賃金，その他の労働条件等」から「賃金，賞与，経営成果金，その他の労働条件や福利厚生等に関する事項」に細分化して，法律において明示（期間制法2条3号）することにより，その領域を明確化，かつ拡大することで，被害者が救済を必要とする積極的な側面を用意した（公布2013年3月22日，施行2013年9月23日）。

6）法律では，「雇用労働部長官」の差別是正指導権限として規定しているが，派遣法施行令を改正して「地方官署の長」に権限を委任した。
7）勤労監督官の差別是正指導および通報制度　現行の差別是正制度と並行して，積極的に差別要因を調査，是正して，常時5人以上の事業（場）内における多数の労働者に対する差別を一括的に解消するために，勤労監督官に差別是正指導および通報手続の権限を新たに与えた（期間制法，派遣法，2012年2月1日改正案の公布，2012年8月2日改正法の施行）。同制度は，差別是正手続上の申請主義の限界を克服して，事業場内の差別制度の改善や非正規労働者の接近容易性などのメリットがあり，事実上の強制力もあるところに意味がある。限界としては，使用者が是正要求に従わない場合には，雇用労働部長官が労働委員会に通報することによって差別是正手続を開始することができることのほかにはなんら制裁方法がなく（行政手続法2条3号，48条1項，2項），法的効果もないという点である。

252　第6章　個別労働紛争の解決

　2013年3月29日，雇用労働部の「2013年国政運営報告」によれば，差別是正制度の効果を向上させるために法制度を改善しようとしているとのことである。期間制法の改正案（イ・ハング議員などからの発議）が国会に提案中であるが，改善事項としては，懲罰的金銭補償制の導入[8]など，故意的，反復的な差別に対する制裁の強化，確定した差別是正命令の効力拡大および5人未満の事業場に対する拡大適用などである。

　差別是正を申請した労働者のみが是正命令を受けるようになっていたが，差別禁止制度の補完（改正2014年3月18日，施行2014年9月19日）で差別的処遇が就業規則や労働協約などの制度的要因によって発生した場合には是正命令の内容に就業規則，労働協約などの制度改善命令を含むように改正した（期間制法13条1項）。また，1人の非正規職労働者に対する差別が認められた場合，同じ使用者の事業所で同じ条件で働く労働者のすべての差別的処遇が改善されるように確定された是正命令の効力を拡大した（期間制法15条の3，派遣法21条の3）。差別是正制度は賃金，労働条件の補償や原状回復のレベルにとどまっており，使用者の意図的な反復的差別行為に対する事前的な予防効果が少なかった。これらの差別行為を防止するために，労働委員会は非正規労働者に発生した損害額の3倍の額を請求できる懲罰的損害賠償制を新設した（期間制法13条2項）。

　国会の環境労働委員会で期間制法案改正の際は，10倍の金銭補償となっていたが，法制司法委員会の第1次提案審査第2小委員会で3倍に変更された。懲罰的損害賠償は韓国の法体系において一般的ではない。しかしこれは，「下請け取引公正化に関する法律」の35条における3倍の損害賠償を認めた類似立法例として，10倍は過剰であるとの政府の意見を参照したうえで，環境労働委員会の議決の際に一部の国会議員の損害賠償額が過度であるという意見などを総合的に考慮した結果である[9]。

8）憲法上過剰禁止原則に反し，零細事業体にとっては過酷な制度であると批判して，賃金未払いや不当解雇など他の労働法上の不法行為に対しても，懲罰的損害賠償を適用していない状況において，非正規職の差別のみに対して適用することは，その違法性の軽重を勘案する際に不均衡がある。

9）法制司法委員会体系字句検討報告書『期間制および短時間勤労者保護などに関する法律の一部改正法律案（委員会案）の検討報告』322回国会（臨時会）第1次法案審査2小委員

第2節　韓国における労働委員会の差別是正制度の状況と法的争点　253

表1　労働委員会の差別是正事件の受付及び処理の現況　　　　　　　　（単位：件数，％）

内訳	受付	主要処理内訳								進行中
		総計	判定				取下	調停成立	仲裁	
			小計	認定	棄却	却下				
総計	2,529	2,529	1,006	193 (19.1)	646 (64.2)	167 (16.6)	938 (37)	553 (21.8)	32	0
2007.7〜12月	786	786	709	78 (11)	584 (82.4)	47	74	3 (0.4)	0	0
2008年	1,325	1,325	71	19 (26.8)	9 (12.6)	43	777	477 (36)	0	0
2009年	82	82	26	19 (73)	5 (19.2)	2	45	9 (11)	2	0
2010年	194	194	146	61 (41.8)	28 (19.2)	57	29	19 (9.8)	0	0
2011年	46	46	13	3 (23.1)	7 (53.8)	3	13	20 (43.5)	0	0
2012年	96	96	41	13 (31.7)	13 (31.7)	15	0	25 (26)	30	0

出処：雇用労働部「雇用労働白書」（2013年）229頁。
注1）中央労働委員会及び地方労働委員会の事件の受付及び処理件数である。
注2）2007年の786のなかには韓国道路公社の地方労働委員会における596件が含まれている。2008年の1,325件のなかには韓国鉄道公社の地方労働委員会における1,194件及び中央労働委員会における12件が含まれている。2010年の194件のなかには大韓石炭公社の地方労働委員会における47件が含まれている。

2　差別是正制度の運営状況

　中央労働委員会および全国地方労働委員会に受け付けられた「差別是正の申請事件の状況」をみると，2007年7月から2012年12月末までの間，計2529件が受け付けられて処理された。このなかでも，判定件数1006件のうち，認定が193件（19.1％），棄却が646件（64.2％），却下が167件（16.6％）であった。取下または却下となった割合は1105件（43.6％）と，受付事件全体のほぼ半分に近く，処理された事件のうち調停成立率は21.8％（553件）であった（**表1**参照）。
　しかし，同一の使用者を相手に同一の差別的行為に対して多数の労働者が個別的に差別是正を申請した事件をそれぞれ別件と処理しており，是正制度の運営状況を分析する際に限界がある。たとえば，2008年度全体事件1325件のなかに韓国鉄道公社の地方労働委員会の併合事件1194件が占めていることや，2010年194件のなかに大韓石炭公社の地方労働委員会の併合事件47件が含まれていることを考慮すると，このような事件の受付や処理件数は，非常に微々たる水準であるといえる。また，差別是正事件も不当解雇などの事件と同様に取下の

会2014年2月1〜3頁。

254　第6章　個別労働紛争の解決

表2　差別是正事件の処理現況（2008〜2012）

内訳	2008	2009	2010	2011	2012	備考
受付	1,966件	100件	199件	93件	101件	
処理	1,948件	95件	152件	88件	78件	
救済率	44.0%	65.9%	35.7%	83.6%	47.1%	
棄却率	82.5%	15.2%	24.8%	15.1%	38.2%	

出処：中央労働委員会「労働委員会の主要統計」(2013年)
注）救済率：是正命令＋調停＋仲裁/（処理件数－取下）×100，＊棄却率：棄却/判定件数×100

表3　年度別の差別是正事件の処理現況　　　　　　　　　　　　　　　　　　　　（単位：件）

年度別	計	初審（地方労働委員会）							再審（中央労働委員会）						
		小計	認定	棄却	却下	取下	調停	仲裁	小計	認定	棄却	却下	取下	調停	仲裁
	2,506	2395	144	606	147	953	543	2	111	42	38	18	11	2	0
2012	78	65	5	6	10	27	17	0	13	2	7	4	0	0	0
2011	88	77	39	4	3	11	20	0	11	2	4	1	4	0	0
2010	152	131	12	19	53	26	19	2	21	12	7	2	－		
2009	95	80	10	5	6	48	11	－	15	8	－	4	3		
2008	1,948	1,897	23	557	74	768	475	－	51	18	20	7	4	2	－
2007	145	145	55	15	1	73	1								

出処：中央労働委員会「調整と審判」(2013年夏号)。

割合が高いという限界がある（37％）。

　2012年度の差別是正事件は101件（繰越事件を含む）が受け付けられ，このうち78件が処理された。処理結果は，是正命令が7件，棄却が13件，却下が14件，調停が17件，取下が27件であった。申請労働者は236人であり，このうち26人の差別是正申請について是正命令や調停が行なわれた[10]。差別是正制度の施行初期には，1900件あまりの事件が受け付けられて処理されたが，2009年度から2012年12月末までの間，全国地方労働委員会に受け付けられて処理された事件は年間平均100件あまりにすぎない（**表2**参照）。

　このような差別是正申請事件の件数の急減現象や低い是正命令の割合（7.4％）は，非正規職の差別是正制度の適用事業場が2008年7月1日からは，従前の常時300人以上から100人以上に拡大され，2009年7月1日からは常時5人以上事業場へと急激に拡大された事実を考慮すると，差別是正制度を段階別

10）雇用労働部『2013雇用労働白書』（2013年8月）334頁。

に拡大した効果は予想よりも小さかったと考えられる。結局，その間，非正規
職の差別是正制度を通じて実際に非正規職の差別是正の活用率が低調であり，
その効果も小さかったことを証明する指標でもある。

このような結果があらわれた理由としては，(i)実務において，事前措置を
取って，差別是正申請自体を不可能にさせたり（差別是正自体を難しくするた
めに事前に差別申請の予防措置を取ったり，差別規定の適用回避のために無期
契約労働者に転換させたり，比較対象者の存在をなくしたりするなど），(ii)中
小企業の非正規職の差別是正制度に関する認識の不在，その実効性に関する疑
問（低い非正規職の差別是正の判定率，不合理な差別判定時における相対的に
低い補償水準，是正命令が早期に確定されず，非正規職労働者が使用者の差別
的行為から救済を受けることが困難である[11]），(iii)是正手続の活用度の困難[12]
（差別是正申請者数は多い一方で，件数は相対的に少ない（とくに，同一の事
業場や特定事業に集中している[13]），差別是正の申請人は集団保護のために在
職労働者が多数を占める。差別是正申請時に相対的に高い雇用終了の危険負
担[14]）などが総合的に影響を及ぼしたと分析される。

そして，「差別是正申請の非正規職労働者の特性」と関連して，2007～2009年
まで雇用形態別で期間制労働者の割合が高いのは非正規職のなかでも期間制労
働者の割合がもっとも高いからである。2010年以後は，短時間，派遣労働者の
割合が高くなるにつれて，とくに，短時間労働者が実質的に不合理な差別に多
くさらされた結果である（**表4**，**表5**参照）。

職種別では，事務，サービス，販売，装置機械などから多く申請された。勤
続別では，2年を経過した者が多く申請した（再契約拒否者や無期契約職転換

---

11) 解決策としては，訴訟支援制度，労働組合への申請者適格性の付与，勤労監督官の差別
　　指導などを考慮することができる。
12) 解決策としては，申請人資格の拡大，労働委員会への接近容易性を確保，多様な救済方
　　法の設定，是正命令以外の是正措置を講じること，是正命令の多様化，救済率の向上など
　　を考慮することができる。
13) 解決策としては，非正規労働者に関わる事業場全体の差別的制度の改善を検討すること
　　ができる。
14) 解決策としては，事後的な金銭補償のほかにも，在職中に差別が解消された事業場で働
　　くことができる環境を作ること，雇用終了の心配なく，個別労働者が是正申請をすること
　　ができる方法を考慮することができる。

256　第6章　個別労働紛争の解決

表4　雇用形態別の事件の受付現況　　　　　　　　　　　（単位：件数）

年度	計	期間制	派遣	短時間
2010	194	87	66	41
2011	46	40	5	1
2012	96	66	25	5

出処：雇用労働部「雇用労働白書」（2013年）229頁。

表5　雇用形態別の事件の処理現況　　　　　　　　　　　（単位：件数）

年度	期間制					派遣					短時間				
	計	認定	否認定	調停取下	進行中	計	認定	否認定	調停取下	進行中	計	認定	否認定	調停取下	進行中
2010	87	22	30	35	0	66	0	53	13	0	41	39	2	0	0
2011	40	3	8	29	0	5	0	1	4	0	1	0	1	0	0
2012	66	13	20	33	0	25	0	6	19	0	5	0	2	3	0

出処：雇用労働部「雇用労働白書」（2013年）229頁。

者などの混在）。性別では，2007年以後は男性が多かったが，2011年以後は相対的に女性が多くなった。申請内容別では，賃金（諸手当，賞与金，基本給）がもっとも多く，福利厚生，労働時間などであった[15]。ただし，諸手当，賞与金は，不合理な差別として認められた場合が相対的に多く，基本給と労働時間は，不合理な差別として認められた場合が相対的に少ない。年度別でも，諸手当と賞与金は，継続的に不合理な差別として認められる割合が高くなっており，差別が依然として存在していることを間接的にあらわしている[16]。

三　労働委員会による差別是正手続

1　差別是正手続[17]

(1)　差別是正手続の管轄

①　初審手続の管轄—地方労働委員会

---

15)　イ・ソンヒ『非正規職差別是正制度の運営実態の改善方法』（韓国労働研究院，2012年）11〜16頁を参照。

16)　イ・ソンヒ・前掲注15)　19〜21頁を参照。

17)　雇用労働部『期間制・短時間・派遣労働者の差別判断マニュアル』（2012年7月）を参照。

差別的処遇が発生した事業場の所在地を管轄する地方労働委員会が初審の管轄権を有する。2以上の管轄区域にわたる事件は，主な事業場の所在地を管轄する地方労働委員会が管轄権を有する。

　②　再審手続の管轄―中央労働委員会

初審地方労働委員会の是正命令または棄却決定に対して，関係当事者が不服とする場合，これに関する再審は中央労働委員会が管掌する。

(2)　差別是正申請人と被申請人

差別是正申請人が期間制，短時間労働者である場合には，差別是正の被申請人である使用者（期間制法8条1項，2項）は，「是正命令を受ける者」および確定した是正命令の不履行時に賦課される「過怠料の納付責任を負う者」（是正命令の履行義務者）となる。したがって，差別是正の被申請人となる者は，使用者，すなわち「契約締結の当事者である事業主（個人企業は個人事業主，法人は法人そのもの）」に限定される。

差別是正申請人が派遣労働者である場合には，派遣事業主と使用事業主がそれぞれ使用者責任の領域（派遣法34条[18]）に従って被申請人となる（派遣法21条1項[19]）。

また，国家機関――国立大学校，行政機関など国家所属機関の場合には，被申請人と是正命令の名義を「国家（大韓民国）」とし，その下に所属機関を明示する[20]。ただし，国家所属機関といっても別途の法人として設立されている場合には，その法人が差別是正の禁止主体（被申請人）となる。なぜなら，国家は，私法上の権利主体として，私法上の法人のような私人として扱われ，私人としての国家は，公権力と公法の規律を受けることもできるから，私人の地位にある国家に対する差別是正の命令は可能である。

地方自治体も事業主に当たる。ただし，地方自治体の下部機関または施設（公立学校，公立学校の併設幼稚園，道立国楽院，邑事務所など）は被申請人

---

18)（i）派遣事業主の責任範囲（解雇，退職給与制度，賃金，残業，夜間・休日労働，年次有給休暇，災害補償），（ii）使用事業主の責任範囲（労働時間（弾力的・選択的労働時間を含む），残業の制限，休憩・休日，有給休暇の代替）。

19) STP事件2009.4.27判定中央2009差別2。

20) 大法院2006.2.24宣告2005ドゥ5673判決，大法院2008.9.11宣告2006ダ40935判決，大法院2008.9.11宣告2008ドゥ11495判決。

258　第6章　個別労働紛争の解決

の適格がない。

(3)　差別是正の内容

　非正規労働者は，差別に対して是正申請をする際には，差別的処遇の内容を具体的に明示しなければならない（期間制法9条2項）。差別的処遇があったという心証だけではないが，差別的処遇があったことを一応認めることができる最小限の事項として，比較対象者，差別的処遇の内容（賃金，人事，福利厚生など），程度，時期などを明示しなければならず，それで十分とみなされる。

(4)　申請期間

　労働委員会の差別是正の申請は，差別的処遇があった日（継続する差別的処遇はその終了日）から6ヵ月以内にしなければならない（期間制法9条1項但書）。6ヵ月の申請期間は，除斥期間であり，その期間を経過すれば，権利救済を申請する権利は消滅する。したがって，差別的処遇があった日から6ヵ月が経過した場合，当該差別是正申請は却下される。

2　調査・審問と立証責任

(1)　調査・審問

　差別是正の申請を受け付けた労働委員会の差別是正委員会[21)]は，遅滞なく，必要な調査と関係当事者に対する審問を行わなければならない（期間制法10条1項）。審問過程において関係当事者の申請または職権により証人を出席させて必要な事項を質問することができる（2項）。差別是正委員会は，関係当事者に証拠の提出と証人に対する反対審問をすることができる十分な機会を与えなければならない（3項[22)]）。

　そして，差別是正に関連した事務に対して専門的な調査と研究業務を遂行するために労働委員会に専門委員を置くことができる（期間制法施行令4条[23)]）。

---

21)　「差別是正委員会」は，差別是正担当の公益委員のうち3人で構成するが，委員長は，やむをえない事由がある場合には，審判担当の公益委員のなかから差別是正委員会の委員を指名することができる（労働委員会法15条4項，6項）。

22)　事件を担当する差別是正委員会の構成，調査や審問の手続と方法，判定の手続と方法は，不当労働委員会の手続と似ている（労働委員会規則102条～107条を参照）。

23)　中央労働委員会の委員長が10名以内で法学，経営学，経済学など労働問題と関連した学問分野の博士号を取得した者，弁護士，公認会計士，公認労務士など関連資格の所持者のなかから任命する。報酬に関する事項は，公務員報酬規定（別表34）の一般契約職公務員

第2節　韓国における労働委員会の差別是正制度の状況と法的争点　259

(2)　立証責任—使用者

差別処遇にかかわる紛争における立証責任は使用者が負担する（期間制法9条4項）。現実的に使用者が労働者よりも多くの情報を持っていることを反映した立法である。使用者は，差別ではないことを証明するためには，①申請人が非正規職労働者ではないから申請人になることができない，②比較対象者がいないか，選定が間違っている，③差別処遇が禁止される領域ではない，④不利な処遇ではない，⑤不利な処遇に合理的な理由がある，という事実を立証しなければならない。また，期間制，短時間，派遣労働者は，前記のような使用者の立証事実に対して反対主張および証拠を提示することができる。

3　調停・仲裁

(1)　調停および仲裁の開始

差別是正の実効性を高めるためには，法的判断だけに依存するのではなく，当事者間の自律的な解決を促進させることも必要である。そこで，調停の場合，労働委員会は，審問過程において，関係当事者の双方もしくは一方の申請または職権によって調停手続を開始することができる（期間制法11条1項前段）。仲裁の場合，労働委員会は，関係当事者があらかじめ労働委員会の仲裁決定に従うことに合意して仲裁を申請した場合に仲裁をすることができる（期間制法11条1項後段）。

調停・仲裁の担当機構に関しては，調停・仲裁は，差別是正の実効性を実現するための代替手段であり，事案の性格が同じであるから，手続進行の効率性のために差別是正委員会が担当する。

(2)　調停・仲裁の申請期間および調停・仲裁期間

(i)　申請期間　調停または仲裁の申請は，差別的処遇の是正申請をした日から14日以内にしなければならない。ただし，労働委員会の承諾がある場合には，14日が経過した後にも申請が可能である（期間制法11条2項）。

(ii)　調停・仲裁期間　労働委員会は，調停・仲裁をするに当たって特別な事由がない限り，調停手続の開始および仲裁申請を受けた時から60日以内に調停案を提示するか仲裁決定をしなければならない（期間制法11条の年俸等級基準表を準用して中央労働委員会が別に定める（期間制法施行令4条）。

260　第6章　個別労働紛争の解決

4項)。

(iii)　労働委員会は，調停や仲裁をする時には，当事者の意見を充分に聞か
なければならない（期間制法11条3項)。

(3)　調停調書・仲裁決定書の作成および効力

(i)　調停調書　関係当事者の双方が労働委員会に提起した調停案を受諾し
た場合には，調停調書を作成し（期間制法11条5項)，調停調書には関
係当事者と調停に関与した委員全員が署名・捺印する（期間制法11条6
項)。

(ii)　仲裁決定書　労働委員会が仲裁決定をした場合には，仲裁決定書を作
成して（期間制法11条5項)，仲裁決定書には，関与した委員全員が署
名・捺印する（期間制法11条6項)。

(iii)　前記の調停調書と仲裁決定書は，民事訴訟法の規定による「裁判上の
和解」（民事訴訟法220条）と同一の効力（確定判決の効力）を有する
（期間制法11条7項[24])。

4　決定

(1)　調査・審問の終決

(i)　是正命令　調査・審問を終了して差別的処遇に当たると判定したとき
には，使用者に是正命令を発することになる（期間制法12条1項前段)。

(ii)　棄却決定　差別的処遇に当たらないと判定したときには，その是正申
請を棄却する決定をする（期間制法12条1項後段)。

(iii)　是正命令および棄却決定の方式　是正命令または棄却決定は書面です
るが，その理由を具体的に明示して関係当事者にそれぞれ交付しなけれ
ばならない。是正命令を発する場合には，是正命令の内容および履行期
限などを具体的に記載しなければならない（期間制法12条2項[25])。

---

24) 裁判上の和解は，今後の訴訟においてこれに抵触する内容で争うことができず（既判力)，
管轄法院から執行文の付与を受けて不動産の差押え，動産の引渡しなど強制執行が可能で
ある（執行力)。

25) 決定の手続と方法，事件の終結処理は，不当労働行為の救済手続と似ている（労働委員
会規則108条〜112条を参照)。

(2) 調停・仲裁または是正命令の内容

調停・仲裁または是正命令の内容には，「差別的行為の中止，賃金など労働条件の改善及び適切な金銭補償など」が含まれうる（期間制法13条，派遣法21条3項）。したがって，差別是正委員会は，差別の類型や内容は個別的，事案別に異なるから，差別是正にふさわしいと考えられる適切な措置を裁量で決めることができる。

(3) 調停・仲裁または是正命令の効力

調停・仲裁または是正命令は，是正申請の関係当事者（申請人と被申請人）だけを拘束するから，申請人と同一の事業場で差別的処遇を受けた他の非正規労働者に対しては効力が及ばない。ただし，差別的処遇と判定された場合，同一の対象と内容に対する差別是正申請が他の非正規労働者によっても提起されることが予想される。したがって，調停・仲裁または是正命令は，使用者に差別処遇に対する改善を誘導する効果があるといえよう。

5　是正命令などの不服および確定

(1) 是正命令などの不服

地方労働委員会の是正命令または棄却決定に対して不服のある関係当事者は，その命令書または棄却決定書の送達を受けた日から10日以内に中央労働委員会にその再審を申請することができる（期間制法14条1項）。

中央労働委員会は，再審決定に対して不服とする関係当事者は，その再審決定書の送達を受けた日から15日以内に行政訴訟を提起することができる（期間制法14条2項）。

(2) 是正命令などの確定

所定の期間内に再審や行政訴訟を提起しない場合，是正命令，棄却決定または再審決定は，確定する（期間制法14条3項[26]）。

---

26) 再審および行政訴訟に関わるその他の手続は，審判委員会などではなく，差別是正委員会などが判定を担当するということ，行政訴訟の過程において法院の履行命令制度が適用されないことを除けば，不当労働行為の救済手続を準用する（労働委員会規則114条〜115条を参照）。

262　第6章　個別労働紛争の解決

6　是正命令履行の確保

(1)　過怠料の賦課など

労働委員会および法院によって「確定された是正命令」を正当な理由なく履行していない者に対しては，雇用労働部長官は1億ウォン以下の過怠料を賦課する（期間制法24条1項，派遣法46条1項。公布2012年2月1日，施行2012年8月2日）。罰則を現実化したのであり，この場合，過怠料は是正命令の類型によって異なりうる（期間制法施行令6条）。使用者が，労働委員会または法院の是正命令にもかかわらず，差別部分を是正しない場合，労働者は，民事上の損害賠償責任を問うことができる[27]。

また，雇用労働部長官は，確定した是正命令について，使用者に履行状況を提出することを要求することができる（期間制法15条1項）。正当な理由なく履行状況の提出要求に応じない場合，500万ウォン以下の過怠料を賦課する（期間制法24条2項，派遣法46条4項，施行2012年8月2日）。

(2)　不利な処遇の禁止など

差別是正の申請をした労働者は，使用者が確定した是正命令を履行しない場合，雇用労働部長官に申告することができる（期間制法15条2項，派遣法21条3項）。使用者は，期間制，短時間，派遣労働者が是正命令の不履行の申告をしたことを理由に，解雇，その他の不利な処遇をすることができない（期間制法16条，派遣法21条3項）。これに違反して労働者に不利な処遇をした者は，2年以下の懲役または1000万ウォン以下の罰金に処する（期間制法21条，派遣法43条の2）。

四　差別是正の段階別判断体系の法的争点

以下では，差別是正の段階別の判断体系における法的争点（申請期間（除斥期間）および発生時点の判断，申請人（当事者）適格，比較対象者（同種・類似業務の従事者）の存否，差別処遇の禁止領域，不利な処遇の存否，合理的理由の有無）を見てみる。

---

27) 非正規対策チーム3018，2007.7.26。

参考1　差別是正救済の手続（全体）

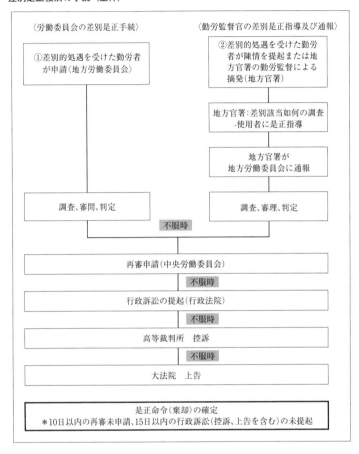

1　申請期間（除斥期間）および発生時点の判断

(1)　申請期間（除斥期間）の概念

労働者が労働委員会に差別是正申請をする場合，「差別的処遇があった日」（継続する差別的処遇はその終了日）から6ヵ月以内[28]に申請しなければなら

---

28) 2012年2月1日，期間制法および派遣法の改正時には，実際差別的処遇が存在しても，差別是正命令によっては補償することができない状況への対応として，差別是正制度を適切に活性化するために，2012年8月2日から差別是正の申請期間が「差別的処遇があった

ない（期間制法9条1項，派遣法21条3項）。ここで6ヵ月という期間は除斥期間であるので，この期間が満了した後は是正申請をすることができない。

労働関係の終了日から6ヵ月の救済申請期間を設定しなければならないという見解がある。その理由としては，最大2年の労働契約期間中に発生した賃金をはじめとする「全体的な給与」に対して差別救済の対象とすることが非正規職保護にはもっともふさわしいということが挙げられる。差別是正申請において雇用関係の終了という危険負担を減らすことができる一方法として，労働組合の申請人適格や代表訴訟が認められていない現在の状況では検討に値する。差別待遇を受ける非正規職が現行の差別禁止制度をより活発に利用できるようにするためには，非正規職差別是正申請により労働関係の終了の危険にさらされないように差別是正申請期間を労働関係が終了した後，一定の救済期間をリセットする方法が必要である。

(2) 比較対象者の存在時点——差別的処遇の時点

比較対象者は，原則的に使用者による差別的処遇があった時に存在しなければならない。差別是正の調査時点において，退職または組織改編，人事異動，雇用終了などで比較対象者がいなくなったとしても，差別的処遇があった当時，比較対象者がいたのであれば，その労働者を比較対象者として選定することができる。

1つの給付（たとえば「成果賞与金」の支給）を成す一連の手続のうち，どの段階の行為を処遇としてみるかによって，期間制法の時間的適用時点，処遇の継続性如何，除斥期間の起算点などが異なってくる。判例では，同一会社であるC公社の成果賞与金の事件において期間制法が適用されるか否かを判断しながら，判決ごとに処遇の存在時点を，成果賞与金の支給基準時点，労務提供の時点，評価便覧の作成時点，成果賞与金の支給基準確定時点などと多様に考えていた[29]。結局，大法院2012.1.27宣告2009ドゥ13627判決以後，「成果賞与金の支給時点」を差別的処遇の存在時点としてみることになった。成果賞与金

日」（継続する処遇は，その終了日）から3ヵ月以内から6ヵ月以内へと拡大された。ちなみに，3ヵ月という期間は，労働委員会に対する不当解雇や不当労働行為の救済申請期間（勤労基準法28条2項）との調和を図ったものであった。

29) 大法院2012.1.27宣告2009ドゥ13627判決。これに関しては，請求権発生とみるのが妥当であるという見解がある（ハ・ガプレ『勤労基準法（第24版）』（中央経済，2012年）898頁）。

第2節　韓国における労働委員会の差別是正制度の状況と法的争点　265

参考2　労働委員会による差別是正の手続図

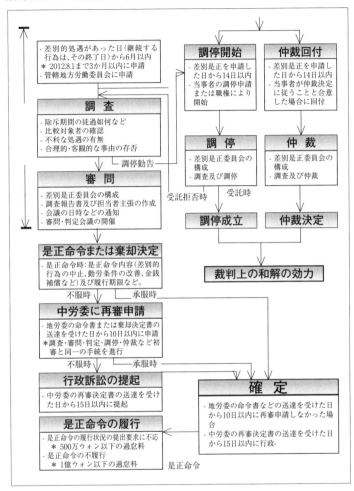

の支給が具体的に確定される時点に差別が存在するものとみた判決である。

(3)　「賃金差別」は継続する差別なのか

　差別是正の申請期間を経過すれば，差別是正の申請権は消滅する。しかし，賃金差別などが継続する差別的処遇に当たる場合，その終了日から「6ヵ月以内」に申請したのであれば，継続する差別的処遇の全体に対して，除斥期間を遵守したこととなり，差別是正命令の対象期間は，以前6ヵ月に限定されず，

参考3　差別是正の段階別の判断体系

```
┌─────────────────────────────────────────────────────────────┐
│ ①申請期間（除斥期間）（6ヶ月）徒過如何、適用対象事業場（常時5人以上）如何 │
└─────────────────────────────────────────────────────────────┘
```

```
┌─────────────────────────────────────────────────────────────┐
│ ②差別是正申請者（当事者）の適格                              │
│   ―期間制、短時間及び派遣勤労であるか否か                    │
└─────────────────────────────────────────────────────────────┘
```

```
┌─────────────────────────────────────────────────────────────┐
│ ③比較対象者の存在如何（同種またはま類似の勤労者の存在の如何） │
│  ＊期間制⇔無期契約、短時間⇔通常勤労者、派遣勤労者⇔直接雇用勤労者 │
└─────────────────────────────────────────────────────────────┘
```

```
┌─────────────────────────────────────────────────────────────┐
│ ④差別禁止の領域に該当するか否か（賃金その他の勤労条件など）   │
│   ―賃金：使用者が勤労の対価として労働省に賃金、給料、その他いかなる名称であ │
│   ろうとも支給する一切の金品                                │
│   ―その他の勤労労条件など：勤労基準法が規律する労働条件と労働協約、就業規  │
│   則、労働契約等による労働条件として、労働時間、休日、休暇、安全・保健及び災 │
│   害補償などが含まれる                                      │
│   ―判例は、慣行による支給及び条件などが一定要件を満たす場合、勤労条件化され │
│   ているか、勤労契約の内容となっているとみている。           │
└─────────────────────────────────────────────────────────────┘
```

```
┌─────────────────────────────────────────────────────────────┐
│ ⑤不利な処遇の有無                                           │
│   ―比較順序：詳細項目別に比較⇒範疇化による比較⇒総合的比較   │
└─────────────────────────────────────────────────────────────┘
```

```
┌─────────────────────────────────────────────────────────────┐
│ ⑥不利な処遇に合理的な理由があるか否か                        │
│   ＊期間制・短時間・派遣勤労者であるということのほかに、差別を客観的に正当化 │
│   させることができる合理的な理由があるか否か                 │
│    （例）業務の範囲、権限及び責任が異なる場合、労働強度の差異、労働生産性が異 │
│    なる場合                                                 │
└─────────────────────────────────────────────────────────────┘
```

　当該債権の消滅時効の範囲内で契約の全期間にわたる差別的処遇のすべてに対して補償を命令するのが原則である。したがって，賃金差別の是正を目的とする是正手続の申請期間は労働関係が終了した時点から起算される。
　判例は，一貫して法的性質が賃金である処遇は，「継続する差別」と判断している。すなわち，C公社栄養士の賃金に関する差別是正申請に対して，法的性質が賃金（基本給，定期賞与金，成果賞与金，調整手当，親孝行休暇費，長期勤続手当）である処遇は「労務提供と同時に継続的に発生する処遇」であ

り，賃金支給日は定期的な精算日にすぎないとしている[30]。したがって，期間制法の施行日から比較対象者が存在した時点までの賃金差別に対して金銭補償命令をしなければならない。ただし，支給事由の発生が不確定的であり一時的に支給される金品の場合には，継続的処遇ではないとしている。「継続する」ことには，前後の同質性が認められれば，断絶がある場合までも含まれうる。

2 申請人（当事者）適格——期間制・短時間・派遣労働者

(1) 適用労働者の概念

期間制法，派遣法上差別是正制度が適用される労働者は，勤労基準法上の労働者でなければならず（2条1項1号），そのなかでも申請主義によって不合理な差別的処遇を受けた期間制，短時間，派遣労働者でなければならない（期間制法8条1項，2項，派遣法21条1項）。これにかかわる判断は，差別是正を申請する当時ではなく，使用者による「差別的処遇があった時点」を基準とする。すなわち，差別的処遇があった時点に期間制，短時間労働者であったのであれば，無期契約労働者への転換などですでに期間制，短時間，派遣労働者ではなくなったとしても，差別是正を申請することは可能である。

(2) 期間制労働者の申請人適格

期間制労働者とは，「期間の定めのある労働契約を締結した労働者」をいう（期間制法2条1項）。

ところが，継続勤務期間2年をすぎた期間制労働者（2007年7月1日～2009年6月30日以後）が差別是正の申請をすることが可能か否かに関しては，期間制限の例外事由である特例条項（一定の事業の完了に必要な期間を定めた労働契約，専門職契約など，期間制法4条1項但書）に該当しないにもかかわらず，2年を超えて期間制労働者を使用した場合には，「期間の定めのない労働契約（無期労働契約）を締結した労働者とみなされるために」（期間制法4条2

---

30) 大法院2011.12.22宣告2010ドゥ3237判決（期間制栄養士と正規職栄養士，賃金は，使用者が労働者の労働の対価として労働者に支給するいっさいの金品であり，労働関係が維持されている以上，毎日継続的に発生するものであり，賃金支給日に至って初めて発生するものではない点。賃金支給日は使用者と労働者が前記のように継続的に発生する賃金を定期的に精算する日にすぎない）。

項）差別是正を申請することができない[31]。ただし，継続雇用期間2年がすぎたとしても「期間制限の例外事由」（期間制法4条1項但書）に当たる場合には，期間制労働者で継続使用が可能であるから差別是正の申請権がある。

問題は，期間制法上無期契約労働者とみなしながらも，実際に既存の労働条件を維持する差別的処遇に対して，差別是正申請権がないとする現行制度を維持すべきかである。

現行制度には看過しがたい法制度の空白と限界がある。無期契約労働者に転換される場合，その既存の労働条件に関する明文化を検討する必要がある。たとえば，同種・類似の業務に従事する正規職がいる場合には，正規職に適用される労働条件と同様に保障するか，そのような正規職がいない場合には，無期労働契約の締結時に労働条件を保障する方法を考慮した明文化をする必要があるという見解がある。

(3) 短時間労働者の申請人適格

短時間労働者は，勤労基準法上，1週間の所定労働時間が当該事業場で同じ種類の業務に従事する「通常労働者の1週間の所定労働時間に比べて短い労働者」をいう（期間制法2条2号および勤労基準法2条1項8号）。

問題は，勤労基準法上の短時間労働者の定義によれば，通常労働者を「同じ種類の業務」の従事者に限定解釈することにより，短時間労働者の申請人適格を否定する状況をもたらしうることである。すなわち，実際に短時間労働者が勤務する事業場に同じ種類の業務に従事する通常労働者がいない場合（期間制労働者または無期契約労働者を含むか否か），短時間労働者の当事者適格は認められにくくなる。期間制法が明示的に「類似の業務」に従事する通常労働者との比較を許容しているから，同じ種類の業務に従事する労働者ではないという理由だけで，短時間労働者の申請人資格を否認することは妥当ではない。し

---

31) Y相互貯蓄銀行事件（釜山2010差別8）。ただし，使用者による差別的処遇が期間制労働者として働いていた2年の間にあった行為であり，その差別的処遇があった日から6ヵ月を経過していなければ，無期契約労働者とみなされた後も差別是正を申請することができる。労働契約が終了した後に期間制労働者が労働委員会に差別是正を申請した場合，合理的な理由のある差別的処遇であるか否かを判断しており，労働関係が終了していることを理由に，期間制労働者の差別是正申請の救済利益がないと判断した事例はない（大法院2012.10.25宣告2011ドゥ7045判決）。

たがって，期間制法の改正の際には，短時間労働者に関する定義を拡大して短時間労働者の申請人資格の拡大を検討する必要がある。

所定労働時間が明らかに短い短時間労働者（「超短時間労働者[32]」）も使用者の差別的処遇に対して是正申請をすることができる。また，短時間労働者が期間制法の定めにより無期契約に転換された場合には，依然として短時間労働という雇用形態にあるから差別是正を申請することができる。

⑷　派遣労働者の申請人適格

派遣労働者とは，派遣事業主が雇用した労働者として労働者派遣の対象となる労働者をいう（派遣法2条5号）。

ところが，違法派遣労働者も差別是正申請が可能かどうかに関しては，形式上は社内下請であるが，その実質が派遣法上の違法派遣（偽装請負）である場合[33]の社内下請労働者は，派遣労働者として差別是正を申請することができる[34]。

⑸　労働組合への申請人適格の拡大の可否

現行の差別是正申請権は，非正規職労働者のみに限定される。期間制労働者の場合，差別是正を申請すれば，再契約が拒否される可能性が高く，不合理な差別と判定されたときも相対的に補償水準も低いために差別是正を申請するのが難しい実情である。そこで，非正規職労働者を組職対象としており，実際に

32）「超短時間労働者」とは，4週間（4週間未満で働いている場合には，その週間）を平均して1週間の所定労働時間が15時間未満である労働者をいう（勤労基準法施行令9条2項）。

33）従来は違法派遣の場合であっても2年以上働かなければ直接雇用義務の対象にはならなかったが，これが改正されて，現行の派遣法6条の2では，違法派遣と認められる場合には，派遣労働者を使用した期間と関係なく，派遣労働者を直接雇用するように規定している（2012.2.1公布，2012.8.2施行）。これは，違法派遣にかかわる使用事業主の直接雇用義務を強化して，違法派遣による社会的な問題を緩和させるためのものである。

34）STP事件・ソウル行政法院2009.12.11宣告2009グハプ22164判決，ソウル高等法院2010.12.1宣告2010ヌ2854判決，大法院2011.3.28宣告2010ドゥ29413判決（本件労働者らは，Kタイヤが開催した朝会に出席し，Kタイヤから渡された作業計画書にもとづいて作業を遂行しており，Kタイヤの管理者が毎日本件労働者らに関する勤怠管理をするなどKタイヤは本件労働者らに関する労務指揮をしたとみえるだけであり，作業遂行の過程ではSTPがとくに本件労働者らに関する指揮・命令をしたことはない点など諸般の事情を総合的に考慮すると，本件労働者らは実質上派遣法上の派遣労働者の地位にあったとみるのが相当である）。

270 第6章 個別労働紛争の解決

加入させた労働組合に差別是正申請権を拡大しなければならないかが問題とな
る。

まず，非正規職の差別は，その事業場の非正規職のすべてと関わる集団性を
有しており，差別被害者の訴訟遂行権を害しなければ，差別是正という立法目
的の達成や非正規職の不合理な契約上の地位などを考慮する際に，非正規職の
明示的な拒否意思が示されていない限り，労働組合に就業規則，団体協約など
非正規職集団の労働条件に限定して申請人適格を付与しなければならないとい
う見解がある。

しかし，①差別救済は，差別行為者に対する処罰ではなく，差別的行為に
よって不利益を受けた者を適正に救済するという個別労働者の損害賠償および
補償請求権を本質的な内容としていることから，その意思と関係のない第三者
である労働組合による申請は制度の趣旨に合わず，②労働組合と組合員間に連
帯性ないし一体性をみることができないために対立関係を形成する問題が発生
し，さらには③労働委員会規則によれば，労働委員会委員長の承認があるとき
には（同規則36条1項5号），労働組合も代理人の地位で救済申請手続に参加
する機会が保障されていることから，労働組合に差別是正申請権を拡大する問
題については，慎重な検討が必要である[35]。

---

35) 一方で，労働組合の差別是正申請権を付与することが必要であるとの見解もある。差別
申立権の乱用の懸念があるが，差別的処遇是正申請をする非正規職の特性を分析してみる
と，在職時の申請の場合，労働関係の終了の危険にさらされるため，在職中に申請する場
合は，差別是正申請をしても，労働関係の終了のリスクがほとんどないか，労働関係が終
了しても機能や熟練などを保有しており，新たな雇用を求めることが難しくない場合が多
く，現行の就業規則や団体協約などについて是正命令をすることができるが，差別の制度
的要因を是正するには，労働組合の役割が肯定できる点などを考慮する側面である。ただ
し，労働組合と非正規職の利害が矛盾する可能性があるため，非正規職に組合加入の門戸
が開放されており，是正申請権を就業規則や団体協約などに限定して付与することが必要
であるとする。さらに，非正規職が雇用・労働部長官に差別是正を求めることができる権
利を付与することを主張することもある。この改善策は，労働関係の終了後，救済を受け
ることができる利点があり，事業場に労働組合がなくても救済を受けることができるから
だという（金泳局（キム・ヨングク）「非正規職差別禁止制度の評価と立法の改善案の研
究」亜洲大学博士学位論文（2014年）170～175頁）。

3 比較対象者（同種・類似業務の従事者）の存否

(1) 比較対象者の概念

差別判断のためには，期間制，短時間，派遣労働者に比べることができる他の対象が存在しなければならない。比較対象者は，不利な処遇があるかどうかを判断する比較基準（是正指導の内容を決める根拠および基準）としての役割をする。したがって，差別審査において，比較対象者の存在如何または選定の妥当性に関する判断は，差別是正事件において，もっとも基礎的で一時的な段階となる。

期間制（短時間）労働者の比較対象者は，同一の使用者に雇用されて同一の事業（場）で同種または類似の業務を遂行する無期契約（通常）労働者である（期間制法8条1項，2項[36]）。短時間労働者の比較対象者が期間制労働者である場合であっても通常労働者に該当すれば比較対象者になりうる。派遣労働者の比較対象者は，使用事業主内の同種または類似の業務を遂行する労働者である（派遣法21条1項，改正2006年12月21日）。したがって，派遣労働者の場合は，同一の事業内で比較対象者を選定しなければならず[37]，隣接した地域であっても事業を異にして運営している場合には，比較対象者の選定範囲には含まれない。

第1に，「比較対象者の存在時期の問題」として，中労委の差別是正業務マニュアルによれば，差別判断のための比較対象者は，原則的に使用者の差別的処遇があった時期に存在しなければならない。ただし，差別是正申請にかかわる調査時点に人事異動（配置転換），組職改編，雇用終了などで比較対象者がいなくても，差別的処遇があった時点に比較対象者がいたのであれば，その労

---

36) ただし，期間制（短時間）労働者の場合，一事業に属する事業部門や支店，工場などが地域を異にするとき，比較対象を他の地域まで拡大することができるかに関しては，生活費や地域にもとづく手当を考慮すると，労務管理や財政会計の独立性がなければ，地域的特殊性を考慮する必要があるという見解もある。

37) 使用事業主の一事業場に複数の事業部門があれば，当該事業部門のなかから比較対象を探さなければならない。使用事業主は，派遣労働者の労働契約の当事者ではなく，派遣労働者の勤務場所や業務内容は，労働者派遣契約や派遣労働者の勤労契約であらかじめ定められており，原則的に配置転換が困難である点を考慮すれば，派遣労働者に関しては，比較対象の選定基準を相対的に狭く解釈するのが妥当である。

働者を比較対象者として選定している。

　しかし，このような中労委の立場に立ったとしても，使用者が同種または類似業務の正規職を非正規職に完全に代替させて，前任者に比べて，合理的な理由なく，賃金などにおいて不利な処遇をする場合，非正規職保護法の趣旨や実効性は低くなるという問題が発生する[38]。

　このような場合に，差別的処遇の是正という非正規職保護法の趣旨や実効性の確保のために，同一・類似の業務に従事した比較対象者が前任者（先任比較対象者の問題）または後任者（後任比較対象者の問題）であり，差別是正申請人と時間的に直接連携しているのであれば，同時的存在性を積極的に認める方法に関する検討が必要である。

　第2に，「比較対象者の空間的範囲の問題」として，「事業主を異にする非正規職の他の事業場」や「その事業に縛られている他の企業」で比較対象者を選定することができるかが問題となる。しかし，差別的処遇をした使用者が是正しなければならない責任を負担するのであるから，これと無関係な使用者が雇用した労働者と比べた差別的処遇の判断は，「特別な事情」ないし「立法的根拠規定」がなければ，現行法の解釈では難しいと考えられる。ただし，同じ事業所に比較対象労働者がいない場合は，同じ使用者が運営する法人または個人事業者で，比較対象労働者を見つけることができるように空間的範囲を拡大し，使用者が正規職と非正規職を集団的に区分して，正規職のみ有利な処遇をして，非正規職集団を排除する場合には，区分自体が非正規職の不利な処遇を推定することができるので，比較対象者の存否を問わないことが必要である。

　(2)　比較対象者の判断基準──「同種または類似の業務」であるか否か

　比較対象者の判断に関わる核心指標は，「同種または類似の業務」に従事しているか否かである。ここで「同種または類似の業務」とは，職種，職務および作業内容の同一性・類似性を有することをいい，業務の内容および種類，当該業務の遂行方法，作業の条件，業務の難易度・権限，相互代替可能性などを総合的に考慮して判断する。実際，労働委員会の判断過程においては明確な基準がないことから，同種の業務に近い概念として解釈する傾向もあらわれてい

---

38)　差別是正の申請による雇用終了の負担を最小限にするために，「代表救済申請制度」（特定の非正規労働者または労働組合）を導入しようとする見解もある。

る。ここで，法規定は，類似の業務にまで比較対象者の確定要件を拡大している点を念頭におく必要がある。

判例では，概して，「主な業務ないし中心的な業務」を基準に，「実際に遂行」する主な業務の内容が概して同じであれば，一部の作業内容が異なっても認めており[39]，核心業務において本質的な差異がなければ，他の要素に差異があっても，同種・類似性を認める判断をしている[40]。

「同種または類似の業務」の判断要素に関しては，①業務の内容および種類，当該業務の遂行方法，作業条件，難易度，相互代替可能性などを総合的に考慮するという判例[41]と，②主な業務の性質と内容，業務遂行過程における権限と責任の程度，作業条件などを総合的に考慮するという判例があるが，両見解は矛盾したものではなく，実質的な差異はない[42]。

「同種または類似の業務」は，形式的な業務分掌ではなく，実質的に比較対象者が「実際遂行する業務」を基準に判断している[43]。

正規職労働者と期間制労働者が遂行する業務が採用手続や業務の範囲，難易度などにおいて多少差異があるとしても，その「核心要素」（主な業務の内容および作業条件など）において，両労働者間に本質的な差異がなければ，同種または類似の業務に従事すると判断している[44]。

(3) 比較対象者が複数存在する場合

同種または類似の業務に従事する比較対象者が複数存在する場合，できる限り資格・経歴などが類似な労働者を選定するのが望ましい。申請人と勤続年数が同じである比較対象者が複数存在し，当該比較対象者の賃金などの労働条件が一律的であれば，当該比較対象者のなかから特定人を選定せず，そのすべてを比較対象者として選定しても構わない。できるかぎり私的自治領域に関する侵害を最小化するためには，そして，逆差別の結果が発生することが憂慮され

---

39) 大法院1996. 7 .30宣告95ダ12840判決。
40) ソウル高等法院2010.11.11宣告2010ヌ15577判決。
41) STP事件（派遣労働者）事件（大法院2011. 3 .24宣告2010ドゥ29413判決）。
42) K大学非常勤講師（短時間労働者）事件（大法院2009. 3 .26宣告2008グハプ22747判決（確定））。
43) K銀行（営業マーケティング・内部統制点検者）（期間制労働者）事件（大法院2012. 3 .29宣告2011ドゥ2132判決）。
44) C公社（成果賞与金）（期間制労働者）事件（大法院2012. 1 .27宣告2009ドゥ13627判決）。

274　第6章　個別労働紛争の解決

ることを考えると，複数の比較対象者のなかから「一番低い水準の処遇を受ける者」を選定するのが妥当であると考えられる。

(4)　公務員は比較対象者になれるか

公務員法の場合，その労働関係においては，労働関連法令に優先して公務員法（国家公務員法，公務員服務規定，公務員報酬規定）などが適用されるが，公務員も賃金を目的に労務を提供しているから，その労働者性が認められるので，比較対象者になる。

4　差別処遇の禁止領域──賃金その他の労働条件など

(1)　差別処遇の禁止領域の概念

差別的処遇の禁止領域において「差別的処遇」の規定は，「賃金その他の労働条件など」から「賃金，定期賞与金，名節賞与金など定期的に支給される賞与金，経営成果による成果金，その他に労働条件および福利厚生などに関する事項[45]」へと改正された（期間制法2条3号，派遣法2条7号）。これは，差別的処遇を具体化，細分化して法律に明示することによって賞与金，成果金および福利厚生などにおける非正規職の差別を改善しようとするものと考えられる。判例では，改正の前も，原則的に，差別禁止領域に関して，実務において問題となっていた賞与金，成果金および福利厚生について幅広く認める解釈をしていた。改正された法規定は，法院の判断を時期適切に反映した結果物であるといえよう。

ここで「差別的処遇」とは，合理的な理由なく不利に処遇することをいう。ここで「賃金」とは，使用者が労働の対価として労働者に賃金，給料，その他にいかなる名称であろうとも支給されるいっさいの金品を意味する（勤労基準法2条1項3号）。使用者の裁量によって一時的・恩恵的に支給される金品は，労働の対価性を有するとは考えられない。依然として期間制法は，差別禁止領域を拡大して明示しながらも，「など」という表現を使用しているから，単純に賃金や労働条件ではないという理由だけで，差別禁止領域から除外するのは妥当ではないだろう。

───────────────

45）期間制法（施行2013.9.23法律11667号2013.3.22一部改正），派遣法（施行2013.9.23法律11688号2013.3.22一部改正）。

「賃金その他の労働条件など」とは，勤労基準法が規律する労働条件と団体協約，就業規則，労働契約によって，労働条件として，使用者に支給の義務があるか，労働者に守らなければならない事項を意味する。「事業場内の福祉制度」が就業規則，団体協約などにおいてその支給および提供などに関して規定されており，使用者と労働者間の使用従属関係を前提に提供されているのであれば，差別が禁止される「その他の労働条件など」に該当しうる。また，就業規則，法などに規定されてはいないものの，「慣行[46]」により制度化された「賃金その他の労働条件」も差別禁止領域に含まれうる[47]。ただし，慣行が労働条件となったか否かは，個別事件ごとに具体的な事実関係を基に審査・判断しなければならない。

　(2)　成果賞与金は「賃金その他の労働条件など」に当たるか否か

　大法院は，支給根拠が団体協約や就業規則などに存在せず，支給事由の発生が不確定的で一時的に支給され賃金とはみることができない「成果賞与金」についても，差別的処遇であることを認めている。差別的処遇であると認めたのは「その他の労働条件など」に該当することを前提とするものである。

　(3)　是正命令の範囲

　是正命令の内容としては，「差別的行為の禁止，賃金など労働条件の改善，適切な金銭補償など」を規定している（期間制法13条，派遣法21条3項）。ここで「賃金など労働条件の改善」と関連して，差別行為の原因となる就業規則，団体協約（報酬規定，賃金体系）などに対しても是正命令を下すことができるかが問題となる。

　これについては，差別的処遇を禁止する非正規職法の規定を強行規定と理解するのであれば，これに反する労働契約，就業規則，団体協約はその部分において無効となる。そして，無効となった部分は，比較対象者に適用される労働条件を原則的に適用しなければならないから，是正命令の内容にその内容を反映しなければならないという批判的な見解がある。また，期間制法13条，派遣法21条3項にもとづいて差別是正申請を受けた労働委員会が差別是正の内容として就業規則や団体協約の変更を命ずることも可能であるという見解もある。

46）大法院2002.4.23宣告2000ダ50701判決。
47）ソウル行政法院2004.4.7宣告99ダ22911判決。

しかし，就業規則，団体協約などで定めた事項だけでは，差別的処遇が存在するとみることはできず，就業規則，団体協約などの規範改正を命令して申請人以外の第三者にも効力を及ぼすことは不適切であり，当事者が請求していない範囲まで是正命令の内容に含めることは妥当ではない。

したがって，現行法上，是正命令の効力（対象範囲）は，差別判定時，差別是正申請の当事者（申請人と被申請人）のみを拘束する相対的な効力だけを認めるのが望ましい（労働委員会規則58条および115条）。

5　不利な処遇の存否

(1)　不利な処遇の概念

「不利な処遇」とは，非正規労働者が比較対象者に比べて賃金その他の労働条件などにおいて低い待遇を受けることをいう。不利な処遇の存否を確認することは，合理的理由を審査する前段階として，比較対象者との比較を通じて客観的に不利な処遇があるか否かを確認することである。

(2)　不利な処遇の比較・判断

不利な処遇の存否確認は，是正申請をした労働者が不利な処遇を受けたと主張する内容を総合的に判断するが，「詳細項目別の比較方法」，「範疇化による比較方法」，「総額による比較方法」など多様な方法を活用することができる。とくに，（総額による比較方法）詳細項目別の比較または範疇化による比較が困難であるか不可能な場合には[48]，比較対象者の賃金および労働条件を全体的に月間ないし年間の賃金総額によって比較（時給）することも可能である[49]。

6　合理的な理由の有無

(1)　合理的な理由の概念

使用者が非正規労働者を比較対象者に比べて不利に処遇する場合，合理的な理由があれば，当該不利な処遇は正当化されて差別処遇には当たらなくなる。

---

48)「包括賃金制」によって，基本給や諸手当などが含まれた月の固定給として支給される場合，または，事前に年俸を定めて賃金台帳等に記載されている賃金支給項目は事実上年俸を逆算して記載した名目上の賃金項目にすぎない年俸制の場合などがある。

49) 雇用労働部事件（職員相談員，民願担当公務員）（2017.7.25中央2012差別 7 ）。

期間制法で禁止する差別的処遇に該当するためには，労働条件の差異に合理的な理由がない場合でなければならない。短時間労働者に適用する場合には，時間（期間）比例の労働条件の決定原則を考慮しなければならない。この場合，「合理的理由」に関する具体的な法規定がないが，「恣意的ではないという」ことを意味する。

(2) 合理的理由の判断基準

判例では，合理的な理由がない場合とは，期間制労働者を異に処遇する必要性が認められないか，異に処遇する必要性が認められる場合であっても，その方法，程度などが適正でない場合を意味するが，合理的な理由があるか否かは個別事案で問題となった不利な処遇の内容と使用者が不利な処遇の事由とした事情を基準に期間制労働者の雇用形態，業務の内容と範囲，権限と責任，賃金その他の労働条件などの決定要素などを総合的に考慮して判断しなければならないと判示している[50]。

合理的な理由を確認する場合には，採用公告書（採用条件と基準などを含む），労働契約書（業務内容），勤務実績評価書，業務分掌表，賃金台帳，団体協約，就業規則などの資料を基に合理的な理由があるか否かを確認するが，合理的な理由に対する判断は，文書だけでは判断するのが難しい可能性が高いから，労働者と使用者の面談を通じて確認することもできよう。

五　おわりに

以上，不合理な差別的処遇を受けた非正規職が差別是正制度を活用して，差別是正の実効性を向上させる方法として，非正規職の差別是正に関わる成果と限界，法的争点について考察した。

現行の差別是正制度は，差別的処遇を受けた期間制，短時間，派遣労働者の個別申請と労働委員会の是正命令を通じて，事後的に差別が解消される構造となっている。しかし，非正規職労働者の申請にともなう不利益の懸念などによって活用度が低く，差別の一括的な解消も難しい点がある。

結局，非正規職の差別是正制度を通じた非正規職の保護のための実効性の確

---

50) 大法院2012. 3 .29宣告2011ドゥ2132判決。

保方法を模索してみたものの，差別是正制度の運営状況からみれば，その成果は，正規職転換の促進，雇用安定性などに寄与したと評価できる。しかし，政策の施行過程における意図しなかった副作用の結果なのか，現実的に非正規職の問題も解消されていない状況である。

　非正規職の差別是正制度の改善方法としては，懲罰的金銭補償制の導入，故意的，反復的な差別に対する制裁強化，確定した差別是正命令の効力の拡大などを行なうことである。さらには，制度の改善策としては，申請人適格および比較対象者の拡大，5人未満の事業場に対する拡大適用など，制度改善に関する慎重な検討がさらに必要である。今後，このような成果物が労働市場の二極化を解消するための礎石になることを願う。

◉編者

和田　肇（わだ　はじめ／名古屋大学名誉教授・特任教授）
　1954年生まれ、東京大学法学部卒業、同大学院修士課程修了
脇田　滋（わきた　しげる／龍谷大学名誉教授）
　1948年生まれ、京都大学法学部卒業、同大学院博士課程修了
宋　剛直（ソン　ガンジク／東亜大学校教授）
　1963年生まれ、東亜大学校法学部卒業、法政大学法学博士
盧　尚憲（ノ　サンホン／ソウル市立大学校教授）
　1962年生まれ、ソウル市立大学校法学部卒業、東京都立大学法学博士

◉執筆者 （執筆順）

和田　肇（わだ　はじめ／名古屋大学名誉教授・特任教授）
文　武基（ムン　ムギ／慶北大学校教授）
盧　尚憲（ノ　サンホン／ソウル市立大学校教授）
脇田　滋（わきた　しげる／龍谷大学名誉教授）
趙　淋永（ジョ　イムヨン／嶺南大学校教授）
都　在亨（ド　ジェヒョン／梨花女子大学校教授）
武井　寛（たけい　ひろし／龍谷大学教授）
徐　侖希（ソ　ユンヒ／名古屋大学特任助教）
朴　宣映（パク　ソンヨン／韓国女性研究院研究委員）
沈　載珍（シム　ジェジン／西江大学校教授）
金　基善（キム　ギソン／韓国労働研究院研究委員）
金　洪永（キム　ホンヨン／成均館大学校教授）
呉　相昊（オ　サンホ／昌原大学校教授）
金　湘鎬（キム　サンホ／慶尚大学校教授）
朴　洪圭（パク　ホンギュ／嶺南大学校名誉教授）
李　承吉（イ　スンギル／亜州大学校教授）

日韓比較労働法 3
韓国労働法の展開

2019 年 12 月 16 日　初版第 1 刷発行

編 著 者　脇　田　　　滋
　　　　　和　田　　　肇
　　　　　宋　　　剛　直
　　　　　盧　　　尚　憲

装　　丁　Boogie Design
発 行 者　木　内　洋　育
編集担当　古　賀　一　志
発 行 所　株式会社　旬　報　社
〒 162-0041 東京都新宿区早稲田鶴巻町 544 中川ビル 4F
Tel03-5579-8973　Fax03-5579-8975
ホームページ　http://www.junposha.com/
印刷製本　日本ハイコム株式会社

Ⓒ Wakita Shigeru, Wada Hajime, Song Kang Jik, Roh Sang Heon 2019 Printed in Japan
ISBN 978-4-8451-1614-0